D1702768

Sigbjørn Obstfelder
Ringsum Millionen Sterne
Poetische Meisterwerke

Herausgegeben von
Ursula Gunsilius

Sigbjørn Obstfelder

Ringsum Millionen Sterne

Poetische Meisterwerke

Herausgegeben und
aus dem Norwegischen übertragen
von Ursula Gunsilius

EISWASSER

Herausgegeben in Zusammenarbeit mit der
Deutsch-Norwegischen
Freundschaftsgesellschaft (DNF) e.V., Essen/Ruhr
und der Rolf-Dieter-Brinkmann-Gesellschaft e.v., Vechta

Der Verlag dank NORLA, Norwegian Literature
Abroad, Oslo, für die Förderung der Übersetzung
und Stavanger kommune für einen Zuschuß
zu den Herstellungskosten.

1 2 3 4 5   2001 2000
© Copyright 2000 by Eiswasser Verlag
Riewerts & Sagurna GbR; Vechta
www.eiswasser.de
Lektorat: Cornelius Riewerts
Titel: Atelier Dr. Wolfgang Küppers unter Verwendung des
Gemäldes „Stjernenatt" von Edvard Munch
Mit freundlicher Genehmigung des Munch museet, Oslo.
Druck: Steinmeier, Nördlingen

ISBN 3-924143-29-3

Inhalt

Lyrik

Gedichte
Freunde	11
Eva	13
Orkan	14
Ich sehe	15
Namenlos	16
Qual	17
Alltagsbild	19
Sommer	20
Regen	21
Er sät	21
Der Baum	22
Für dich	23
Sommerlied	24
Adieu	25
Die Rose	26
Der Roggen zittert	27

Gedichte in Prosa
Der Gefangene	29
Schneeglöcken	29
Aus „Märchenarabeske"	30
Genrebild	31
Ehefrau	32
Leberblümchen	34
Das Waldhaus	34
Dornröschen	35
Die Stadt	36
Die Schwarzgekleidete	37
Die Nacht	38
Der Verlassene	40

Das Ich	42
Ein Volkslied	43
Der Wurm	46
Die Wespe	49
Der Hund - Radierung	52

Prosa

Novellen

Liv	59
Die Ebene	72
Das Kreuz – Eine Liebesgeschichte	86

Kleine Erzählungen und Skizzen

Vom Geschäft – Ein Augenpaar	141
Ein Waisenhauskind	142
Die beiden	145
Fragment	148
[An K.K.; 1890]	149
Zwei Dichter	150
Bruchstück	150
Norwegische Sommerstimmungen	153
Die Unbekannte	155
Herbst – Ein Fragment	161
Das alte Haus	165

Erinnerungen

Erinnerungen an Strand Sogn	
Strand im Jahre 1882	167
Die Bäckersfrau	169
Im Heidekraut	169
Eine Zusammenkunft	171
Auf Wanderung	173
Auf dem Bjørheimssee	175
Auf dem Tysdalssee	176
Stimmungsbilder von Hjelmeland	
Am Stenslanssee	179

Auf dem Lande	179
Aus der Gymnasialzeit	182
Elegie	182
Eine Freundschaft wird geschlossen	183
Stavangerbild	184
Tagebuchblatt – März 1886	187
Ein Dank	189
Eine Antwort	191
Tagebuchblatt – 1889	193
Heiligabend in Amerika	194
Tagebuchblatt – Milwaukee, Juli 1891	197
Monte Carlo	199
[Letzte Skizze. Vom Krankenbett]	202

Essays

Etwas über Sozialismus	203
Kinder und Kunst	209
Glaube (Ein Bruchstück)	211
Edvard Munch (Ein Versuch)	216
Nach der Rembrandt-Ausstellung	223
Die Ich-Form in der Literatur	229
Die Zeitungsfreude	232
[Norwegische Natur]	240

Briefe

Briefe an Ingeborg Weeke	245
Briefe an Verwandte, Freunde und Verleger	266

Anhang

Nachwort	311
Anmerkungen	340
Zu dieser Ausgabe	359
Quellen	361

Lyrik

Gedichte

Freunde

Nur ein kleines Lied von dir und mir,
oder den Tagen, die längst vergangen,
den Nächten -
das Zimmer im trauten Dämmerlicht,
die Lampe - der indische Buddha -,
Jacobsens Büste in der Sonnenecke,
das Wagnerporträt!

In Rauchwolken gehüllt,
träumten wir zusammen vom Leben.
Die reichere Seele, später gefesselt,
  hatte ich,
das frohere Herz, den wärmeren Puls
  hattest du.

Du begannst zu verstehen,
wie ich war, ja, wie ich war,
daß mein Blut nicht brausen,
aber daß meiner Seele Blätter,
ach, meiner Seele Blätter welken konnten.
So hüllten wir uns in Traumwolken,
und welch große, schöne Vision -
Vision,
das Wunder des Lebens!

Das Leben!
Ein auf unendlichen Bahnen sich verschlingender Strahl,
durch alle Wesen, durch alle Welten,
eine unendlich - tönende - Feuerspirale -,

ohne Anfang für uns
und ohne Ende,
und Geist rieselt darinnen,
und Sonnen tropfen daraus
- Sonnen im Lichtermeer, Sonnen im Gedankenmeer - ,
eine uendlich - tönende - Feuerspirale,
heraus aus dem Kalten, heraus aus dem Leeren,
hinein zu dem Wärmeren,
hinein zu dem Wärmsten,
hinein zu Gott -
zum Licht!

Sphären schwingen, Wogen rollen
- da, wo die eine *ist*,
war die andere - ,
Keimzellen schweben,
sinken ins Dunkle, heben sich zum Licht,
Keimzellen schweben,
heben sich,
sinken

Ja, die Nächte waren lang und hell.
Wir hatten einander soviel zu erzählen,
und soviel Schönes war dabei -
Sehnsucht nach der Sonnenglut
Frauen, denen wir gern geopfert unser Blut.
Die Nächte waren so lang und hell!

Aber Meer und Zeit trennten uns,
und die Nächte des Westens sind dunkel.
Manchmal, wenn ich mich erwachend erinnere,
ist es, als regte sich etwas in den kahlen Hotelraum:
Gesichtszüge flimmern in der Sonnenecke
Jacobsens

Buddha taucht auf aus dem Dunkel ...

Glaubst *du*,
glaubst *du*, daß Freunde einander finden in neuen Welten?

Eva

Bleigrau ist das Meer, bleigrau der Himmel,
bleigrau sind deine Augen, Eva.
Lange hast du stumm gesessen,
hast meine Hände gedrückt.

- Deine Augen -
blau, als die Sonne lachte und das Meer sang!
Du bist wie die Natur, Eva.

Deine Lippen auf meiner Stirn
sind so kalt.
Deine Hände in den meinen
sind so kalt.
Deine Brust atmet so schwer
- der Atem der Erde auf meiner Seele!

Ja, du bist wie die Erde.
Wenn alles im Sonnenglast schwimmt,
liegt Sonnenglast über deinen Augen -
wenn Nebel alles umarmt,
ist dein Blick trüb und feucht.

Nein. Ich will nicht mehr reden.
Stumm wollen wir sitzen und
den langen, saugenden Seufzern des Meeres lauschen,
in die angstvolle Nacht der Nebel starren.

Eva! ...

Orkan

Wind, Sturm, Orkan!
Nackt will ich mich in deinem Tosen baden!
Hei! Sieh meine weißen Arme!
Mein Haar fliegt, hei!
Spiel mit meinem Haar, Orkan!

Brause!
Falte die breiten Schwingen meiner Seele aus!
Meine Seele umarmt die Welt!
Uranos bebt darinnen!

Orkan! Orkan!
Ich bin nackt!
Wie du habe ich mich in das wogende Gras der Erde geworfen!
Meine Arme jubeln dem Raum entgegen!
Dem Weltenraum!
Hei!

Komm!
Laß uns spielen!
Uns stürzen ins Meer!
Kommt, wirbelnde Blätter!
Kommt, Raben, Haie, Wellen!
Kommt, rasende Wolken!
Wir tanzen, wir tanzen!
Ich und ihr!

Ich sehe

Ich sehe den weißen Himmel,
ich sehe die graublauen Wolken,
ich sehe die blutige Sonne.

Dies also ist die Welt.
Dies also ist der Sterne Heim.

Ein Regentropfen!

Ich sehe die hohen Häuser,
ich sehe die tausend Fenster,
ich sehe den fernen Kirchturm.

Dies also ist die Erde.
Dies also ist der Menschen Heim.

Die graublauen Wolken sammeln sich. Die Sonne verschwand.

Ich sehe die eleganten Herren,
ich sehe die lächelnden Damen,
sehe die gesenkten Köpfe der Pferde.

Wie schwer die graublauen Wolken werden.

Ich sehe, ich sehe ...
Ich bin gewiß auf einen falschen Stern gekommen!
Hier ist es so seltsam ...

Namenlos

Der Nebel des Dunkels senkt sich auf Bäume und Rasen,
die Blätter haben keine Farben, das Gras hat kein Grün.
Die Lichter der Laternen sind des Dunkels gelbe Pupillen -
gelbe Pupillen, die sich so seltsam erweitern.
Niemand ist da, der auf den Wegen des Parks lacht oder seufzt.
Ich huste. Mein Husten klingt wie das Krächzen von Gespenstern.
Ich gehe. Meine Schritte sind wie Gespensterschritte.

Aber auf dem dunkelsten Weg des Parks, wo keine Laterne brennt,
sitzt versteckt zwischen Bäumen auf einsamer Bank eine Dirne.
Die bleichen Wangen sind vom Schleier umhüllt, einem schwarzen Schleier -
hinter dem schwarzen Schleier sind Augen, die seltsam schimmern.

Und mich ergreift eine wehmütige, nächtliche Freude,
einem Menschen zu begegnen, im Dunkel, in toter Nacht.
Still setze ich mich nieder, stumm ziehe ich den Schleier zur Seite,
meine Augen sind den ihren nahe, meine Seele nähert sich der ihren.

Lautlos fallen Blätter.
Behutsam lege ich mein Ohr an ihr Herz . . .
Und breche in Weinen aus, weine in ihre kalten Handschuhe,
weine und weine, und weiß nicht, warum.

Sie stößt mich nicht weg.
Sie trocknet zart meine Augen.
Und ich ergreife ihre Hände in angsterfüllter Schwermut

und bitte sie, mich zu verbergen, zu verbergen, zu verbergen.

Der Nebel des Dunkels senkt sich auf Bäume, auf Seelen.
Das Laub hat keine Farben, das Gras hat kein Grün.
Aber im Nebel fallen lautlos schwarze Blätter,
und im Dunkel sitzt versteckt auf einer Bank eine Namenlose
und verbirgt an ihrer heißen Brust das Antlitz eines Kranken
und verbirgt in den weichen Händen die Augen eines Furchtsamen,
und keiner außer Gott hört sein wehes Schluchzen,
und keiner außer Gott hört ihr tröstendes Flüstern.

Qual

Was wollt ihr mir, verdammte Rosen?
Verdammter Mond, verdammte Bäume!
Frauenlächeln allerwegen!
Frauenflüstern, Frauenhände!

Ich irrte umher in Heide und Mooren -
ich - ein Gott?
Mein Herz blutet - windet, verkrampft sich.
Sie hüllt ihre Hüften in weiche Stoffe -
sie - eine Hure!

Meine Tränen tropfen auf die nasse Erde -
ich - ein Gott?
Sie ist so schön - weiß, weich, heiß - ,
der weiße Nacken auf dem weißen Kissen,
das braune Haar füllig wogend -
Warum bebt ihr, Lilien?

Sie schlang ihre Hände um meinen Hals -
zum Teufel, warum steht ihr da und zittert?

. . . Qual - schleichende Qual -
giftig verzehrende Qual!

. . . Da sitzt auf einem Grab im Mondschein,
auf dem Kirchhof zwischen Toten,
mit einem langen bebenden Schlagschatten
ein frierender Mann.

Sterne.

Ihr Sterne -
da draußen, wo ihr zieht,
gibt es da Frieden?
Reinheit?

Ihr zieht so still.
Es ist, als atme Gott,
die Sterne - seine Gedanken.

. . . Die Sterne seine Gedanken . . .

Weiße Finger, runde Brüste, glühende Augen,
- aber kein Geist!

Millionen prachtvoller Blumen hat das Feld,
Millionen leuchtender Schmetterlinge,
sie glänzen und sterben, verschwinden.
Das Weiß einer Frau vergilbt.

Wie blutrote Blumen ohne Duft
sind Sinnenträume ohne Geist.
Wie Sterne sind Blicke von Geist zu Geist,
wie Sonne ist das Lächeln von Seele zu Seele,
wie Weltenwärme ist die Umarmung
zwischen adligem Mann und adliger Frau!

. . . Der Mond ist weg.

Auch die Sterne sind erloschen.
Die Rosen und Lilien schlafen.
Sieh, der keusche Schimmer des Morgengrauens küßt,
küßt die Kirchturmspitze!

Morgengrauen!
Gibt es auf der Erde unter Frauen eine,
die keusch ist?

Alltagsbild

Sie schlafen.
Beide schlafen.
Der kleine Schatz in der Wiege.
Der *große* Schatz im Bett.
Und die Nachtlampe brennt.
Auf der Oblate fließt
der kleine Docht
unschuldig umher
in dem gelben Öl.
Das Rollo hochgeschoben.
Eine Gaslaterne draußen.

Das ist alles.

Wie wehmütig es flimmert!

Die Decke ist herabgeglitten.
Die Gaslaterne reckt den Hals und starrt auf meines Weibes
Schulter.

Ich werde dich zudecken, mein schlafendes Weib!
Und ich will das Rollo herabziehen.
Die Gaslaterne darf es nicht sehen,

das Weiße, das ich besitze!

Ich will zwei Küsse auf deine Grübchen drücken -
die im Schlaf lächeln -
und auf deine Finger
und auf den Verlobungsring
und auf das Silberkreuz am Hals.

Ich will mich leise zu dir hinaufstehlen
und warm bei dir werden.
Und vergessen,
daß wir zuweilen nicht so sind, wie wir sein sollten,
zueinander.

Sommer

Web mir einen Mantel, der errötet,
spinn ihn aus Nebel, knüpf ihn aus Strahlen,
tauch ihn in Nelkenblut!

Web mir ein Kleid, das zittert -
web es aus Espenlaub, knöpf es mit Perlentau,
heft es mit Spinngeweb`!

Näh mir einen Gürtel, der funkelt -
lockende Irrlichter, hüpfende Flammen,
funkelnd auf lichtblauem Grund!

Nähe mir noch etwas, das flüstert!
Lächelnde Schnallen, Schmetterlingsflügel,
- tänzelnde Kolibrischuh!

Regen

(Impromptu)

Eins ist eins, und zwei ist zwei -
wir hüpfen an Land,
wir kullern im Sand.
Zick zack,
wir fallen hinunter,
tick tack,
es regnet munter.
Regen, Regen, Regen,
platschender Regen,
klatschender Regen,
Regen, Regen, Regen,
herrlich und lau,
herrlich und rauh!
Eins ist eins, und zwei ist zwei -
wir hüpfen an Land,
wir kullern im Sand.
Zick zack,
wir fallen hinunter,
tick tack,
es regnet munter.

Er sät

Und der frohe Tag, er geht mit Gesang,
und der Tod, er sät in der Nacht so lang.
Der Tod, er sät.

Er geht und sät,
sät und sät -

ängstliche Rosen, bleiche Tulpen,
schwarze Veilchen und kranke Hyazinthen,
Mimosen.

Er geht und sät,
sät und sät -
bleiches Lächeln, bange Tränen,
schwarze Qualen und krankes Sehnen,
Zweifel.

Der frohe Tag, er geht mit Gesang.
Der Tod, er sät in der Nacht so lang.
Der Tod, er sät.

Der Baum

Wohin sind meine Blätter, meine Knospen?
Meine Äste sind fort, die Zweige abgebrochen.

All meine Blüten verstreute ich über die Welt.
Sommer wollte ich schaffen.
All meine Blüten verstreute ich.
Für mich selbst blieb keine.

Einst rann Saft durch meine Zweige,
breit stand die Krone über meinem Stamm,
sie neigte sich im Wind,
ihre Blätter zitterten bei jedem Lufthauch,
und warmer Schnee lugte aus dem Grün.

Ach, warum schüttelte ich den Schnee ab?
Rieselte mein Sommer in kein einziges Herz?

Jetzt ist alles nackt.
Es ist Winter.
Nur mein dürrer Stamm und das kalte Tiefblau.

- Doch was ist das?
Etwas drängt aus meinem Stamm.
Es ist, als bebte die Erde.

Seltsam. Ein neuer Zweig sprießt hervor.
Er ist hart wie Stein.
Ich weiß nicht, wohin er zeigt.
Weiß nicht, ob hinauf in die Höhe
oder hinab in die Tiefe.
Ringsum Millionen Sterne.
Ist das der Schnee, den ich einst verstreute?

Meine Knospen, meine Blätter, meine Zweige sind fort.
Ich besitze nur einen einzigen steinharten Ast.
Einst rann Saft durch meinen Stamm,
Erz, Erz klingt es von meinem Ast.

Für dich

Mein Lied will ich dir senden.
Das Tal wartet. Die Bäume lauschen.
Tausend helle Bäume
strecken feinfühlige Finger zur Sonne.

Botschaft soll dir werden.
Von Blumenlippen, halbgeöffnet,
von Vogelbrüsten, freudebebend.
Öffne dein Fenster:

Fühlst du da draußen, wo Linie und Farbe

in eins verschmelzen,
wie es steigt und fällt,
wie es ruhig saugt,
der Zeit weichtröpfelnder Tau,
der Sekunden weichtröpfelnde Perlen.

Fühlst du, wie deine Seele auf dampfenden Wogen
mitschwingt,
auf warmen Wogen von der Blätter Adern;
sie lassen die Blatthaut ergrünen,
entflammen die Georginen,
benetzen der Nelke schüchterne Wange,

fühlst du da draußen, wo Linien und Farben
in eins verschmelzen,
wie eine einzige Woge der dampfenden Erde,
gleich einer pochenden Brust,
Lebenswärme atmend,
die deine trifft.
Das bin ich!

Sommerlied

Sieh, das Maiglöckchen umarmt das Veilchen in Wonne.
Die Drossel flötet den ganzen Tag.
Sieh, der Tümpel trinkt sich voll mit Sonne!
Die Drossel, sie flötet ohn` Unterlaß.

Sieh der Forelle Sprünge im Sonnenlicht!
Sie tanzt wahrhaftig mitten am Tag.
Des Engländers Angel gewahrt sie nicht.
Ausgelassene, dumme Forelle!

Was ist mir denn - was soll ich nur tun - ,

Maiglöckchen und Veilchen im Kusse vereint . . .
Maiglöckchen, Veilchen - es läßt mich nicht ruhn,
es zerreißt mir die Brust, ach könnte ich fliegen.

Ja könnte ich fliegen über Berg und Tal
- ja könnte ich fliegen, könnte ich fliegen,
dann flög` ich, ich flög` über Berg und Tal
in den Zenith und küßte die Sonne.

Adieu

Meine Hyazinthe ist krank,
läßt den Kopf hängen.

O könnte ich doch deine Gedanken erraten, Hyazinthe!
Wünschest du weniger Wasser?
Weniger Sonne?
Ach, meine Sprache ist so arm.
Die Sprache deiner Düfte so reich, so zärtlich.

Wenn deine Staubbeutel zerfallen
und deine weißen Glocken sterben,
dann wird meine Stube so leer! So still!

Denn in deinen Glocken waren Lieder!
Deine Goldbeutel bargen Erinnerungen an Küsse,
braunes Lächeln aus Sommeraugen.

Ja, wenn dein froher Duft stirbt,
dann sterben die Lieder und die Farben,
dann wird die Stube so grau.

Die Rose

Die Rose!
Die Rose liebe ich!

Junge Lippen in aller Welt
küssen Rosen, küssen Rosen.

Der bebende Traum der Jungfrau
- von dem niemand erfährt,
außer *einer*,
der Rose.

Jede Frau auf der Welt hat ihren Atem vermengt
mit dem Duft der Rose, hat geflüstert mit bebender Lippe
die süßen Worte, die heißen Worte, die niemand kennt,
niemand, außer der Rose, die selbst am heißesten bebt.

- - - - - - - - -

Der Roggen zittert

Was ist es, was sich im Roggen regt?
    Der Roggen zittert,
Der Ostwind ist´s, der das Korn wellt.
    Der Roggen zittert.

Was ist es, was sich im Roggen krümmt?
    Der Roggen zittert.
Die Nacht ist´s, die die Schatten verzerrt.
    Der Roggen zittert.

Was ist es, was sich im Roggen erhebt?
    Der Roggen zittert.
Unsere Tochter ist´s, die ihre Ehre verlor.
    Der Roggen zittert.

Gedichte in Prosa

Der Gefangene

Im Mittelpunkt der Erde ist eine Zelle. Auf dem feuchten Boden liegt ein Gefangener und starrt mit glühenden Augen ins Dunkel. Seine Glieder sind Knochen, sein Gesicht ist ein Totenschädel – denn seit Jahrtausenden sind seine Hände und Füße gefesselt. Seit Jahrtausenden hat keines Mannes Stimme sein Ohr erreicht, keines Weibes Hand seinen brennenden Scheitel gestreichelt.

Zuweilen erbebt die Kette, wie von Schmerz oder Zorn. Da wanken die Gefängnisse auf der Welt, und alle Gerechten der Erde eilen herbei, sie zu verteidigen und zu befestigen.

Die Menschen sind die Herren der Erde. In ihrer Mitte liegt der Gott der Erde, in Fesseln und im Dunkel, und lauscht und lauscht.

Werden die Zwingburgen bald fallen?

Schneeglöckchen

Zwei, drei Schneeglöckchen. Weiß und schwach, im Schmerz geboren.

Grünweiß. Man sieht, wie verletzlich ihr Leben, wie fein und ängstlich die Haut ist. Schüchtern sind sie. Aber voller Lebensdrang, mit einem fröhlichen grünen Kranz dort oben auf den drei bleichen Blättern.

So im Vorübergehen bat ich sie zu kommen, nur so im Vorübergehen.

In der Zeit, die verstreicht, bevor der Frühling richtig kommt, da bilden sich die Glocken. Und doch beben sie fortwährend und lassen die Köpfe hängen, voll von den zartgewebten, kurzlebigen Gedanken.

Ihr wollte ich sie geben. Sie sollten ihr Kunde bringen von dem, wofür Worte zu schwer sind.

Sie läuten.

Den ganzen Weg hier hinauf habe ich sie läuten hören.

Es sind Töne, die man erhaschen muß. Sie müssen von jemandem erhascht werden, o Gott!

Es sind Tropfen vom Lichtdrang des Winters, sie müssen jetzt gepflückt werden, sie schwinden dahin, sie sterben in der Einsamkeit.

Zwei, drei Schneeglöckchen.

Ich presse ihren Lebenssaft aus. Sie ist nicht gekommen. Die armen, leuchtenden Blumen.

Ich trete sie tot.

Es waren ja nur ein paar zarte, blasse Keime, die vielleicht - vielleicht – an ihrer Brust zu Rosen geworden wären.

Aus „Märchenarabeske"

Es war einmal ein großer, mächtiger König. Er besaß beinahe alles. Es war ein weiser König. Er wußte beinahe alles. Wenn er die Blumen betrachtete, erröteten sie unter seinem Blick.

Er hatte drei Söhne, die er liebte. Sie waren schön, und sie hatten einander gern, so daß sie sich niemals trennten.

Aber weit fort in einem anderen Land wohnte eine Prinzessin. Sie war weiß und schön, aber stolz und kalt. Sie näherte sich dem einen der Söhne und sah ihn an. Und ihr Blick sank tief in sein Herz, und er vergaß alles und eilte zu ihr, streckte ihr seine Arme entgegen und sah ihr in die Augen. Da fiel er tot um. Aber seine Seele blieb am Leben. Sie ist das große Meer.

Und der zweite Sohn zog aus, um seinen Bruder zu suchen. Aber als er dessen Leiche sah, brach sein Herz, und seine Seele wurde das große Gewölbe des Himmels.

Und der dritte suchte und suchte, bis er vor Kummer starb, und seine Seele wurde der große Wald, der zum Meer wandert und von dessen Tränen getränkt wird, und das Meer wandert zum Himmel, ohne ihn je zu erreichen.

Aber wenn die Sonne der König ist, und der Mond ist die Prinzessin, und wenn der Zauber gebrochen ist, dann versammeln sich alle Seelen, dann läuten alle Glocken der Welt.

Genrebild

- Dann ist es wieder still.

Die Dämmerung - es ist, als würde sie sich fest um mein Herz schlingen. Man verändert sich, wenn es nicht hell ist. Es nützt nichts, wenn man sich selbst betrügt. Wenn es hell ist, dann sieht man alle die anderen. Wenn die Dämmerung kommt, dann sieht man direkt in sein eigenes Herz. Und das ist gefährlich, gefährlich!

- Ich glaube, ich werde eine von den Kerzen am Klavier anzünden. Nur eine. Nur die, die am weitesten vom Klavier entfernt ist.

Jetzt kann ich anfangen.

Nein, ich muß den Klavierhocker höherdrehen.

Es ist, als wäre jede der Tasten eine Erinnerung. Die weißen sind die frohen, die schwarzen sind die traurigen.

Wenn man beides zusammenbringen könnte! Zu einer großen, reichen Melodie.

Was ist das?

Oh, ich werde die Tür zumachen. Ich werde sie verschließen.

Jetzt ist es still. Niemand kann kommen. Da waren so viele Menschen.

Unaufhörlich Geschwätz und törichtes Zeug und jemand, der dumm lachte.
Wie gut, daß es Schlüssel gibt!
Nein, ich kann nicht. Kann nicht spielen.
Ich will das Licht löschen.
Ich will nachdenken.
- Die Bäume und der Strand.
Das Glück, das Glück, warm und herrlich und zum Greifen nah, und ich habe nicht zugegriffen. Der Duft da am Strand, und die Wellen, die Wellen . . .
- Gott, was ist das? Ich verstehe es nicht! Ich habe das Licht gelöscht, ich habe die Tür zugemacht, ich liege hier so still.
Es ist, als blickte jemand die ganze Zeit über auf mich nieder! Ich spüre seinen warmen Atem. Ich wage nicht, die Augen zu öffnen!

Ehefrau

- Ehefrau, vier Kinder. -
Sie hat ihr Gesicht mit den Händen bedeckt. Sie sieht ein weißes Segel langsam fortgleiten. Ihre Jugend.
- Ehefrau, vier Kinder. -
Sie öffnet das Fenster. Ein hellgelber Schmetterling flattert da draußen.
Sie sucht Zuflucht hinter dem Klavier. Er kommt! Direkt auf ihre Hand.
- Du gelber Schmetterling. Glaubtest du, ich wäre eine Blume? Ich bin bald eine alte Frau. Meine Stube ist gewiß zu eng für dich.
Behutsam trägt sie ihn zum Fenster, sie hebt den Arm.
Er fliegt hinaus. Er setzt sich auf das Auge einer Stockrose, küßt es, fliegt davon.
Aber als er sich in die Luft erhebt, ist das Auge der Rose feucht.

- Erzähl niemandem, du gelber Schmetterling, daß dein Flügel benetzt worden ist.

Ich will mein gelbes Seidenkleid anziehen, und meine Arme sollen nackt sein. Meine Brautschuhe sollen meine Füße umschließen.

Und wenn er kommt, und wenn er fragt:
Warum trägst du das gelbe Seidenkleid?,
dann werde ich antworten:
Weil meine Schultern zarter sind als die Flügel eines Schmetterlings.

Und wenn er fragt:
Warum hast du Stockrosen in deinem Haar?,
werde ich antworten:
Weil sie nicht welken sollen, ohne das Auge eines Mannes gesehen zu haben.

Und wenn er fragt:
Warum sind deine Arme nackt?,
werde ich antworten:
Weil ich jung bin. Weil mein Blut in den Adern meiner Arme pulsiert.

Weil ich meine weißen Arme um deinen Kopf legen und den Ernst von deinem Gesicht lächeln werde.

Dann wird er meine Hand ergreifen und fragen:
Besitze ich dich auch heute, Herrscherin?
Und ich werde antworten:
Du besitzt mich nicht. Du leihst mich aus von dem großen Leben, das Rosen und Schmetterlinge dichtet.

Leberblümchen

Ich schlendere über die Hügel. Der Schnee sprüht geradezu Funken.

Sieh, da geht ein kleines Mädchen. Wie sie auf ihren kurzen Beinen angestapft kommt!

Was hat sie denn da? Leberblümchen!

Leberblümchen! So früh. Februar, Skispuren, in Wolle gehüllte Damen.

Ja, es sind wahrhaftig Leberblümchen! Sogar ein ganz großer Strauß.

Jetzt steht sie vor mir. Neun Jahre. Locken.

„Wo hast du die Leberblümchen gelassen?"

„Leberblümchen! Ich habe keine Leberblümchen."

„Aber natürlich hast du welche. Ich habe es doch mit meinen eigenen Augen gesehen. Und noch dazu einen ganz großen Strauß."

Aber sie *hat* keinen Leberblümchenstrauß. Nur zwei große Kinderaugen hat sie, die Kleine, nur zwei Augen, die lächeln und strahlen und einen ganzen Sternenregen von leuchtenden Leberblümchen versprühen.

Das Waldhaus

Ich habe das kleine rote Waldhaus gemietet.

Ich habe meinen Tisch hinaus in den alten Garten gebracht. Ich habe ein Glas Wasser mit einer Blume darin, jeden Tag eine neue.

Zuweilen fällt ein schwerer Tropfen von einem grünen Blatt oben im Baum hinunter auf mein weißes.

Und ich lausche in mich hinein, ob Schlösser dort sind, voll von Musik. Ich schließe die Augen und schaue und spähe, ob Sterne dort sind und der große Ozean.

Es ist so still. Ich kann hören, wie die Menschen reden, weinen und einander umarmen in meiner Brust. Und gute schlichte Gedanken wogen mit dem Wind über das Gras, und ein kleiner Sänger setzt sich dort oben auf den Zweig und sagt: „Piep, piep."

Manchmal höre ich weit entfernt Hufschlag. Es ist das reiche Fräulein aus der Villa, das geritten kommt, in dem langen, schwarzen Kleid, mit dem strengen Gesicht und den geschlossenen Lippen.

Allmählich wird es Abend in dem alten Ich. Ich bin es müde geworden zu denken, zu leiden mit den Leidenden und zu fragen mit den Fragenden. Die Vögel haben aufgehört zu singen. Nur der Hammer des Schmiedes tönt noch von weitem.

Und ich habe niemanden, dem ich gute Nacht sagen kann. Deshalb schaue ich in die Schmiede und sage: „Gute Nacht, Schmied."

Und während ich heimgehe, flüstere ich: „Gute Nacht, Acker und Wiese."

Türen und Fenster stehen offen. Ich schlafe zusammen mit Wald und Feld. In den Traum hinein begleitet mich der Frösche Quak-quak, der Wachtelkönige Ix-ix.

Dornröschen

Dort unten am Fluß steht die Hütte.

Heute nacht habe ich mit vornehmen Frauen getanzt. Seidenschuhtrippeln raunt in meinem Ohr.

Aber bald bin ich dort unten. S i e hat keine Perlen. Zwischen Johannisbeeren und Rosen wohnt sie. Schmetterlinge sind ihre Kammerjungfern.

Heute nacht habe ich mit feinen Frauen getanzt. Diamanten blitzten in ihrem Haar. Keiner, keiner kennt Dornröschen. Efeu verbirgt unsere Hütte.

Rot sind deine Wangen, Dornröschen. Siebenstern leuchtet in deinem Haar. Rot sind deine Wangen, wenn du mir den Becher reichst, daß ich meinen Durst lösche, wenn es Nacht wird.

Die Fenster sollen offen sein. Die Sommernacht soll über das weiße Kissen streichen, sich in Dornröschens Augensternen spiegeln.

Und wenn der Tag graut, kommt ein Vogel von Ost, fliegt durch unsere Stube, fliegt hinaus gen West.

Die Stadt

Ich wohne im Gebirge. Seit Wochen habe ich keinen Menschen gesehen, meine eigene Stimme nicht gehört. Ich höre meine Gedanken, während der See schmatzt.

Rote Wolken ziehen vorüber. Es dunkelt, der Bergsee wird schwarz, der Seetaucher schreit.

Angst durchfährt mich. Wo sind sie alle? Was tun sie? Leben sie noch? Leben meine Brüder, die Menschen?

Und das Gebirge wird plötzlich so eisig kalt. Es hat kein Herz.

Ich muß hinunter, hinter den letzten blauenden Bergrücken, südlich der weiten Ebenen, dorthin, wo Herzen schlagen, wo Tausende von Herzen im Chor schlagen.

Ich eile hinunter in das Tal, ich verberge mich im Abteil des Zuges. Die ganze Nacht schnaubt die Eisenbahn, wie der Blitz durchschneidet sie Nacht und Nebel, lange, tiefe Täler, weite Ebenen.

Am nächsten Abend stehe ich auf der gepflasterten Straße. Da ist kein Wald mehr, aber Häuser über Häuser und Fenster; kein Blätterrauschen, aber das Surren der Wagen, der Lärm unzähliger Füße.

Weit entfernt höre ich einen entsetzlichen Schrei. Wer leidet?

Ich laufe dem Schrei nach. Und aus offenen Fenstern höre ich eine brüllende Stimme:
„Entsetzt euch, ihr Männer und Frauen, ihr verkommenen Kerle, euer Dreck ist schlimmer als der von Nattern, eure Sünden sind so zahllos wie die Sandkörner auf dem Meeresgrund."
Voller Angst laufe ich weiter. Ich komme an einem Haus vorbei, in dem viele Menschen sind. Ich sehe sie an den Wänden sitzen, sie reden nicht miteinander, sie lächeln einander nicht zu.
Und meine Angst wird größer und größer. Ich komme an Kaschemmen vorbei, in denen sich Männer und Frauen beim Tanz blutig treten.
Sind dies meine Brüder, die Menschen?
Ich laufe weiter und weiter. Meine Angst wird größer und größer. Keiner spricht mit dem anderen, keiner lächelt dem anderen zu. Sie stürzen davon, als würden sie gepeitscht, und aus den kleinen Häusern höre ich Weinen und Schluchzen, hinter mir weint es, weint, weint . . .
Und auf einmal begreife ich, auf einmal sehe ich: Sie sind wahnsinnig, sie werden von ihrem eigenen Schatten gepeitscht. Und ich blicke mich um, ich sehe ihre Augen, ihre Mienen, ihr Eilen und Hasten:
Ja, sie sind wahnsinnig, sie sind wahnsinnig.

Die Schwarzgekleidete

Ich gehe die öde Straße hinunter. Ich schleiche mich an den Wänden der Häuser entlang.
Folgt mir jemand? Schleicht sich jemand hinter mir an den Wänden entlang, mit gesenktem Kopf, wie ich selbst?
Ich wage nicht, mich umzusehen.
Es ist stockfinster. Mein Herz beginnt zu klopfen.
Ich höre ein Flüstern:

„Mann!"

Ich fühle, wie mich Frauenkleider streifen. Ich blicke nicht auf, und doch weiß ich, daß sie schwarz sind.

Und ich weiß, daß sie eine Jungfrau ist, und ich weiß, daß ihre Herz rast.

Sie ergreift meine Hand. Die ihre zittert. Aber sie beugt sich zu mir und stützt sich auf mich und flüstert:

„Mann!"

Wir gelangen zwischen Bauholz und Fässer und Gerümpel, wir steigen Treppen hinauf, wir treten ein, über uns ein Dachfenster.

Sie nimmt den Schleier ab. Ich sehe große, seltsame Augen. Sie knöpft ihr Mieder auf, ihre Hände zittern.

„Schau", sagt sie. „Ist das schön?"

Und sie hängt sich an mich, und sie streicht über mein Gesicht, meinen Hals, meine Brust, meinen ganzen Körper. Mit weichen, behutsamen Händen.

Und die Hände flüstern:

- Blind.

Die Nacht

Kommst du auch diese Nacht nicht, du, die ich an mich pressen will, wenn der Große Wagen am Himmel versinkt?

Ich liege da und kann nicht schlafen, will nicht schlafen, wage nicht, allein zu schlafen.

Ich habe Feuer! Weib! Meine Arme sollen dich umschließen, meine Augen sollen im Dunkel in den deinen ertrinken, mein Gesicht zieht es zu dem deinen, die Nähe deines Körpers will ich spüren – spüren, daß jemand bei mir ist.

Du darfst nicht schlafen, du darfst mich nicht einen Augenblick verlassen, dein Nerv soll an den meinen rühren, deine Haut, alle deine Nerven, all deine Haut, nein, du darfst mich nicht verlassen, nicht einen Augenblick!

Kommst du nicht, Weib, du, die Mächtige, die du gebären kannst und dich um mich schlingst mit deines Körpers Strahlen? Nun kommt bald der Tag, der wahnwitzige Tag, und es ist zu spät. Hörte ich deine Schritte? Oder waren es die Füße, die jede Nacht lautlos in meiner Seele tanzen? Oder waren es die Füße, die mit rasselnden Ketten langsam in dem Gefängnis meines Geistes wandern? Ich brenne, die glimmenden Zellen fliegen in meinen Adern, wollen zu Leben werden, zu Seele im Licht.

Ich liege im Eis. Ein Grab ist mein Lager.

Warum kommst du nicht, Leben, große, hohe Frau, und entzündest die Tausenden Feuer meines Körpers, die Millionen Sterne meines Blutes?

Ich höre deine Schritte da draußen - sie kommen näher - o Gott, sie zittern, denn bald kommt die Stunde der Ewigkeit, da du zu meinen Füßen liegst, voller Furcht – du tastest an der Tür – und – und – ich bin nicht bereit! Bin ich bereit, o Gott, bin ich bereit? Ist da der brausende Wasserfall in meinem Blut, der feuerheiße Strom in den Kammern meines Herzens? Ich wage es nicht. Deine Hände sind Stein, dein Atem ist Gift. Ich kenne dich nicht, wer bist du? Meine Seele kennt dich nicht. Versteht nicht im Dunkel die Sprache deiner Augen.

Wer kommt da? Lacht ihr?

Die kalten Strahlen des Tages stehlen sich herein, hohnlachen meiner Augen Bitte – der wahnwitzige Tag.

- Sie kommt.

Wie das Klopfen meines Herzens, wenn die Nacht stirbt, ist der Laut ihrer Schritte. Nur ihre sind da, in der stillen Straße - sie ist es, die zu mir kommt.

Ich bin es, zu dem sie kommt.

Sie geht an meiner Seite. Ich schlage meinen Blick nieder, denn die Angst in mir ist groß.

Jetzt versinkt der Große Wagen.

Sie hebt den Blick zu mir auf. Sie ist Nonne, und sie hat schwarze Kleider und einen weißen Schleier.

Sie bleibt stehen und streckt ihre Hand aus.

Das Mitleid der Mutter Gottes, der Regenbogen unendlichen irdischen Leidens ist in den Augen der Nonne.

Das siedende Verlangen der Erde, die Sehnsucht, zu verschmelzen und zu gebären, sich zu erneuern, ringsum Gewimmel zu schaffen!

Ich fühle, wie sich Arme sanft um mich legen, wie ein Kopf an meine Brust sinkt, Lippen meinen Mund berühren.

Der lange gefesselten Sehnsucht, der gezüchtigten, geläuterten Triebe Kuß.

Der Verlassene

Durch die Finsternis eilte ich über Moor und Moos. Hin und wieder sah ich mein Gesicht in dem braunen Moorwasser zittern. Dann schnürte sich mein Herz zusammen, und ich fror.

Ich lief und lief – Frösche, Eidechsen, Wasser, Erde glitten an mir vorbei wie in einem dunklen Traum.

Als die Nebel zerrissen und die Sterne auf die Heide rieselten, sah ich eine endlose Ebene.

Ich blieb stehen, ich hörte mein Herz hämmern. Ich erinnerte mich, wer ich war.

Oder bin ich nichts anderes als ein Ton, der über die Erde gejagt wird – deines Namens Ton?

Ich blieb stehen, ich lauschte, ob da weit draußen das Meer sei.

Der Wind peitschte mein Gesicht, stahl sich eiskalt in meine Brust, heulte, heulte deinen Namen.

Als der Mond aufging, lag das Meer da, das mächtige.

Ich sank nieder. Ich war müde, todmüde.

Konnte ich dich verfluchen? Ich konnte es nicht. Denn war ich etwas anderes als ein Ton, der über die Erde gejagt wird?

Konnte ich weitereilen, dort hinaus, hinunter in das barmherzige Meer, das mächtige?

Ich konnte es nicht. Denn war ich etwas anderes als ein Ton, der über die Erde gejagt wird, deines Namens Ton!

Ich lag auf dem Strand, der Wind nahm zu, das Dunkel wuchs. Meine Brust wurde kälter und kälter, meine Brust wurde kalt wie Eis.

Was war das? Rührte da nicht eine klamme Hand an meinen Puls? Saßest du auf dem Schoß eines anderen und lachtest?

Und der Wind peitschte und peitschte mich, und der Wind heulte deinen Namen, und ich sprang auf und lief und lief. Meine Füße bluteten. Saßest du auf dem Schoß eines anderen und lachtest?

Und ich kam in die Stadt, und ich sah Köpfe hinter Gardinen, und es murmelte hinter mir, und es murmelte und flüsterte: „Wer ist das, der da im Sturm läuft?"

Und ich lief von Wirtshaus zu Wirtshaus, und ich rief deinen Namen, und sie lächelten und spotteten, und hinter mir schallte ihr Lachen. Und es gellte und schrie lauter und lauter: „Vanda! Vanda! Vanda kennen alle. Vanda geht mit jedem Mann ins Bett."

Und ich lief, und ich lief, und ich fragte die Menschen auf den Straßen, ich ging in die kleinen Hütten, und ich fragte: „Wo ist Vanda?"

Und ich ging in den großen Palast, da gab es ein Fest mit Lichtern und Tanz, da waren schwarzgekleidete Herren und strahlende Damen, und der Tanz brach ab, und sie scharten sich um mich, und sie lachten, und sie schrien im Chor: „Vanda, Vanda kennen wir alle. Vanda geht mit jedem Mann ins Bett."

Das Ich

Ich zeichnete die breite, ruhige Linie des Wassers. Große und kleine Segel, Dampfer mit langen Rauchfahnen kreuzen und kurven darauf, Wolken und Laternen spiegeln sich in ihm, kleine Inseln tauchen auf, wie Träume vom Grund der Seele.

Grüne Erde beugt sich zu beiden Seiten des Fjords hinab, um vom Wasser zu trinken. Sie hat den Rand mit Laub und Tannen und Blumen bestickt, die sachte fächeln.

Und unter dem Laub gehen Männer und Frauen in Gruppen und Paaren. Ich habe den Ton der Luft, des Laubes, des Wassers gestimmt, ich habe das Ohr des Menschen voller Harmonie gebaut.

Ich bin allein unter ihnen und höre, wie sie einander zulachen und Worte der Liebe flüstern.

Da unten, wo Wasser und Strand einander umarmen, lege ich eine violette Schärpe von Dunst, schlinge sie über den felsigen Hang. Sie ist mit kleinen mannigfaltigen Perlen bestickt, den Lichtern der Heime, die sich über das Gebirge ziehen.

Ich bin allein unter ihnen, meine Freude ist es, ihre Gedanken zu hören, ihren Kummer und Jubel zu kennen.

Und doch – ich weiß nicht –, das ist mir nicht genug, Ich werde rastlos. Alles wird mir fremd. Ich muß fort.

Und langsam steige ich hinauf ins Gebirge, und hinter mir werden der Gesang und das Lachen schwächer und schwächer. Schließlich verebben sie, ich höre nur das Heidekraut flüstern, den Gletscher seufzen.

In mir erwacht ein dunkles Verlangen.

Einer müßte kommen. Er müßte kommen und lauschend dorthin gelangen, wo der Gletscher seufzt und das Heidekraut stirbt.

Er sollte kommen und sagen: Ich sah das Meer und den Himmel und den Dunst der Farben und das Wunder der Menschen. Und ich wurde mehr und mehr einsam. Denn in mir erwachte die Sehnsucht, den kennenzulernen, dessen Phantasie Meer und Wolken gedichtet, dessen Gedanke das Ohr des Menschen gebaut hat.

Ein Volkslied

„Du lieber Gott! Ist das nicht Anne Marie da draußen!" rief der Kommis.
„Du lügst", sagten die anderen. „Anne Marie kommt nicht mehr auf die Straße."
Und sie traten an das Fenster, alle Mann.
„Sie ist wie ein Wiesel, so zartgliedrig", sagte einer.
„Sie ist das schönste Mädchen in der Stadt", sagte ein anderer.
Aber Anne Marie ging stumm die Straße hinunter, schlank wie eine Weidengerte, das blonde Haar wie glänzendes Gold. Sie sah starr vor sich hin und bemerkte nichts.
Etwas Schweres lag in ihrer Tasche. Wie sonst wollte sie ihre junge, zarte Brust hervorstrecken, aber es wog so schwer, das, was in ihrer Tasche lag, es wog so schwer.
„Du lieber Gott! Ist das nicht Anne Marie da draußen!" riefen jene im Chor, die an den Fenstern standen, die zur Straße hin lagen.
„Anne Marie ist draußen!"
Aber Anne Marie ging stumm weiter, mit gesenktem Kopf. Zur Mole ging sie. Da blieb sie still stehen und schaute über das Meer.
Dann fingerte sie in der Tasche herum, nahm es heraus, das kleine Papier, sah es an, ließ es fallen.
Es wurde naß. Es entfaltete sich und schwamm. Aber *er* versank. Sank hinab zu den Seeteufeln.
Stolz warf sie den Kopf in den Nacken. Sie drehte sich um und ging wieder nach Hause.
Aber *er* versank.

Der Ring.
Den ganzen Winter über hatte sie dagesessen und ihn angestarrt, ihn hin und her gedreht, nichts verstanden, nichts begriffen.
Für sie hatte er die Ewigkeit bedeutet.
Kristine und Grethe und Laura kamen jeden Abend und warfen einen Stein ans Fenster.
„Kommst du mit?"
„Nein."
Und sie gingen still zurück und flüsterten:
„Da ist etwas, was an Anne Marie zehrt."
Und in den Häusern sagten sie, wenn sie zu Mittag aßen:
„Anne Marie kommt nicht mehr auf die Straße. Sie schließt sich ein. Da muß etwas sein, was an ihr zehrt."
Es wurde Winter, es fror, es bildete sich Eis.
Und Kristine kam und rief:
„Das Eis trägt, Anne Marie!"
Aber Anne Marie antwortete nicht.
Und Kristine stupste Grethe in den Rücken und sagte:
„Frag du, Grethe!"
Und Grethe rief:
„Das Eis trägt, Anne Marie. Es ist blank wie Glas."
Aber Anne Marie antwortete nicht.
Und Grethe stupste Laura in den Rücken und sagte:
„Frag du, Laura!"
Und Laura rief:
„Das Eis hält, Anne Marie. Es ist blank wie Glas. Die Jungen fragen nach dir."
Aber Anne Marie antwortete nicht.
So hörten sie auf. Und es wurde still.
Aber unten vom Wasser tönte es:

> „Steh auf, meine Rose,
> steh auf, mein Püppchen,
> steh auf, mein kleiner Schatz,
> meine Herzallerliebste,
> meine Liebste, meine Liebste!"

Und von den Bergen hallte es wieder:
„Liebste, Liebste!"
Anne Marie saß da und starrte auf den Ring. Sie konnte es nicht begreifen, sie konnte es nicht verstehen.
Für sie hatte er die Ewigkeit bedeutet.

„Warum liest du immer und ewig, Vater?"
„Ich suche die Wahrheit, Anne Marie."
„Gibt es denn eine Wahrheit, Vater? Ist nicht alles Lüge?"
Da hob der Alte seinen schweren, weißen Kopf und schaute Anne Marie an. Mager wie ein Schatten war sie geworden, aber das Haar leuchtete. Wie die Fenster der Frauenkirche beim Sonnenuntergang, so leuchtete Anne Maries Haar.
„Nein, Anne Marie, in den Menschen ist gewiß keine Wahrheit. Nur dort oben ist Wahrheit – auf *dem* blauen Blatt da –, nur hier drinnen ist Wahrheit – in *diesen* staubigen Büchern hier."
Von dem Tag an saß Anne Marie vor den großen, dicken Büchern.
Anne Marie saß von morgens bis abends vor den großen, dicken Büchern, während es unten auf dem grünenden Wall sang:

„Steh auf, meine Rose,
steh auf, mein Püppchen,
steh auf, mein kleiner Schatz,
meine Herzallerliebste,
meine Liebste, meine Liebste!"

Aber Anne Maries Wangen wurden hohler und hohler.

Es war im Mai, als die Kirschblüten fielen.
Die alte Glocke der Domkirche läutete. Es klang über die Stadt, über den Fjord.
Vor allen Türen grünte es.

Vor allen Ladenfenstern waren die Jalousien heruntergelassen. Ein Flüstern ging durch die Straßen, es waren alte Leute, die sich die Tränen von den Wangen wischten:

„Denkt nur, kaum zwanzig und schon auf der Bahre! Denkt nur, kaum zwanzig und bleich auf der Bahre!"

In lange, schwarze Schleier gehüllt, gingen die schönsten Töchter der Stadt vor dem schwarzen Wagen und flüsterten:

„Jetzt ist die Schönste tot. Nun liegt die Goldblonde auf der Bahre!"

Und sie flüsterten:

„Ob es wohl einen gibt, der Anne Marie Böses antun wollte?"

Und dort hinten unter den Männern wurde geflüstert:

„Ich glaube nicht, daß es Schwindsucht war", sagte einer.

„Nein, da gab es etwas, was sie mit sich herumtrug, die Anne Marie", sagte ein anderer.

„Da gab es etwas, was an ihr zehrte und wovon niemand wußte", sagte ein Dritter.

Und durch den ganzen Leichenzug flüsterte es:

„Wer konnte ihr wohl etwas Böses antun, Anne Marie mit dem Goldhaar? Wer konnte wohl Anne Marie belügen?"

Der Wurm

Ein winzig kleiner Wurm spaziert einen kleinen Grashalm hinauf. Er hat gerade so Platz. Wenn er also höher hinaufgelangen würde, dorthin, wo der Halm dünn und sehr biegsam ist, müßte er zweifellos hinunterfallen. Und das ist spannend: Wird er fallen?

Was will er überhaupt auf dem schmalen Grashalm? Was sucht er da? Was hat er vor? Sind Insekten auf dem Halm – unsichtbar für das menschliche Auge –, die er sich zum Dejeuner wünscht?

Aber das kleine grüne Geschöpf arbeitet sich langsam und unverdrossen weiter. Es ist so grün wie der Grashalm. Um voranzukommen, muß er wie eine Larve gehen, den vorderen Teil des Körpers hochwerfen, das Mittelteil anheben, daß er einem Fragezeichen ähnelt, das umgefallen ist und auf allen Vieren spaziert. Da gibt es einen Augenblick, in dem der ganze kleine Kerl in der Luft schwebt, nur auf sein Hinterteil gestützt, mit Verlaub gesagt. Er steht da und baumelt in den Weltraum, so daß man, wenn er größer wäre, von dem Anblick seekrank werden könnte. Eine Sekunde lang verharrt er und wirft sich vor und zurück, wie um zu zielen, dann schwingt er entschlossen den Kopf nach vorn, und so haben wir wieder das Fragezeichen und können beruhigt durchatmen. Das ist eine Bewegungsart, die bei einem so kleinen Tier ebenso schelmisch-anmutig wirkt wie sie bei einem Menschen oder einem großen Tier unzulässig komisch aussehen würde.

Jetzt nähert sich der spannende Augenblick. Jetzt kommt es. Pst! Er schwingt Kopf- und Brustteil nach vorn. Bums, da ist er gefallen, ganz hinunter in das Tal zwischen den Gräsern, dorthin, wo er seine Zickzack-Tournee begann.

Aber er gibt nicht auf. Ohne Pause, ohne sich auch nur eine Sekunde lang zu bedenken, nimmt er den nächsten Grashalm in Angriff, der oben noch schmaler ist.

Was will er? Will er unbedingt auf dem einen oder anderen Grashalm ganz an die Spitze gelangen, um sich dort umzusehen, zu sehen, wie der Erdball beschaffen ist? Oder will er hinauf, um sich im Fliegen zu üben? Ist er eine Larve? Hat er Grillen?

Bums, da ist er wieder heruntergefallen!

Nun sollte man glauben, er wäre verzweifelt. Aber nein, er gibt nicht auf. Noch einmal hinauf.

Er hat viel Zeit. Sie haben so wunderbar viel Zeit, alle die da draußen im Gras. Wonach laufen sie? Sie laufen gewiß nach gar nichts. Sie spazieren auf schmalen Grashalmen, um frische Luft zu atmen und um die Natur zu bewundern. Sie spazieren auf hohen Grashalmen und begutachten, welche von ihnen sich am besten zum Voltigieren eignen. Sie laufen herum und schaukeln sich. Im Sonnenschein.

Und selbst wenn sie ausnahmsweise einmal ein Ziel haben, dann ist es nicht eilig. Werden sie heute nicht fertig, so können sie es doch morgen schaffen.

Wer ist der kleine Seiltänzer? Wie lautet sein richtiger lateinischer Taufname? Wozu ist er auf der Welt? Man kann sein halbes Leben, ja vielleicht das ganze, verbringen, ohne auf ihn zu stoßen, ohne etwas von seinem Dasein zu ahnen. Wozu ist er also da? Was soll die Welt mit ihm? Welche Lücke füllt er aus?

Ist er vielleicht selbst ein kleiner grüner Grashalm, der lebendig geworden ist, der sich eines Nachts von der Erde losgerissen hat und sich im Fliegen übt? Ja, denn so sieht er aus, wie ein winzig kleiner, anmutiger hellgrüner Grashalm sieht er aus.

Die beiden, die dort sitzen und ihn betrachten, sind es, die das fragen. Sie sitzen da, die beiden, und betrachten das kleine Geschöpf, als würden sie einen spannenden Roman lesen, als hätten sie gerade das allerletzte Exemplar einer aufsehenerregenden Publikation erwischt.

In diesem Augenblick geschah es: vier Augen trafen sich. Sie begegnete einem Blick, wie sie ihn vorher nicht gekannt hatte, einem tiefen, seltsamen Blick.

Bevor sie wußten, wie ihnen geschah, waren sie in einem langen Kuß vereint, den vier Arme einschlossen. Und daran war gewiß der Wurm schuld. Jedenfalls war es lange her, seit so etwas geschehen war.

Der kleine Wurm war inmitten der Tage, die leer dahingegangen waren, zu einem Ereignis geworden.

Ein halbes Jahr später, am Heiligen Abend, fand sie, die an jenem Sommertag im Gras gesessen hatte, ein hübsches Schächtelchen neben ihrem Eßlöffel. Als sie dieses mit klopfendem Herzen geöffnet hatte, sah sie einen kleinen grünen Wurm, der wie ein Fragezeichen aussah, ein Fragezeichen aus Saphir.

Die junge Frau, die dort saß und entzückt auf das reizende Saphirfragezeichen starrte, war gewiß davon überzeugt, daß der Wurm in der Weltordnung für etwas gut war. Einem der Herren oder einer der Herrinnen der Schöpfung hatte er jedenfalls etwas bedeutet. Und auf die kommt es doch an in der Weltordnung. So sagt man jedenfalls.

Die Wespe

Ein alter Mann sitzt an seinem Arbeitstisch. Der steht am Fenster. Auf der weißen Gardine spaziert eine Wespe. Langsam geht sie von oben nach unten.

Der alte Mann am Arbeitstisch bemerkt die Wespe auf der weißen Gardine. Er hält in der Arbeit inne, wartet. Sie will nicht verschwinden. Er öffnet das Fenster, denn dann wird sie wohl endlich hinausfliegen. Sie gehört doch nach da draußen.

Sie will nicht verschwinden. Wenn sie unten angelangt ist, kriecht sie wieder hinauf, wenn sie oben ist, kriecht sie wieder herunter. Als suche sie nach etwas. Sie ist ganz still. Merkwürdig still. Beinahe unheimlich still.

Eine Wespe hat so etwas Gewisses. Einer Fliege wegen rührt man sich nicht vom Fleck. Sie kann einem gern mitten auf der Nase sitzen. Und beispielsweise eine der großen ekelhaften Schmeißfliegen, die kann wochenlang in einer Gardine sitzen, man sieht sie nicht einmal. Aber eine Wespe! – Ja, selbst wenn es ein weißhaariger Mann ist, und selbst wenn die Wespe ganz langsam kriecht und nicht einen Mucks von sich gibt, springt er auf, hält in seiner Arbeit inne, er – ja, der Mann am Arbeitstisch – verzog sich, er verschwand mit seiner Mappe, seinem Tintenfaß, seinem Lineal, dem ganzen Kram.

Aber am nächsten Tag saß die Wespe noch immer auf der Gardine. Da geschah es: In dem Mann kam Freundschaft auf für die Wespe. Er hatte sich an sie gewöhnt, er hatte sie kennengelernt. Stechen - das tat sie jedenfalls nicht.

Er setzte sich wieder an den Arbeitstisch, begann zu linieren und zu schreiben und sah hin und wieder hinauf zu seiner neuen Freundin, der Wespe, wie es ihr gehe.

Aber schließlich wurde er ganz besorgt. War mit ihr etwas nicht in Ordnung? Langsamer und langsamer krabbelte sie, immer langsamer. War sie krank? Vielleicht hatte sie Darmverschlingung - zum Beispiel! Oder Magenkrebs!

Nach dem Mittag war die Gardine leer. Jetzt schleppte sie sich unten auf der Fensterbank vorwärts. Es konnte nicht anders sein, sie war krank.

Aber was war das, was dahinten neben Cantùs Weltgeschichte lag? Eine tote Wespe. Eine andere Wespe, die tot war. Er hatte sie schon zwei Tage vorher gesehen, ohne sie sonderlich beachtet oder sich über sie Gedanken gemacht zu haben.

Sollte die kranke Wespe mit der toten Wespe verwandt sein?

Er hörte mit der Arbeit auf. Die Wespe arbeitete sich näher und näher an die tote heran. Sie wollte dorthin, das war unmißverständlich.

Ob sie Mann und Frau waren?

Er stand vom Tisch auf. Er kreiste um das Fenster. Es war beinahe, als stiege in seiner Brust ein seltsames Gefühl auf. Es war eine Wespe, eine von diesen Wespen, die so berüchtigt wegen ihres Stechens sind und die von allen mit tiefem Haß verfolgt werden, eine von diesen Wespen, die eine ganze Familie von einem Mittagessen im Garten abhalten können, weil sie die Nasen aller Familienmitglieder mit ihren Stichen verunzieren und die dekolletierten Damen zwischen jedem Löffel Suppe vor Angst schreien lassen, eine von diesen Wespen, die . . . , ja, so eine Wespe war das, und doch empfand der alte Mann etwas Seltsames für sie, kam in ihm gleichsam ein warmes Gefühl auf. Kann man Mitleid mit einer Wespe haben? Wenn man das könnte, dann war es gewiß so etwas, was sich bei ihm bemerkbar machte, als sie sich da vorwärtsschleppte, sich mit Mühe ein Stückchen bewegte, die Kräfte verlor und still dalag, sich dann wieder ein Stückchen weiterquälte. Geschah das im Todeskampf?

Eine Fliege ließ sich auf der Wespe nieder und wollte sie ärgern. Sie rührte sich nicht. Immer wieder kam die Fliege und trieb auf dem Wespenrücken ein fürchterliches Unwesen. Die Wespe schüttelte die Fliege nicht einmal ab. Eine Weile später lag sie neben der toten Wespe. Sie rührte sich nicht mehr. Sie war auch tot.

Es war ganz still in der Stube. Es war fast feierlich.

- Gott mochte wissen, wie und warum die Wespe in die Stube gekommen war. Sie war hin und her getaumelt, als hätte sie nach etwas gesucht. Sie hatte nichts gewußt, nichts gedacht, nichts gefühlt. Nicht einmal so etwas wie Sehnsucht hatte sie empfinden können. Was sollte sie auch empfinden können - sie, ein kleines Insekt, noch dazu eine Wespe? Sie war nur gekrabbelt und gekrabbelt, hatte gesucht und gesucht, hatte dorthin gefunden, wo die andere lag, sich hingelegt, um da zu sterben. Das war das Ganze. Vielleicht hatten sie einander ihr Leben lang mit den Stacheln gequält. Oder sind es nur die Menschen, die ihre Nächsten verletzen?

Jetzt lagen sie jedenfalls ganz friedlich da.

Sie lagen nebeneinander. Die eleganten Hinterleiber waren nach innen gekrümmt. Es war ein fast wehmütig stimmender Anblick. Diese feinen, runden, aufreizenden Pariser Turnüren, die sicher dort draußen in der beau monde der Insekten Aufsehen erregt hatten. Diese spitzen, geschliffenen, schlanken Flügel.

Waren es Monsieur und Madame? Das mochte Gott wissen.

- In der Kammer nebenan lag die Ehefrau des Mannes.

Was ist nur mit meinem Mann? dachte sie. Sie fühlte, daß etwas nicht ganz so war wie sonst. Vielleicht, weil die Feder nicht so regelmäßig kratzte. Vielleicht hatte sie gehört, daß er aufgestanden war. Oder vielleicht war es ganz einfach so, daß sie es spürte.

Nein, was ist nur mit meinem Mann? Sie wurde sich immer sicherer, daß etwas sein mußte. Da nahm sie allen Mut zusammen und schlich sich hinein.

Dort stand er. Am Fenster. Ganz still. Was war das? Eine Träne?

Sie schlich sich näher.

Aber ehe sie sich`s versah, hatte er sie in seine Arme genommen, und seine Hand fuhr durch ihr graues Haar.

Was ist denn? rief sie halb erschrocken.

Er wies auf die beiden toten Wespen.

Zwei tote Wespen!

Soweit sie zurückdenken konnte, war so etwas nicht geschehen, und jetzt sollten zwei tote Wespen die Ursache dafür sein!

Der Hund

Radierung

Ich ging über die braune Hochebene. Den ganzen Tag ging ich. Das Meer toste im Westen.

Gegen Abend stieg die Ebene an und versperrte den Blick. Wie im Schlaf gingen meine Füße weiter. Bald stand ich auf dem Gipfel des Berges.

Das tosende Meer unter mir war zu einem spiegelblanken Fjord geworden. Die Sonne versank in ihm.

Das war das Schönste, was ich je im Leben gesehen hatte. Ich vergaß alles. Ich zitterte vor Entzücken.

Endlich fiel mir ein, daß es spät war, daß ich weitermußte. Ich sah mich nach dem Pfad um. Ich schaute vor mir nieder, und ich sah, daß da ein Abgrund war. Ich schaute mich nach der anderen Seite um. Da war eine steile Wand. Ein entsetzliches Schwindelgefühl ergriff mich. Hunderte von Bergen hatte ich in meinem Leben bestiegen. Nie zuvor war mir schwindlig geworden.

Ich suchte und suchte. Die Dämmerung nahte, und vor mir sah ich nur steile Wände. Voller Unruhe und Angst legte ich mich auf die Knie. Ich kroch über den Boden, um nach dem Pfad zu suchen.

Gerade in dem Augenblick, da ich glaubte, ihn gefunden zu haben, sah ich unten auf der Ebene einen großen Hund angerannt kommen. Was war das, was da über mich kam? Ich verharrte. Ich wartete.

Größer und größer wurde meine Angst. Würde er hier heraufkommen? Ich legte mich hin und preßte mich fest an den Boden. Ich hörte sein Bellen. Eine Sekunde - ich erblickte seinen Kopf über dem Abhang.

Seine Augen waren unmittelbar vor den meinen. Er bellte, er hechelte nicht mehr.

Ich drückte mich fester und fester an die Erde. Ich wußte, daß er seine Pfote ausstrecken würde. Im nächsten Augenblick war es geschehen. Ich spürte Krallen tief in meinem Handgelenk.

Wir lagen da und starrten einander an. Sein Kopf ruhte auf dem Rand des Abhangs. Er rührte sich nicht. Ich spürte seine Krallen und die brennenden Augen. Ich begann seinen Blick zu verstehen. Es war, als hörte ich entsetzliche Worte aus seinem Rachen dringen:

Deine Stunde ist gekommen, du Mensch!

Weißt du noch, was du getan hast? Weißt du noch, daß du mich mit deinen geflochtenen Peitschen geschlagen hast? Weißt du es noch?

Weißt du noch, daß du meinen Bruder, das Pferd, mit beißenden Peitschen geschlagen hast, als er todesmatt zusammenbrach?

Weißt du es noch?

Meine Augen versuchten zu antworten.

Warum klagst du mich an? Ich habe nie einen Hund besessen. Ich bin kaum hundertmal in meinem Leben mit einem Pferdefuhrwerk gefahren.

Aber wilder und wilder glühten seine Augen:

Bist du nicht der Mensch? Sehe ich dich nicht vor mir mit diesen deinen beiden widerlichen weißen Händen, mit denen du tötest und tötest und immer nur getötet hast in Tausenden von Jahren?

Hast du nicht das Schaf getötet? Hast du nicht das Blut der Ochsen aufgetischt? Was auf dieser herrlichen Erde hast du verschont? Gibt es unter all dem Lebendigen etwas, das du nicht ermordet, geschändet, gepeinigt hast?

Trittst du nicht auf all das wimmelnde Leben der Erde? Selbst die roten Rosen, hast du sie nicht abgerissen, als der Saft überreich in ihren jungen Blättern schwoll?

Ich kenne dich, du Mensch! Jetzt habe ich meine Krallen in deiner Hand!

Ich wußte, daß ich behutsamer als die allermeisten über die Erde gegangen war. Aber das Tier verstand nichts. Für das Tier war ich nur der Mensch, der Mensch mit den weißen, tötenden Händen. Und während seine Augen mich anstarrten, war es mir, als hätte ich alle todmüden Pferde der Welt gepeitscht und gepeinigt.

Hinter mir hörte ich das Meer tosen und brausen, vor mir im Dunkel waren die starrenden Augen. Es gab einen Augenblick, in dem ich wünschte, daß das Tier seine Zähne in mich schlüge, schnell, schnell, so daß dies hier ein Ende nähme.

Da fühlte ich plötzlich, wie mich etwas Seltsames durchströmte. Ich hob meinen Kopf vor den glühenden Augen. Ich begann laut zu reden. Wilde, absonderliche Worte oder Laute kamen aus meinem Mund. Sie lassen sich weder wiederholen noch beschreiben.

Wéji ohahú! Dilodáma! Wáhi Wóha Wéji ohahú!

Ich fühlte, daß von meinen Augen ein übernatürliches Licht ausging. Ich erinnere mich, daß die Augen des Hundes in wachsendem Staunen an mich gefesselt waren. Aber ich war mir dessen kaum bewußt. Eine entsetzliche Wollust hatte mich erfaßt, es war, als wären alle Zellen meines Körpers von einer neuen, mächtigen, überirdischen Kraft erfüllt, ich hob meine Hände, schwang sie hin und her und fuhr fort:

Wejimalála oío, titá ôli ôli! Weji ohahú! Waniawai!
Das Staunen in den Augen des Hundes wurde zur Furcht. Das ist mir später klargeworden. Damals bemerkte ich es nicht. Ich sah den Hund nicht mehr, ich sah nichts. Ich hatte mich erhoben, und die seltsamen Worte strömten stärker und stärker aus mir heraus. Das Meer dort unten im Dunkel toste wilder und wilder, der Wind heulte, ich rief, ohne zu sehen oder zu fühlen, ich schwang meine Arme in die Luft, im Takt mit meinen Rufen und mit dem Heulen des Windes.

Ich weiß nicht, wie lange ich so stand. Endlich sah ich mich um. Der Hund war verschwunden.

Ich fiel in Ohnmacht.

Als ich wieder zu mir kam, war ich ruhig. Ich sah, wo ich war. Ich erkannte alles wieder. Hatte ich geträumt? Ich sah auf meine Hand. Da war ein tiefes Blutmal.

Ich fand den Weg. Ich ging zurück zum Hotel, wo ich der einzige Gast war. Man sah mich so seltsam an. Ich dachte, das liege wohl daran, daß ich so lange fort war. Ich aß. Ich erhob mich vom Tisch. Ich begegnete dem Blick des Mädchens. Was war das?

Ich ging hinauf auf mein Zimmer. Ich sah mich im Spiegel.

Da verstand ich.

Mein Haar war grau geworden.

Prosa

Novellen

Liv

In einer großen Stadt gibt es dunkle Winkel, abgelegene Straßen mit seltsamen Namen, Namen, die Ahnungen von einem Halbdunkel des Lebens wecken, wo vieles geschieht, wovon nicht einmal Bücher erzählen.

Ich wohne zur Zeit in einer solchen Straße. Dort ist es so still. Es kommt vor, daß ein Milchkarren hindurchfährt oder ein Kohlenwagen oder daß ein Scherenschleifer von Haus zu Haus geht. Aber danach wird es hier doppelt still.

Ich sehe keine reichen oder „feinen" Leute, keinen von denen, über die man in den Zeitungen oder im Staatskalender liest. Und doch haben die, denen ich begegne, soviel Adel im Blick. Wer weiß? Vielleicht haben die dort oben in den großen, dunklen Backsteinhäusern ein Geheimnis: ein helles Eckzimmer, einen Kanarienvogel, eine Katze zwischen Topfpflanzen, ein geerbtes Teeservice aus altem Porzellan.

Wenn ich abend nach Hause komme und von den Boulevards in mein Viertel einbiege, begeben sich meine Gedanken in eine neue, eine eigene Welt. Hier gibt es nichts, was sie betäubt.

Nicht weit von meiner Wohnung ist ein Kellercafé, das ich oft besuche, wenn es schummrig wird. Für gewöhnlich ist es leer. Ich mag da so gern sitzen. Ich sitze zuweilen lange da, so lange.

Ich weiß kaum, warum ich es mag. Ich glaube, meistens denke ich nicht einmal, habe nur ein Gefühl von Frieden, ein Gefühl, daß jetzt alles schweigt. Die großen, schweren Fragen und die schrecklichen Zweifel und all das Pathetische, das gibt es dort nicht, und ich atme leise, und die Menschen um mich herum leben und regen sich so lautlos, ohne zu klagen und ohne zu fordern, daß gerade *ich* mittun soll.

Dann können auch Bilder und Erinnerungen kommen, gleichsam von weither, Waldesrauschen, Meeresbrausen, Kindheit in der Sonne. Das tut nicht weh. Das ist nichts mehr, das an mir zerrt. Nein, das sind Laterna magica-Bilder, die dort unten im Keller weich an mir vorüberflimmern, während ich langsam den Kaffee trinke.

Etwas Ähnliches empfindet man gewiß, wenn man an einem Sommertag in einer kleinen Dorfkirche ist: Die Türen stehen offen. Der Duft des Heus stiehlt sich herein. Und über den Fußboden zum Altar hin fließen bunte Sonnenstreifen. Man sitzt da und betrachtet sie, und alles andere wird zum Traum.

Ja, alles andere wird zum Traum.

Ich kenne ein paar Menschen in dieser Stadt, aber ich besuche sie selten. Und dann nur mit einer seltsamen Furcht. Es ist, als hätte ich Angst davor, daß man mir etwas rauben könnte. Ich stehe lange unten vor den Fenstern, sehe, wie sich die Köpfe auf den Gardinen abzeichnen, weiß nicht, ob ich den Mut habe, in all das Licht hinaufzugehen.

Ist es Einbildung, wenn ich meine, daß sie mich so seltsam ansehen? Oder ist etwas in meinen Gang, in meinen Blick gekommen, etwas - ja, etwas von meiner abgelegenen Straße, meinem Keller? Ich habe das Bedürfnis, ruhig für mich zu gehen und leise zu sprechen. Es ist mir peinlich, wenn jemand schreit oder schallend lacht.

Auch an Gesprächen kann ich nicht teilnehmen. Aber es bereitet mir Vergnügen, dazusitzen und zuzuhören. Nicht so, daß ich den Zusammenhang erfaßte. Ich verstehe nicht mehr, worüber gesprochen wird. Ich kann nicht fassen, daß sie sich für all das interessieren. Ich finde, das hat so wenig mit dem Eigentlichen zu tun, mit dem, wofür wir leben und sterben.

Für mich ist das nur ein Konzert von Menschenstimmen. Ich sehe, wie ihre Hirne arbeiten, um das richtige Wort zu finden, ich höre, wie sich ihre Stimmen heben und senken.

Manchmal werden sie böse. Dann bin ich oft nahe daran zu lachen.
   Ich sitze da und lausche, ich sehe, wie ihre Gesichter anfangen zu glühen, ich sehe die Hände, die Gläser heben, höre sie fluchen, lachen, auf den Tisch schlagen.
   Das macht mich am Ende so wehmütig.

   Ich verstehe nicht, was mit mir los ist. Ich sitze abends da und lausche auf alle möglichen Geräusche, die nicht vorhanden sind. Ich muß doch die Schritte schon früher gehört haben. Ich wohne hier seit einem Monat, und soweit ich weiß, sind keine neuen Mieter eingezogen. Aber ich habe sie erst seit kurzem bemerkt.
   Um die Hausecke – in letzter Zeit erkenne ich die Schritte immer –, an meinen Fenstern vorüber, in die Haustür, die Treppen hinauf. Wie leicht sie sind! Sie muß jung sein.
   Ich sehne mich danach, sie auch heute abend zu hören. Und das Rascheln des Kleides.

Es ärgert mich, aber ich kann nichts dagegen tun: Wenn ich irgendeine junge Frau sehe, frage ich mich: Ist sie es? Und es scheint mir ganz sicher, daß sie nicht unter denen ist, die ich getroffen habe. Ist das nicht seltsam?
   Ich könnte ja einfach hinausgehen und ihr gleichsam zufällig im Flur begegnen. Aber es ist, als hielte mich etwas zurück.
   Wenn sie da draußen auf der Treppe ist, beginnt mein Herz unwillkürlich zu klopfen. Das ärgert mich.

Ich habe einen Brief von Albert bekommen. Er erinnert mich an diese Tage im Sommer. Ja, *diese* Tage!
   Wenn das grüne Wasser an den Felsvorsprüngen verdampfte – dort draußen zwischen den Holmen –, es war so klar, daß wir die Wälder auf seinem Grund sahen – ihr entblößter Arm mit der Schnur, ich sehe noch den grauen Schatten auf dem Wasserspiegel.
   Er schreibt, sie habe von mir gesprochen.

Von mir gesprochen ...

Das ist mir jetzt so fern. Ihr rotes, fröhliches Gesicht, ihre lachenden Augen voll von sprudelnder Lust, mitten hinein in das Leben zu springen, was es auch bringen mochte, Freude oder Leid - die weißen Nächte dort zu Hause - das ist mir jetzt so seltsam fremd.

Wie eine flüchtige Kindheitserinnerung.

Magda, Magda. - Nein, ich will mich nicht wieder dahineinversetzen. Ich will auf viele Jahre nicht wieder nach Hause.

Die tiefe Ruhe hier, sie ist dennoch edler und gibt mir mehr. Viele Augen sind in ihr, klare und gebrochene - die gelitten haben und wissen. Sie sehen mich nachts an, und ich fühle, daß ich zu ihnen gehöre.

Nein, Magda, *du* sollst in Sonne und frischer Luft lachen – ich – ich – bin in der Schule.

Wenn sie dem Rindalsfelsen zujauchzte, wie frisch klang da ihre Stimme! Die Natur sang mit, wenn *sie* sang.

Spät am Abend – ja, zuweilen ist es schon ein Uhr – höre ich über mir nackte Füße trippeln. Sie springt ins Bett. Dann, so denke ich mir, löscht sie das Licht oder die Lampe und legt sich zum Schlafen nieder. Danach lege auch ich mich hin. Denn wenn sie sich niedergelegt hat, fühle ich mich so unendlich allein, und dann kann ich nicht mehr arbeiten. Wir stehen auch morgens zur selben Zeit auf, und vielleicht haben wir auch gleichzeitig dieselben Gedanken.

Würde sich mich auslachen, wenn ich zu ihr hinaufginge und sagte, daß auch ich ein einsamer Mensch sei und daß ich, wenn auch ein Mann und ein Fremder, dieselben Freuden, Sorgen und Sehnsüchte hätte wie sie?

Aber wer sagt, daß sie so einsam ist? Sie ist den ganzen Tag unterwegs, natürlich trifft sie den einen oder anderen. Und selbst *wenn* sie es wäre, wer sagt, daß sie blaß ist? - daß sie nachdenkliche Augen und zarte Hände hat?

Die Uhr ist schon elf. Sie ist wohl auf einem Fest. *Ich* bin nicht auf einem Fest. Warum also sie?

Dann wird gewiß einer kommen, der sie nach Hause begleitet, ein Liebhaber, vielleicht ein flotter Student.
 Schritte. Das ist sie. Sie ist allein. Ach! Warum bin *ich* froh darüber?
 Vielleicht ist sie heute abend traurig gewesen, unterwegs in Wind und Wetter, ist dort draußen herumgegangen und hat geweint und an die alten Tage gedacht.
 Sie legt sich gleich hin. Ich kann es nicht deutlich hören, aber irgend etwas ist anders als sonst. Sie steht am Bett, da bin ich sicher, aber sie hat sich noch nicht hingelegt.
 Ärmste! Jetzt verstehe ich:
 Sie liegt auf den Knien, den Kopf im Bettzeug begraben, und fragt sich selbst immer wieder: Warum existiere ich?

Ich war heute bei dem hinkenden Maler. Ein altes Haus mit schiefen, morschen Treppen. Ein paar Dachkammern mit schrägen Wänden. Wie verlegen er wurde, als ich kam! Stand da und stotterte und errötete und stotterte und errötete.
 Ein kleines, verhutzeltes Mütterchen pusselte da herum. Sie war so unschuldig, sie lachte über alles, küßte den Sohn so nett auf die traurigen Augen.
 Auf dem Tisch stehen Porträts von russischen Dichtern und deutschen Sozialisten. Ringsum an den Wänden hängen Gemälde mit dunklen Himmeln, Wüsten, mit einem schwarzen, nächtlichen Meer, schwermütigen, träumenden Gesichtern.
 Mir wird ganz beklommen zumute, wenn seine Augen so ängstlich auf mir ruhen. Ich kann doch keine Antwort geben auf seine Fragen und seine kranken Hoffnungen.
 Dazusitzen - die langen, grauen Tage, hinauszustarren aus dem Dachfenster, dahinzugleiten in halbdunklen Bildern, die nichts mit dem täglichen Arbeitsleben zu tun haben!
 Dazusitzen und sich Tag für Tag zu fragen: Warum lebe ich? ...

Was kann das bedeuten? Ihre Schritte sind nicht mehr leicht und flink. Und ich werde so unruhig, kann nicht arbeiten.

Hier ist es so öde geworden – keine vertrauten Schritte, kein Rascheln eines Kleides! Es ist, als wären alle Menschen fortgegangen und die Häuser stünden leer. Zuweilen glaube ich Jammern und halberstickte Schreie zu hören. Ich habe zuviel allein gesessen, ich bin nervös geworden.

Sie *hat* große, nachdenkliche Augen – und ein bleiches Gesicht – und zarte, magere Hände.
 Sie heißt Liv. Ein eigentümlicher Name. Echt norwegisch ist er auch. Ich sehe noch ihre Augen vor mir, als sie ihn nannte. So als sähe sie weit entfernt in einer verborgenen Sonnenwelt ein Land und als wäre der Name der Schlüssel dazu.
 Fünf Tage und Nächte hatte sie in dem Zimmer über mir krank gelegen, ohne jemanden, der ihr geholfen oder sie gepflegt hätte. Sie ist fremd hier, elternlos, und sie hat gewiß auch keine Freunde. Wie lang und angstvoll müssen die Nächte gewesen sein!

Zu Hause glauben sie, daß ich auf dem besten Weg sei, ein Sonderling zu werden. Ich lese das aus den Briefen. Sie jammern, daß ich mich in ungesunde, unfruchtbare Träumereien verlöre und für das vernünftige, angenehme Leben verloren sei.
 Gut. Dann mag es so sein. Es ist ja überhaupt nicht sicher, daß ich zu irgend etwas tauge, was die Menschen für bedeutend halten.
 Ich mag mein zurückgezogenes Dasein. Und da gibt es einen Menschen, dem ich etwas bedeute. Tagsüber sitze ich bei Liv. Sie ist froh, wenn sie im Liegen meine Hand hält; ihre Augen hängen aufmerksam an mir, wenn ich spreche.
 Mögen sie sich doch amüsieren, mögen sie doch ihre vaterländischen Lieder singen!

Etwas Reines und Keusches umgibt mich. Livs Gedanken. Sie hüllen mich ein wie ein weißes Gewand.

Muß sie sterben? Gerade jetzt, da die Blumen Knospen zeigen und da sie selbst erblühen und alles kommen sollte, was ein Frauenherz bewegt?

Wenn ich draußen gewesen bin, hat sie so viele Fragen: Ob die Schwäne ausgeschlüpft sind, ob die Veilchen blühen, ob der Himmel klar oder bedeckt ist, oder ob man schon in hellen Kleidern geht, ob ich den Star gehört habe?

Und sie will von all dem Schönen hören, das ich kenne. In der Dämmerung sitze ich bei ihr und erzähle ihr von den hellen Nächten des Nordens, dem Silberschein über den Bergen, die auf den ersten Sonnenkuß warten.

Sie hat mir erzählt, wie gern sie auf dem Weg zur Arbeit und auf dem Nachhauseweg die Wolken betrachtet habe, wie sie treiben und sich teilen und sich mit vielen wechselnden Farben füllen – und die Blätterhaufen, wie sie mit jedem Tag wuchsen, während die Baumkronen immer nackter wurden, das Filigran ihrer Zweige zarter und die Luft ringsum weißer. Im Sommer sei sie oft den Weg am Park entlanggegangen, um ein wenig Duft von den Blumenbeeten einzuatmen und um ein paar Minuten am Teich zu verweilen und die Schwäne zu betrachten, wie sie in stolzer Anmut dahinglitten.

Ich fühle, wie sie größer und größer wird und ihre Seele sich in einer mächtigen Reinheit erhebt. Es geht oft etwas von ihr aus, das mich so ängstlich und jämmerlich klein macht. Meine Brust schnürt sich zusammen. Es scheint mir, daß auch ich nicht länger hier in dieser lärmenden Welt verweilen kann, in all diesem Getöse von Eisenbahnen, Reichstag und Theater. Ich sinke nieder und ergreife voll Demut ihre Hände.

Sie läßt es geschehen – und sieht weit hinaus – an mir vorbei.

Liv ist von Island. Sie, die zarte, weiße Gestalt, deren Hand wie ein Schatten über die Decke gleitet und deren Augen so unendlich sanft schimmern, hat ein paar schurrende, fremde

R-Laute, die in ihrer sonst so weichen Sprache seltsam hart wirken.

Weit oben im Norden, sagt sie, wo ein kleiner weißer Fixstern flackert, da warten die Seelen ihrer Mutter und ihres Vaters auf sie, unter den Nordlichtern, die wir hier nicht sehen können.

Sie lag da und sah mich mit einem Lächeln an, das man oft bei Kranken sieht. Dann begann sie plötzlich zu zittern, die Wangen wurden nach und nach blasser, unter dem glänzenden, schwarzen Haar auf der Stirn traten die Adern hervor, die Arme und der Kopf fielen matt zurück, und die Augen schlossen sich. Aufgelöst in lange, schmerzvolle Zuckungen, sank ihr Körper in meine Arme. Dann kam es - das Blut.

Danach wurde sie ruhiger. Sie lag, ohne sich zu rühren, an meiner Brust. Dann begann sie zu sprechen, zuerst flüsternd, nach Atem ringend, bald kräftiger. Sie konnte es nicht mehr zurückhalten, das, was sie aus Stolz nie zuvor jemandem gesagt hatte. Aus ihrer bebenden Brust preßten sich glühende Worte über das, was sie entbehrt hatte: Freunde und Freundinnen, Liebe, Lebensfreude, sie erzählte, wie ihr Körper auf den ersten Regentropfen des Kusses gewartet hatte, wie sie an dunklen Abenden draußen vor den Fenstern gestanden, hinter denen Licht und Musik gewesen sei, und wie sie sich danach gesehnt habe, dabeizusein, zu tanzen, umarmt und geliebt zu werden, zu lieben.

Vorsichtig drücke ich den von Krankheit gezeichneten Körper an mich. Es war so still. Kein grelles Licht.

Ich liebe ihre Seele, die wehmütige, die entbehrt hat. Sie blüht nun in ihren Augen und in den Linien ihrer Hand, sie verleiht ihren Worten Reinheit.

Ich liebe die welkenden Arme und die schwindenden Wangen, die um so stärker leuchten, je weißer sie werden.

Vielleicht ist es am besten, daß sie das Leben nicht kennenlernte. Vielleicht ist es am besten, daß sie stirbt, bevor sie entdeckt hat, daß die Freude der Menschen nicht gesund ist, daß ihr Jubel hinter den erleuchteten Fenstern voller Verzweiflung und Scham ist.

In dem, was um uns blüht und atmet, ist mehr, als unsere Augen sehen und unsere Ohren hören, gibt es Licht und Farben, die wir nicht wahrnehmen. Für eine feinere Seele werden die Farben, die uns zart erscheinen, grob sein, die Laute, die uns weich erscheinen, wild und roh.

Als ich heute am See entlangging, war mir, als wäre die Welt ganz neu. Aus dem Dunst der Luft kamen Stimmen. Sie sprachen nicht meine Sprache, auch nicht die der Vögel oder der Winde. Auch die Farben hatten Stimmen und Worte. Sie waren größer und reicher, und es waren noch mehr als sonst; das Grün der Bäume hatte tausend Zungen.

Und wie es singt und ich lausche und der Gesang anschwillt, klingt ein Wort fortissimo über das Gras, über den See und das Buchenlaub, in das alle Fasern meines Körpers mit einstimmen, und es küßt mich mit all der Luft und dem Duft: Liv!

Und alle die unsichtbaren, flackernden, keimenden, fließenden Gefühle vereinen sich mit dem meinen zu einem gewaltigen, jubelnden Weltgefühl: Liv!

Ich bleibe nun nachts oben in ihrem Zimmer, um ihr nahe zu sein.

Ich schlafe nicht viel. Es ist so seltsam, wenn ich aus dem Halbschlaf erwache und zu dem kleinen Dachfenster hinaufsehe: Der Himmel scheint mir näher zu sein. Und ich betrachte ihn anders als früher. Es ist, als würde ich da etwas kennen.

Zuweilen werde ich aus dunklen, aus seltsamen, großen Ahnungen durch eine Stimme geweckt – sie klingt so unendlich sanft in der nächtlichen Stille: „Schläfst du?"

Zuweilen flüstert sie: „Vater unser, der du bist . . ." Dann habe ich das Bedürfnis, mich zu verstecken. Darin ist etwas, was mich anzieht und zugleich abstößt, und das bedrückt mich.

Ich lag wach, ich glaubte, *sie* schliefe. Aber dann sagte sie kaum hörbar: „Würdest du an Gott glauben, wenn du könntest?"

Was sollte ich antworten? Wer ist Gott? Ein Begriff. Das Phantasiegebilde eines Kranken. Eine Halluzination für die frommen Jungfrauen auf alten Gemälden.

„Weißt du, warum ich glaube?" Ich hörte, wie sie sich im Bett aufrichtete und schwer atmete. „Ja, Lieber. Ich glaube, daß es Gott gibt . . ., weil – weil es so bitter wäre, wenn es ihn nicht gäbe, weil es so bitter wäre, wenn ich, der es ja nicht so gut gegangen ist, und viele andere, denen es noch schlechter gegangen ist . . ., wenn wir nun glauben können, wenn mir nun scheint, daß ich ihn sehe, daß ich ihn mit jedem Tag und jeder Nacht näher kommen sehe – o nein, es wäre so grenzenlos bitter, wenn alles nur Einbildung und Lüge wäre.

Ich *kann* nicht glauben, daß alles so entsetzlich sinnlos sein sollte. Ich *muß* die Wahrheit erfahren, es *muß* mehr geben als dieses hier auf der Erde, und jemand muß es wissen und fühlen. Immer habe ich gehofft, daß ich mehr sehen und erfahren und nicht so unwissend und einfältig bleiben würde, wie ich jetzt bin – ich habe doch nichts gesehen und weiß doch nichts –, und wenn ich mir dessen immer so sicher gewesen bin, so sicher . . . , dann wäre es – sollte das Einbildung gewesen sein" (ich fühlte, daß sie die Hände hob) „so grausam, so voll Hohn. Dieses kleine Sklavenleben kann doch nicht das Ganze gewesen sein."

Ich fühlte - ich konnte nicht sehen, es war zu dunkel -, daß sie ermattet zurück aufs Kissen fiel.

Ich stand auf und ging zu ihr. Sie lag da - ihre Augen haben mich zu einem Fremden unter den Lebenden gemacht.

„Glaubst du, daß der Schnee zu Hause in deinen Bergen jetzt geschmolzen ist?"

„Wenn der Schnee in deinem Land getaut ist, dann taut er gewiß auch bald auf Island."

„Träumst du, Liv?"

„Ja."

„Wovon träumst du?"

„Ich träume, daß Island ins Meer rückt, in jeder Nacht einen Zoll. Und nach und nach schmilzt das Eis auf der Nordseite. In ein paar tausend Jahren sind die Küsten warm, als umspüle sie das Südmeer. Statt des Gletscherhahnenfußes gibt es da Mengen von roten und violetten Glockenblumen auf hohen, stolzen Stengeln, und es wimmelt von Vögeln und Insekten, die wie Silber und Gold blinken. Die Geröllhalden und die Eisblöcke sind weg, und es gibt dort dicke, wollige Wälder, die die Höfe umkleiden und den Wind und den Frost abwehren.

Ich bin auch da, und du. Aber ich bin nicht mehr krank und spucke kein Blut und brauche nicht für das tägliche Brot zu arbeiten. Nein, ich bin groß und stark und brauche mich nicht zu schämen, wenn du mich liebkost. Und du sitzt bei mir und erzählst mir von allem, was du gedacht und gesehen hast, und keine Wagen stören uns, sondern ein Wasserfall wiegt uns in den Schlaf, während die Nordlichter tanzen."

Es war heute nacht um zwei Uhr. Ich hörte, daß sie sich bewegte. Ich konnte nicht sprechen, eine unbestimmte Angst hatte mich ergriffen.

Sie wankte aus dem Bett. Langsam, Schritt für Schritt, tastete sie sich zum Fenster. Sie legte beide Ellenbogen auf das Fensterbrett und stand da und sah hinaus.

Dann kam sie dahin, wo ich lag. Sie legte sich neben mich. Ihr Haar streifte mein Gesicht. Ich hielt meine Augen krampfhaft geschlossen.

Lange lag sie so. Dann konnte ich es schließlich nicht mehr aushalten. Ich flüsterte: „Liv." Sie antwortete nicht. Ich legte die Arme um sie und schaute ihr in die Augen. Im Halbdunkel sah ich, daß sie gebrochen waren.

Ich lag da, den Arm um ihren Hals geschlungen. Die Erde drehte sich wie zuvor. Die Menschen schliefen weiter.

Ich bin wieder allein. Mehr allein als zuvor.

Ich gehe umher wie ein Schlafwandler. Menschen umgeben mich, aber sie sind wie Schatten aus einer anderen Welt.

Ich sollte wegfahren. Aber etwas hält mich zurück - diese Straßen, diese Häuser, diese Laternen – ich gehe zwischen ihnen immer nur auf und ab, statt abzureisen. Ich starre all das an, als hätte es Menschenaugen. Geht da jemand hinter mir?

Ich mag die Brücken in den Außenbezirken der Stadt. Ich gehe da hinaus, und ich merke es erst, wenn ich dort bin, und ich bleibe stundenlang da. Manchmal wird mir bewußt, daß ich ein Boot betrachte, das da unten liegt, oder einen Baum, der sich dem Wasser zuneigt. Dann bemerke ich plötzlich das Himmelsgewölbe über mir: den Mond, der vorübergleitet, oder einen Windhauch, der über meinen Kopf streicht. Und es schaut mir wohl jemand verwundert in die Augen: das ist ein zufälliger Passant.

Es ist, als wäre ich dort draußen in den Arbeitervierteln zu Hause. Die gesenkten Gesichter mit den tiefliegenden Augen und hervorstehenden Backenknochen, die Menschen, die wie Laufkäfer unter den Steinen leben und sterben, mit *ihnen* fühle ich mich verwandt.

Die Boulevards machen mich krank. Die schwellenden Brüste, die stolz erhobenen Köpfe, die Kleider, die herrliche, geschmeidige Hüften umspielen, das Lächeln - all das schreit: Küsse, lebe, genieße - Damen, von zärtlichen Männerhänden in lockende, dunkle Wagen gehoben, schmatzende Küsse hinter Portieren, Laute vom Brüderschaftstrunk mit schlechtem Wein, klebriges Händedrücken herumschwänzelnder Freunde - oh, ist das ekelerregend! Ein stummes, erstarrtes Weinen schnürt mit die Kehle zu, denn die Menschenfreude ist eine Dirne, die die ganze Atmosphäre mit dem Gestank ihres billigen Parfüms erfüllt.

Ja, ich muß weg, weit, weit weg an einen Ort, wo nur der Atem der Erde und des Meeres zum Himmel steigen.

Ja, ich muß weg. Es muß sehr still um mich sein. Ich muß so weit weg von Straßenbahnen und Asphaltstraßen und Theatern wie nur möglich. Denn es gibt etwas, worüber ich Klarheit haben muß.

In den Nächten an dem großen Meer, wird da nicht das Rätsel zu Worten werden, die sich flüsternd in meinen Geist senken, anfangs wohl schwach und unsicher, wie eine Schwingung, die nicht Ton geworden ist, aber dann stärker, je stiller und stiller alles wird.

Wenn alle schurrenden Laute verstummt sind, wenn man mich vergessen hat und ich selbst vergessen habe, wird es dann kommen und alles klar werden und meine Seele erwachen?

Die Ebene

Mehr und mehr liebe ich das flache Land. Das Auge kann wandern, kilometerweit wandern, und trifft auf kein Hindernis, nur immerwährend Licht. Es ist etwas an diesem Licht und den gedämpften Geräuschen der Ebene, das mit unseren Träumen verschmilzt. In das Fließen des Baches zwischen den weichen Wiesen mischt sich etwas wie ein menschliches Zittern, und das gleiche ist im Klang der Kirchenglocke, der auf langen Luftwellen dahingetragen wird, ohne auf Widerstand zu treffen, und erst ganz weit draußen erstirbt.

Und doch ist es nicht das eigene Ich, das man wiederfindet. Hat man mit dem Fluß und den Berghängen in einem Tal zusammengewohnt, da begegnet man sehr bald an jedem Zweig und jedem Stein seinen Erinnerungen, und die können hell und schön sein, aber auch düster und schmerzlich. Das ist hier anders. Es ist, als kämen von dem weißen Horizont dort draußen neue Hoffnungen, und nicht Hoffnungen allein und goldene Träume, sondern fruchtbare Gedanken; man sieht sein Leben in einem neuen Licht, man versteht viel, was man vorher nicht verstanden hat.

Nicht nur der Tag ist schön. Wenn aus der Dämmerung der erste Stern hervorspringt wie das erste Buschwindröschen aus der Frühlingserde, dann ist der Himmel so nah, daß man glaubt, man könnte ihn erreichen, wenn man viele Tage ginge. Aber wenn dann alle die anderen Sterne auch da sind, dann ist er gerade hier so fern, so hoch wie nirgendwo anders, und doch sieht man, wie sich der Himmel auf die Erde stützt, im Norden und Süden und Osten und Westen.

Trotzdem fühle ich mich in dieser Zeit am meisten vom Dunkel angezogen. Es ist so groß und ohne Grenzen. Ein Meer ist es, in dem man unablässig geht und denkt, daß etwas geschehe, in dem Wurzeln kriechen und in dem es von Leben wimmelt und sich Schicksale verflechten - die hinausdrängen, nicht eingeschlossen sind, nein, hinausdrängen, dem nächsten Morgen entgegen.

Ein einsamer Baum wird in diesem Dunkel zu einem Märchen. Geht man am hellen Tag an ihm vorbei, dann nimmt man ihn nicht wahr, ihn nicht mehr als die anderen, die hier und da vereinzelt stehen. Aber jetzt erhebt er sich mächtig, seltsam hoch über die Erde. Man muß auf ihn zugehen, man muß nahe an ihn herantreten, sich Stirn und Wange von seinen Blättern kühlen lassen.

Wenn ich diese Wege gehe, wo alles unendlich und still ist, habe ich das Gefühl, als hätte ich mich in einen Dämmerzustand begeben. Ja, gerade in all dem Wirbel, unter all den Menschen befindet man sich in einem Dämmerzustand. Es gibt soviel in einem, was nicht bei der Sache ist. Alles ist so bruchstückhaft, so klein.

Ach, wenn man auf sein Leben zurücksieht, wie wenig ist doch daraus geworden! Man suchte und suchte, reiste, war unstet, man glaubte, man würde die Schönheit des Lebens finden!

Die Schönheit des Lebens! Sie ist vielleicht tief in uns selbst verborgen, und man reist von ihr fort statt zu ihr hin. Und es wäre vielleicht besser, stünde man wie der Baum am selben Fleck, im Frühling wie im Herbst, ließe Sonne und Regen mit neuen Blättern kommen, ließe den Wind sie forttragen, wenn sie alt würden.

Sollte es möglich sein? Sollte es möglich sein, daß noch die große Erfüllung käme mit dem blauen Himmel des umfassenden Glücks? Ich habe geglaubt, soviel in mir müßte erstickt, müßte tot sein. Und nun ist es, als wollte etwas erwachen und den Kopf hervorstecken. Jeden Augenblick kann ich ausrufen: Ich habe es noch! Das, was ich damals hatte, es ist da, es hat nur dagelegen und gewartet!

Hirngespinste! Diese hohe reine Luft macht mich schwärmerisch. Ich bin vierunddreißig. Wie sollte es noch möglich sein?

Der Sommer atmet jetzt aus. Oft kommt ein kräftiger, warmer Hauch herüber, der alles Lebende erbeben läßt. Auch mich. Träume, die ich vergessen und überwunden glaubte, eilen durch meine Brust. Ich sehe weit da draußen zwei gesunde Arme, eine Welle von Blut, das hin zur Sonne drängt. Ist das etwas, das einmal war? Ist das etwas, das kommen wird? Ich kann es nicht sagen. Der Blick flackert so rätselhaft, zuweilen ist es, als zitterte ein alter verborgener Schmerz darin, zuweilen eine neue seltsame Freude.

Und dann entsinne ich mich, wie ich einst vor langer Zeit dachte, was das sein müßte: das Weib. Man begegnet ihm in einer Nacht, wenn das Licht das Dunkel grüßt, wenn alles, was blüht, stärker atmet, wenn der Fels den Fjord liebt und der Fjord den Mond und der Tautropfen den Halm. Man hat Angst vor dem Leben und Angst vor dem Tod, man wagt nicht, fest aufzutreten, um keine Knospen zu töten, man wagt nicht zu summen, um nicht die schlafenden Schmetterlinge zu erschrecken, man hat eine Todesangst in sich – da legt einem plötzlich jemand die Hand auf die Schulter, und aus Augen blickt eine Seele, und man weiß nicht, woher man sie kennt, aber man wird von einer herrlichen Stärke erfüllt, denn nun weiß man, und man wird von einer herrlichen Kampfeslust ergriffen, denn nun kann man.

Wird es mir noch begegnen?

Ich bin einer neuen Frau begegnet. Ich weiß noch alles von jenem Abend. Ich weiß noch, daß ich dastand und einen Rosenstock betrachtete, während sie den anderen adieu sagte. Ich weiß noch, daß mir alle möglichen Gedanken durch den Kopf schwirrten, während ich auf die Stimmen und das Lachen hörte: daß zwei Rosen voll erblüht an dem Stock hingen und eine dritte bleich und welk sei, daß ich mich beeilen müsse, um alles zu sehen und alles einzuatmen, ehe die Hochzeit der Erde vorüber wäre, daß jeden Augenblick etwas kommen könne, was mir meinen Frieden raubte.

Dann kam sie, und wir gingen zusammen die lange stille Ahornallee hinunter. Die Laternen kämpften einen ruhigen

Kampf gegen das ersterbende Rot der Sonne, die dem Erdrand dort draußen im Westen ihren letzten Gutenachtkuß gab. Über uns wölbte sich die Spätsommernacht mit ihrem blauen Dunst, der den Wohlgeruch des Sommers in sich aufnimmt, während er selbst dahinschwindet. In dem grünen Dunkel der Gärten legten die Laternen oft eine Glorie um etwas, das noch lebte, eine Johannisbeertraube, Astern, späte, wildwachsende Blumen. Hier und da sahen wird hinter einer Lampe das grüblerische Gesicht einer Mutter, lockige Kinderköpfe.

Wir sprachen kaum, sie und ich. Und doch war es, als ginge die ganze Zeit über etwas vor.

Plötzlich schien ein Zittern durch ihren Körper zu laufen. Ich sah sie an. Sie war leichenblaß.

„Ich weiß nicht - weiß nicht, was es ist", flüsterte sie.

Ich erinnere mich, wie still es war, als sie das sagte. Es klang wie ein Schrei, ihr Flüstern.

Wir waren an ihre Tür gekommen. Sie sah zu mir auf. Ihre Stimme war so weich geworden.

„Ich weiß nicht, was es ist - es ist etwas an Ihnen, das . . . , das . . .".

Und wie ein Blitz war sie verschwunden.

Was war das? Es war Sommer um uns, noch war die Glut des Tages nicht verblaßt, die Wiesen dampften, überall ein Summen - und *sie* war leichenblaß, zitterte.

Da drinnen war gerade sie die lebhafteste gewesen. Jede Stunde, jede Minute ihres Lebens wollte sie lachen, lachen, lachen, sagte sie. Und als wir dann hinauskamen – hinaus, wo alles ein einziges Lächeln war – , da war es plötzlich fort, erloschen, das Rot auf den Wangen, das Feuer in den Augen, die Züge des Gesichts.

Wer war sie? Es war, als befände sie sich in einer Welt, die nicht die unsrige war. Und als dürfte nie ein anderes Wesen in die Welt gelangen, in der sie sich befand.

Warum habe ich vergessen, wie sie aussah? Wenn ich nachdenke - so scheint mir, daß ich sie eigentlich nie so richtig angesehen habe. Das Gesicht, das Haar, die Arme, die Figur – ich habe alles nicht gesehen, kann nicht sagen, wie es beschaffen ist. Und doch scheint mir, ich weiß, wie es ist.

Die Stimme ist das einzige, an das ich mich deutlich erinnere. Sie klingt noch immer in meinen Ohren: „Es ist etwas an Ihnen, das . . . , das . . ."

Was hat sie gemeint?

Ich bin ganz wirr im Kopf. Ich habe ihr geschrieben, sie um ein Stelldichein gebeten. Ich habe einen lange Brief geschrieben.

Was wird sie denken? Ich sehe sie vor mir, wenn sie ihn liest: sie lächelt leise, legt ihn beiseite, bricht dann in Lachen aus: Gott, wie leicht sind doch die Männer zu täuschen. Und dann läuft sie damit zu einer ihrer Freundinnen. Dann wird er erneut gelesen, er ist die Sahne zur Schokolade.

Ich sollte doch für so etwas zu alt sein.

Sie ist nicht gekommen. Das war auch das beste. Es wäre natürlich nur eine Enttäuschung geworden, wenn ich sie wiedergesehen hätte. Es war der Abend, der mich berauscht hat.

In diesen Tagen liegt viel Wehmut. Ein ständiges Flüstern zwischen Sommer und Herbst, morgens ebenso wie abends. Der Hauch, der ausgeatmet wird, und der Duft des Blühenden vermischen sich mit dem Dunst von all dem, was vergeht.

Ich habe ein Fleckchen gefunden, wo der Sommer noch verweilt. Von fern sieht es dort aus wie überall, aber wenn man näher kommt, dann ist es ein Tempel. Die Pfeiler sind Erlen, und durch die kleinen Fenster des Gewölbes fallen grünliche Strahlen.

Genau da, wo ein Bach in den Fluß mündet, liegt mein Tempel. Das Rauschen des Wassers ist wie eine stille Messe für alles, was dahinschwindet - Farben, Duft, Sommer, Zeit; das Rauschen ist ewig, ewig ertönt seine Kirchenmusik. Weiter unten verschlingen sich die Strudel und bilden allerlei geheimnisvolle Ringe. Wenn ich die tiefsten Gesetze der Weltbewegung kennen würde, könnte ich sie dann deuten? Und könnte ich dann erraten, wo die toten Blätter, die hier und da angesegelt kommen, ihr Grab finden werden? Ich rate immer falsch. Sie machen die seltsamsten Verbeugungen vor der Strömung, und dann gleiten sie unversehens ruhig und feierlich in die Bucht, an die ich am wenigsten gedacht hatte.

Ich weiß nicht, was mit mir los ist. Plötzlich fahre ich auf. Es brodelt im Wasser, es zittert im Gras: Weiß nicht - weiß nicht, was es ist.

Ich hatte einen Spaziergang gemacht. Als ich wieder an meine Tür kam, stand da ein Paar Galoschen, ganz kleine Galoschen.

Es durchfuhr mich: das sind *ihre*. Sie sitzt da drinnen. Da drinnen, wo die Luft schwer ist von meinen ruhelosen Gedanken, dort sitzt sie, dort hat sie allein gesessen, als ich fort war.

Warum war sie gekommen? Warum ließ sie mich nicht in Ruhe? Ich hatte getan, was sie meiner Meinung nach wollte, ich hatte den Gedanken aufgegeben, sie kennenzulernen. Warum war sie jetzt gekommen?

Sie schlug den Schleier hoch. Sie war es. So sah sie also aus! Jetzt lag es weiß vor mir, ihr Gesicht, die Augen schauten mich eine Sekunde lang an, groß – ich hatte nur das Gefühl von etwas Großem, Dunklem, von etwas, das ich einmal vor langer Zeit in einem Traum gesehen hatte –, eine Sekunde, dann schlug sie sie nieder. Ihr Kopf und ihre Wimpern senkten sich, als würde sie von der Sonne geblendet und als gäbe es etwas, was der Tag nicht sehen sollte.

Sie setzte sich. Ich stand hinter ihr. Sie streifte den einen Handschuh ab. Ich sah die Hand. Ich sah die feinen, blauen Adern am Handgelenk. Ich sah die kleinen Nägel, sah hinter ihnen das helle Blut schimmern.

Mein Fenster stand offen. Wie im Traum sah ich sacht die beiden hohen Espen fächeln, und weit draußen am Horizont sah ich eine Schar Graugänse gen Süden fliegen. Und wie man eine Stimme im Traum hört, hörte ich ihre – so leise, so schmerzvoll: „Ich traute mich nicht . . . , traute mich nicht . . . zu kommen."

Dann erhob sie sich. Ich begleitete sie hinaus. Da standen die kleinen Galoschen, so klein, so klein.

Ich gehe umher und denke an sie. Bin ich überspannt? Ich habe angefangen, allem möglichen Bedeutung beizumessen. Ich gehe umher und grüble: *Das* hat sie getan. *So* hat sie die Hand gebeugt. *Das* Bild hat sie betrachtet. Was bedeutet das? Warum mußte das geschehen?

Wenn ich mit ihr zusammen bin, dann wird es, wenn es still ist, doppelt still, und wenn sie spricht, dann sehe ich die ganze Ebene vor mir, alle Halme, die Bäche - und über all das gehen ihre Worte hin, und am Ende ist mir, als kämen sie von dort, von ganz tief, tief da drinnen.

Plötzlich kann dann ein Tag vor mir auftauchen, der lange zurückliegt, viele Jahre, ein Tag, der nie mehr wiederkehrt. Ich sehe sie, die ich nur gesehen habe, wie sie jetzt ist, in der Sonne über die Ebene gehen, jünger als jetzt, mit offenem Haar, in einem hellen Kleid.

Eine Unruhe überkommt mich: Wo war ich da? An einem anderen Ort, zusammen mit anderen Frauen. Da träumte sie Träume, die ich selbst nie geträumt habe. Warum kenne ich nicht die Träume, warum weiß ich nicht alles, was damals ihr Herz bewegte?

Ich glaube, ich werde nie den Augenblick vergessen, als sie hier war. Es kam so eine wunderbare Stille auf. Mir schien, als schliefen alle auf den umliegenden Höfen, als wäre kein Mensch auf den Wegen, als schliefen auch die Zugtiere und die Hunde und die Tauben in den Taubenschlägen. Nur wir zwei waren auf der Welt. Ich hatte nicht gewagt, auch nur ein einziges Haar ihrer Locken zu berühren, es hätte zuviel Lärm gemacht. Ich wagte nicht, ihren Handschuh zu berühren, der auf dem Tisch lag. Ich stand da und sah ihn an. Es war etwas von ihr selbst an ihm. Ich wagte nicht, ihn zu berühren.

Es ist etwas an ihr, das mir nie bei einer anderen Frau begegnet ist. Ich weiß nicht, was es ist. Aber zuweilen, wenn ich sehe, wie die Espen da draußen erbeben, und ich fühle, wie vor dem Regen ein Seufzer durch die Luft geht, dann steht sie mit einemmal wieder deutlich vor mir.

Endlich beginnt das Grün zu bersten, wird zu unzähligen Funken, die dem Tod errötend entgegenleuchten. Es ist, als sängen sich die Blätter in den Tod und als hätte jedes von ihnen *sein* Lebenslied. Kein Laub ist in der Farbe dem anderen gleich – Ahorn und Linde, Espe und Esche, ihr Laub ist so verschieden wie die Gattung. Aber auch jedes Blatt hat *seinen* Ton: den des Goldes, des Blutes, der schlafenden Wolken und der erwachenden Sonne, purpur, violett und lila, alles ist da. Und Seite an Seite, Hand in Hand, geht das Frische, das Helle mit dem Alten und Gelben, so wie bei den Menschen das, was noch jung ist und voller Glauben, und das, was müde ist und sich zur Erde hingezogen fühlt, Seite an Seite, Hand in Hand geht.

Jede Nacht bersten neue Wolken von Laub, und wenn der Tag kommt, lächeln und weinen sie. Und mehr und mehr ist es, als wäre es der Frühling, als wäre der Frühling in all dem Lächeln und all dem Weinen.

Die Welt scheint sich in einer stillen Verwandlung zu befinden, so, als sollte Neues entstehen, als sollte etwas erwachen, wo man nie Keime vermutet oder wo man die Keime erfroren geglaubt hatte.

Und doch habe ich in den letzten paar Nächten die grauenvolle Angst aus alten Tagen empfunden, die Angst vor dem Leben. Sie war stärker als je zuvor. Als streckte sich ein langer Arm aus dem Weltraum durch das Fenster herein, und eine schwere, schwarze Hand legte sich auf die Brust: Weißt du, wer du bist? Weißt du, wo du bist?

Man sieht sich im Zimmer nach einem freundlichen Auge um, einem Menschenauge. Da ist nichts. Man wagt nicht hinauszusehen. Denn da draußen stehen die unzähligen Sterne und starren und starren: Ich weiß, was du nicht weißt. Was weißt du, Wurm?

Sie? Ich kenne sie nicht. Auch sie scheint dort draußen hinzugehören, weit, weit dort draußen.

Nur einmal habe ich ihre Augen gesehen. Wenn ich daran denke, bin ich nicht ruhig, meine Nerven zittern. Da ist etwas, was ich nicht fassen kann. Ich suche und suche, forsche weit zurück in meinem Leben, forsche überall, wo ich forschen kann, ich kann es nicht finden.

- Die Ebene ist so grenzenlos. Es gibt soviel Unbekanntes, was in ihr wohnt, inmitten des unendlichen Gesichtsfeldes. Das Auge findet nie Ruhe. Der Blick läuft und läuft über Feld und Stein, er hat kein Ziel, findet nur das unergründliche Dunkel und hoch oben die drohenden Sterne und dahinter wieder die blaue Tiefe, das Schrecklichste von allem.

Ich habe sie wiedergesehen. Zum erstenmal habe ich sie zusammen mit anderen Männern gesehen. Sie strahlte. Sie war rot wie ein Blutstropfen Christi.

Alle waren weiß oder hell gekleidet, nur sie trug Schwarz. Wo im Saal sie auch war, ich fühlte ständig, wie sie sich von den anderen abhob.

Ich stand da und dachte daran, daß sie, *sie* in meiner Kammer gewesen war. Es war eine Freude, verborgen zu sein und sie tanzen, lachen und strahlen zu sehen.

Ihr Hals war entblößt. Wenn sie vorüberglitt, konnte ich den weißen Flaum sehen. Ein Kamm mit vier Steinen steckte im Haar, die Locken drängten sich um ihn wie üppiges Gesträuch um einen eisernen Zaun. Sie hatte zwei Efeublätter und eine grünlich-weiße Blume hineingesteckt, deren Namen ich nicht kenne.

Das schmiegte sich und wiegte sich, das walzte und wogte, da waren allen Blumen und alle Prismen - und wieder kam die schwarze Seide, und wieder kamen die vier Steine.

Und mit dem Tanz wiegte sich ein Schmerz in mich hinein, den ich nicht erklären kann.

Ich sah, daß sie ihr Lächeln wie Regen versprühte. Mir hatte sie nie ein Lächeln geschenkt. Ich sah, wie ihr Kopf zärtlich an einer Schulter lehnte. Sie richtete ihre Augen auf mich, andere Augen, als ich sie gesehen hatte, erfüllt von einer sanften Freude, die nicht mir galt. Nichts war in ihnen, was meinen Namen nannte.

Ich ging hinaus. Ich sah nichts, hörte nichts von da drinnen. Warum war ich hingegangen? Ich gehörte doch da nicht hin.

Draußen war der Himmel so hoch. Ewige Brillanten schimmerten da oben.

Ich war gefangen gewesen. Ich war nicht mehr ich selbst gewesen. Was war es, das Macht über mich erlangt hatte?

Noch summte ein Name in mir, stand ein Gesicht vor mir. Wie das eines träumenden Kindes war es gewesen, wenn ein Lächeln darauf erstirbt.

So war sie also, froh, jubelnd. Nur ich war es, der ihr Gesicht verdüsterte.

Ich wollte es vergessen. Ich wollte es nie mehr sehen.

Da hörte ich von fern Schritte, leichte, unruhige, ein paar Mal verharrten sie, mir schien, als spürte ich, wie sich ein Kopf vorbeugte und ins Laub spähte. Sie stahlen sich weiter, sie wurden schneller. Schließlich waren sie ganz nahe, ich hörte Seide rascheln. Dann war sie da, sie.

Sie setzte sich mir gegenüber. Sie sagte nichts. Was wollte sie? Warum war sie wiedergekommen und störte meine Ruhe? Zorn gärte in mir.

Und doch hörte ich mich selbst leise den Namen sagen, den ich nie zuvor in ihrer Nähe genannt hatte: „Naomi! - Naomi, warum bist du gekommen?"

„Ich habe mich da oben plötzlich so allein gefühlt. Ich war so froh gewesen - ich tanzte und lachte, und alle Menschen lachten. Auf einmal ist mir so seltsam ums Herz geworden. Alles drehte sich und wirbelte, wirbelte umeinander herum, ohne Zweck und Ziel, alle Gesichter erschienen mir verzerrt, und alle Worte waren Schreien und Heulen. Die Musik begann in meinen Ohren zu hämmern: Einmal wirst du tot sein, einmal wirst du tot sein, einmal wirst du tot sein. - Ich mußte aufhören zu tanzen. Aber es war so seltsam im Saal geworden. Alle kamen mir fremd vor. Niemand war da, mit dem ich gewagt hätte zu sprechen. - Da bekam ich eine wahnsinnige Lust, mich zu Tode zu tanzen, zu tanzen, bis alles in mir zerbrochen wäre, bis ich mich an nichts mehr erinnern könnte – "

Sie sah mich mit großen, dunklen Augen an, sie waren fast schwarz geworden, ihr Ausdruck veränderte sich nicht, es war aber nur ein einziger Blick. Ich spürte ihren heißen Atem, den Duft ihres weichen Halses.

Sie war wie ein furchtsames Kind. Sie zitterte und schmiegte sich an mich, und meine Lippen berührten ihren Mund.

Aber ihr Kuß war kalt wie der der Finsternis.

Danach habe ich sie nicht mehr gesehen. Ich hatte sie gebeten, sich mit mir zu treffen, aber sie ist nicht gekommen.

Die Stürme haben begonnen. Sie heulen über die Weiten, peitschen alles, was einmal blühte.

Warum saß sie bei mir unter dem unendlichen Himmel und berührte mich mit ihrem Haar und ihrer Wange? Warum weckte sie in mir all das Verborgene, das ich tot glaubte, zum Leben? Wie kann ich jetzt vergessen!

Nun weiß ich, was ich in ihren Augen sah. Eines Nachts, als ich zwanzig Jahre alt war, habe ich es bei mir selbst gesehen.

Ich liege in den Nächten wach. Vor mir sehe ich inmitten der Ebene da draußen ein Haus mit leuchtenden Augen. Im Sturm braust ein Walzer, Schatten gleiten an den Fenstern vorbei. Ein lebender Mensch ist unter ihnen, der weiße Flaum des Halses schimmert im Dunkel, die schwarze Seide flammt, ein Myrtenkranz schlingt sich um die Schläfen, aber die Augen sind geschlossen, wie bei denen, die aufgebahrt sind.

Es braust in mir, daß ich es tun muß, sie retten muß aus dem Totentanz - da ist kein anderer, der es sieht, der es weiß, kein anderer, der es kann, ich, ich bin derjenige, der sie retten muß. Alles muß mir helfen, ich will jedes Blatt bitten, vor jedem Wassertropfen, jedem Stäubchen in der Luft auf die Knie fallen. Und es braust und braust da draußen. Nichts kann mir helfen. Alles leidet selbst, wird selbst zu Tode gepeitscht, die Blätter wirbeln angstvoll gegen die Scheibe, die Bäume winden sich im Fieber.

Ich schließe vor Grauen meine Augen. Es kommt näher und näher. Ein eisiger Atemzug streift meine Wange, Lippen berühren meinen Mund, kalt wie das tiefste Dunkel.

Ich wage nicht zu schreiben, wage nicht, an ihrem Haus vorüberzugehen. Ich sehe sie ausgestreckt daliegen, die Augen geschlossen, das Blut rinnt nicht mehr durch die feinen Adern.

Das Unwetter hat sich gelegt. Noch zitterten ein paar Perlen an den Spitzen der nackten Zweige. Die Wolken waren weit weg an den Rand der Himmelskuppe gekehrt, dort lagen sie in ruhiger Erwartung.

Es begann zu dämmern. Ich war weit da draußen, wo die Wiesen enden und die Heide beginnt.

Ich großer Entfernung sah ich jemanden kommen. Es ist ein eigenartiges Gefühl, wenn man in der Ebene jemanden auf sich zukommen sieht. Sie verändert sich. Man ist nicht mehr allein mit ihr.

Voll Spannung verfolgt man, was sich da rührt. Zuerst ist es nur ein schwarzer Strich, der sich am Horizont abzeichnet, dann sieht man es gehen, näher kommen – wer kann das sein? – , endlich hört man die Schritte. Und wenn es dann da ist, dann glaubt man es zu erkennen, und ohne es recht zu wissen, nickt man freundlich. Hinterher ist man fast erstaunt. Es ist gegangen, und man sieht es vielleicht im Leben nie wieder.

Es war Naomi. Sie hatte sich verändert. Sie war so blaß geworden.

Wir standen still da. Ich sah, wie ihre Brust bebte. Dann begann sie zu sprechen, atemlos, ohne mich anzusehen.

„Ich kann nicht mehr. Ich habe soviel nachgedacht . . . Seit dem Frühling scheint eine Ewigkeit vergangen . . . Da war alles anders . . . Nichts ist wie früher . . . Die alten Tage können nie, nie mehr wiederkehren . . . Ich war so froh, ich hatte alle so gern, ich tanzte, ich freute mich über die Lichter und die Menschen und die Kleider . . . Ich habe nichts mehr gern, nichts mehr . . . Ich schließe mich ein, ich weine, ich verriegele die Tür, es wird so still, ich ziehe die Gardinen vor, ich sehe in mich selbst hinein, ich sehe . . ., da ist etwas Neues in mir, etwas . . ., nein, ich darf es nicht sagen . . . Als ich dich zum ersten Mal sah, lief ich ins Haus und schloß mich ein . . ., es war, als könnte ich nicht atmen, ich lag da und weinte und weinte . . ., es war, als würde der Himmel so entsetzlich hoch . . . Damals, als du . . . , damals, als du . . . meinen Namen sagtest . . . , da wurde er so hoch, so hoch . . . , es war, als hätte ich nie gewußt, wie klein ich bin . . . , alles wurde so groß . . . , ich konnte nicht schlafen . . . , das Leben war so groß . . . , da war etwas, was ich nicht wußte . . . , da war etwas Entsetzliches . . . , ich fühlte, daß es kam . . . , daß es kam. Ich wollte fliehen . . . , ich wollte fliehen . . . , aber es war überall . . ., die Büsche standen da und starrten mich an . . . Ich wußte keinen Ort, wo ich hingehen konnte, keinen Ort auf Erden . . ., ich wußte niemanden auf Erden, zu dem ich noch hingehen konnte . . . , niemanden auf Erden. Und dann . . . und dann . . . "

Sie schlang die Arme heftig um mich, ohne mich anzusehen. „Die Herrlichkeit des Lebens" brannte auf meiner Wange.

Der Mond stand zwischen den beiden Espen. Wie das Lächeln einer schlafenden Frau lag sein Schein auf der Erde.

Fünf Monate sind vergangen. Die ersten Buschwindröschen sind schon da.

Sie ist mein. Sie ist den ganzen Winter über mein gewesen. Viele, viele Tage. Abende, da der Himmel tiefblau zu uns beiden kleinen Menschen kam, die zum Horizont blickten, Morgenstunden, da die Sonne sich rot erhob und die Reifkörnchen zu Diamantenstaub machte. Nächte, da uns die Ebene wie ein Ozean in den Schlaf wiegte. Wir werden niemals von hier weggehen. Nirgendwo anders hat die Natur diese ruhigen, langen Atemzüge.

Es ist so einfach geworden. All das, wovon ich glaubte, daß ich es nie mehr erreichen würde - die Erde, die Zweige, die kleinen Knospen - , das quält mich nicht mehr, ist mir nicht mehr fremd und unverständlich.

Und doch ist da, wie nie zuvor, ein Wunder in jedem Wassertropfen.

Auch sie ist ein Wunder. Es ist etwas in ihr, dem ich nicht nahekommen kann. Es ist ein Rätsel in ihr. Zuweilen scheint mir, als sähe ich die ganze große Weltentiefe in ihren Pupillen.

Wenn ich abends allein draußen gewesen bin und zurück zu unserem kleinen Haus komme, da geschieht es oft, daß ich nicht gleich eintreten kann. Ich gehe hin und her, ich suche ihren Schatten auf dem Vorhang. Ich blicke zurück in die Vergangenheit, ich versuche zu verstehen, warum alles so kommen mußte, warum sie, auch bevor ich sie traf, in all das verwebt war, was ich erlebt habe. Der Gedanke ist so seltsam, daß alle die anderen mit ihr das ganze Leben zusammen waren, und doch ich es war, der sie zuerst gesehen hat. Kein anderer Menschen auf der Welt hat Naomi gesehen.

Es ist spät. Da draußen liegt schon die Nacht. Sie macht mir keine Angst mehr. Sie ist mein. Es ist nichts in ihr verborgen, was ich fürchte.

Sie liegt da drinnen. Ich will hineingehen und sie ansehen.

- - - Sie schläft. Das Gesicht schwimmt auf den Wellen des Haares. Die Brust hebt und senkt sich im Takt mit dem Leben, im Takt mit dem Gang der Gestirne. Mir wird fast angst, es ist, als wäre Gott selbst da drinnen.

Das Kreuz

Eine Liebesgeschichte

Sie ist schmal und schlank. Ihr Gang ist nicht gleichmäßig, sie hüpft ein wenig bei jedem vierten Schritt.

Plötzlich nimmt sie einen Stein auf, schleudert ihn weithin über die Wasserfläche, so daß er springt, ein-, zwei-, dreimal.

Dann lacht sie einer Bachstelze zu, die mit dem Schwanz wippt. Dann tänzelt sie zwei Schritte. Aber halt! Was ist das? Sie setzt sich hin. Ihr Gesicht wird so alt, so alt. Sie wird so traurig. Was kann sie so traurig stimmen, sie, die so jung ist.

Es dauert nicht lange. Sie macht einen Luftsprung, schleicht sich um den Gartenzaun, pflückt im Laufen eine Blume, beißt zwei, drei Blütenblätter ab und wirft sie weg, geht in die Stube, auf Zehenspitzen.

Sie liest eine halbe Seite. Dann gleitet sie wieder hinaus, das Weinen unterdrückend. Keiner hat mit ihr gesprochen. Sie hat sich mit keinem gezankt.

Da draußen steht sie und flüstert etwas, mit zusammengebissenen Zähnen, faucht wie eine Katze. Sie steht auf dem Wall. Die Sonne geht unter. Das Wasser plätschert. Alles ist voller Ruhe.

Aber *sie* ballt die Faust. Sie habt den Arm hoch. Streckt die jungen Brüste trotzig dem Meer entgegen. Und plötzlich schreit sie, daß die Stare vor Angst auffliegen: „Ich will! Ich will!"

Dann senkt sich die Brust. Wie ein Sturm war es über sie gekommen. Nun ist es still. Die Augen sind groß, die Pupillen schwarz.

Sie hat sich hingelegt. Die Arme liegen ausgestreckt am Körper, schmal wie Schlangen, kräftig. Die Augen sind geschlossen. Schläft sie?

Nein. Plötzlich fährt sie hoch, das Leinenkleid flattert, sie faucht: „Ich will" Ich will!"

Was will sie?

Dieses Bild steht mir so oft vor Augen. Und doch habe ich sie damals nicht gesehen. Ich kannte sie nicht. Als *ich* ihr begegnete, was sie nicht mehr schmal über den Hüften, sondern voll und üppig, in ihren Zügen war nicht die ewige Unrast, ihre Brüste waren nicht trotzig vorgestreckt.

Ihr Gesicht veränderte sich auf andere Weise. Es konnte einen Ausdruck annehmen, den es lange behielt, dann einen anderen, der blieb.

Warum sehe ich denn jetzt, da ich mir ihr Bild vorzustellen versuche, gerade *dieses* vor mir, dieses, das ich *nicht* kannte? Vielleicht weil ich mich so gut daran erinnere, wie sie eines Morgens den entblößten Arm zur Decke emporstreckte – sie hatte sich plötzlich aufgerichtet, den Arm erhoben, alle Gesichtsmuskeln waren angespannt –, bedeutete auch *das* dieses „Ich will! Ich will!"

Wie ihre Augen aufleuchten konnten! Als hätte sie eine Sonne in der Brust.

Aber sie konnte so bitterlich weinen. Zuweilen kam sie zu mir, warf sich auf meinen Schoß und weinte, daß ihr ganzer Körper bebte, die Schultern, die Brust, die Hüften.

Dann blieb mir nichts anderes zu tun, als ihren Kopf leicht und behutsam an mich zu ziehen und sie so zu halten.

Ich hatte wohl eine Art sie zu halten, die sie mochte. Denn manchmal sagte sie, daß sie mich liebe, weil ich der einzige sei, bei dem sie sich richtig ausweinen dürfe.

Sie habe einen großen Tränensee in der Brust, sagte sie, und der müsse zuweilen überströmen.

Ich weiß nicht, woher es kam, aber ich hatte oft das Gefühl, als läge eine *schwere* Bürde an meiner Brust; sie zu halten, wenn sie weinte, das war für mich so, wie es wohl eine Mutter empfinden mag, wenn sie einen neuen Menschen zur Welt bringt. Ich glaubte, etwas ganz Wichtiges und Ernsthaftes zu tun, das mir im Buch meines Lebens angerechnet werden müßte.

Einmal, als sie nach einem solchen Ausbruch von mir gegangen war, schien es mir, als schmerzte die Stelle am Herzen, wo ihr Kopf gelegen hatte. Und ich sagte laut zu mir selbst: „Sie wird dich gewiß nie verlassen!"

Mich verlassen! Gehörte sie mir denn? Ich wußte ja nicht einmal, warum sie weinte! Ich wußte nicht, *was* für Sorgen es waren, die sie ausweinte.

Das war es ja gerade, was so seltsam heilig war: Ich forschte nicht. Ich ließ sie nur bei mir weinen.

Ich saß da und dachte: Sie leidet. Ihr geht es nicht gut. Es tut gut, bei jemandem zu weinen. Das erleichtert. Ich habe Verständnis für Schmerz. Ich kann ihn so gut entgegennehmen. Ich will ihn so gern für sie schmelzen lassen, wenn ich kann.

Mich verlassen! Sie kam hin und wieder zu mir. Sonst wußte ich nichts von ihr.

Es konnte ja sein, daß irgendein Mann ihr Kummer bereitet hatte. Ich wußte es nicht. Es konnte sein, daß sie selbst etwas getan hatte, das sie unendlich traurig machte.

Ich dachte nicht darüber nach. Ich dachte nur so: Sie hat keinen Frieden! Ihr Leben ist einfach nicht gut und ruhig. Ich will ihr so gern Frieden geben, ihr Herz ruhig, langsam und gut schlagen hören.

Sie kam hin und wieder zu mir. Sie setzte sich neben mich, legte den Kopf an meine Schulter, küßte mich.

Sie war auch froh, wenn ich sie küßte. Und sie sagte, daß sie mich liebe.

Tat sie das? Liebte sie mich damals schon?

Wo sie in der Zwischenzeit war, das wußte ich nicht. Ich wußte nichts von ihr. Ich fragte sie nicht. Immer wenn ich sie fragen wollte, hielt mich etwas davon zurück.

Sie hatte hellblaue Augen. Wenn sie das hellblaue Samtkleid trug, wußte ich kaum, welches Blau mehr schimmerte, das des Kleides oder das der Augen. Ich wußte nicht, was weicher schimmerte.

Das hellblaue Samtkleid! Wie vieles im Leben sich doch mit einem toten Ding verknüpfen kann, mit einem Kleid, einem Armband. Die Menschen lassen die toten Dinge lebendig werden.

Wenn ich diese Worte nur vor mich hin sage: Das hellblaue Samtkleid - dann taucht eine ganze Reihe von Stunden vor mir auf.

Aber vor allem eine. Sie steht mit keinem anderen Ereignis in Zusammenhang, kündet nichts Dramatisches an. Er war wie stilles, tiefes Wasser, jener Abend.

Der Baum, an dem sie saß, der Fluß, der gerade in diesem Augenblick ohne Strudel dahinfloß.

Ich sagte: „Sie mal den Zaun; er steht still da, während der Fluß sich bewegt. Nur, wenn man den Zaun ansieht, bemerkt man, daß der Fluß sich bewegt."

Worte, die keine weitere Bedeutung haben. Und doch ist mir, als hörte ich sie aus einer entschwundenen Zeit. Wie eine Zauberformel beschwören sie Tage herauf, die nicht wiederkehren.

Ihr bebendes Ja! Als hätte ich etwas Folgenschweres gesagt.

Und dann die Freude!

Denn nachdem wir beide lange geschwiegen und auf dieselbe Stelle gestarrt hatten, während unsere Blicke vom Fluß fortgetragen wurden, sagte sie: „Ich bin froh!"

„Ich – bin – froh", sagte sie leise und langsam. Die Freude, die eine Frau empfindet, wenn sie reif ist, sie erfüllt sie in breiten Wogen, zittert in ihr. Die Freude, die das Auge mit feuchtem Glanz erfüllt. Sie ist wie der Streifen des Mondlichts auf dem bebenden Fjord.

Wie ich es vor mir sehe! Das Samtkleid im Laub. Es war, als würde es eins mit ihrem Körper und als würde ihr Körper Farbe.

Es stand ihr so gut. Das Üppige, das der Samt hat, zeigte die Fülle ihrer Brust, zeigte sie und verbarg sie wieder, ließ sie in kleine dunkelblau-weiche, flackernde Schatten zerschmelzen.

Ich fange wohl an, poetisch zu werden. Verzeiht! Aber es ist so herrlich, dabei zu verweilen, zu versuchen es auszumalen, so wie es war.

Je dunkler es wurde, um so mehr verschmolz sie, verschmolz mit dem Laub, mit den Sekunden, die man nicht hört.

Das war der einzige Abend, an dem sie rauchen wollte.

Sie sagte: „Ich sehe die Glut an deiner Zigarette, das ist alles, was ich sehe."

Ich sagte: „Ich sehe die Glut an deiner, und ich sehe deine Hand."

Sie sagte: „Jetzt *höre* ich den Fluß. Vorhin habe ich ihn *nicht* gehört. Da habe ich ihn nur *gesehen*."

An solche Sätze erinnert man sich noch, wenn flammende Worte längst ausgebrannt sind.

Geschrieben ist es nichts, denn es ist der *Ton,* den man so lange im Ohr hatte, der Ton, der mit allem anderen zusammenklang.

Das ist jetzt viele Jahre her. Aber es gibt Nächte, da ich die beiden glühenden Zigaretten im Dunkel vor mir sehe und die leisen Worte durch die Stille klingen.

War das vielleicht die schönste Stunde, damals, als ich noch *nicht* erlebt hatte, was ich erleben sollte? Die große Stille, bevor das Leben kommt und die Sorgen folgen, ist *das* das Schönste?

Sie saß mir damals gegenüber. Sie sagte, sie sei froh. Es machte *mich* froh, daß *sie* froh war. Aber kannte ich ihre Freude? Verstand ich sie?

Später kam viel Kummer.

Aber nein! Die schönsten Stunden, auch sie kamen später. So seltsam vielschichtig, reich und schwer von all dem, was wir erlebten, was Stürme in mir auslöste und mein Gemüt, das früher so ruhig gewesen war, in Aufruhr versetzte.

Dazwischen wunderbare Tage mit Sonnenschein und Regenbogen über allem!

Ich habe keine Zeit, meinen Bericht kunstvoll zu formen. Nun, da ich zurücksehe, stürmt es auf mich ein, und ich muß alles erzählen, um Ruhe zu finden. Bald ist auch die Nacht vorbei. Ich habe schon einen Vogel gehört.

Ich will davon erzählen, wie sie, deren Gesicht alt und traurig war, als ich sie das erste Mal sah, verwandelt wurde, es kamen neue Züge hinzu, Falten glätteten sich, ihre Augen bekamen Farbe, jeder Tag machte sie jünger.

Ich will erzählen, welch ein Glück für mich darin lag, daß ich die Ursache dafür war. Daß ich die Macht dazu hatte.

Am Ende war es, als verdoppelte sie sich für mich. Die erregende Schlankheit des jungen Mädchens wiegte sich in ihrer Üppigkeit, die Hoffnung der Jungfrau auf das Geheimnis leuchtete in ihrem Gesicht, in das der Ernst des Lebens sein schmerzlich schönes Lied geschrieben hatte.

Es war ein Wunder. Und es ist so schwierig für mich, herauszufinden, wie es sich wirklich vollzog und wie es dann wurde.

Und es war so verwoben mit trüben, tristen Dingen.

Sie strömen auf mich ein, während ich hier sitze und es niederschreibe, versuche, mir das Bild ihres verjüngten Gesichts ins Gedächtnis zu rufen. Und wenn ich mich daran erinnern will, wie die Sorge kam und den Stunden des Glücks Glanz verlieh, dann sehe ich wieder dieses stürmische Junge in ihren Augen, die das Jüngste von allem sind - mehr als Jugend, neue Jugend, ewige Jugend, Jugend durch Glück, Jugend durch *mich* geschaffen.

Wie an dem Abend, an dem sie den Seidenschal bekommen hatte. Sie wollte unbedingt Wein spendieren. Sie ließ mich stehen, rannte los, ohne einen Mucks zu sagen. In eine Weinhandlung.

„Madeira!" rief sie.

Sie redete und lachte, setzte sich auf einen Stuhl, ließ die Beine baumeln, wie ein kleines Mädchen.

Da stand eine Gruppe von Leuten, die miteinander sprachen. Ich sah, wie ihre Augen uns folgten, als wir hinausgingen. Wir hörten einen von ihnen flüstern: „Das ist das Glück!"

(Das war während der drei Monate an der See, die eine einzige ununterbrochene Wonne waren.)

Sie warf den Kopf zurück und sah die Leute an, mit dem fröhlichsten „Ja" in den Augen, das ich je gesehen habe. Das vergesse ich nie. Ich erinnere mich auch noch, daß sie uns einen Blick nachwarfen, als wollten sie sagen: So etwas Schönes haben wir nie zuvor gesehen. Es gibt doch noch Glück auf der Welt.

Aber ich merke, daß ich am liebsten die strahlenden Augenblicke zurückrufe. Ich erzähle nichts von dem, was dazwischen lag.

- Ich weiß noch so gut, wie es war, als ich ihn das erste Mal sah. Wir trafen uns, wie man es heutzutage meistens tut, in einem Restaurant. Er war Bildhauer.

Ich habe wohl kaum jemals eine so plötzliche Lust verspürt, einen Menschen kennenzulernen. Allmählich kamen auch wir beide miteinander ins Gespräch und entglitten den anderen, die mit uns am Tisch saßen.

(Es ist so wenig Ordnung in meinem Bericht. Ich muß dazu sagen, daß sich dieses geraume Zeit *vor* den vier Monaten ereignete. - Insgesamt waren es vier.)

Nie zuvor habe ich erlebt, daß ein anderer Mensch dem Ausdruck verleihen kann, wofür man selbst noch nach Worten sucht. Es ist fast etwas Peinliches darin, weil man doch vielleicht am liebsten selbst die Worte finden würde.

Wir sprachen *nicht* von Kunst. Auch nicht von Frauen.

Ich erinnere mich am besten am das, was er in dem Augenblick sagte, als das elektrische Licht flackerte und es im Restaurant plötzlich dunkel wurde. Danach gingen wir hinaus und spazierten lange durch die Straßen.

„Uns fehlt Ehrfurcht, uns fehlt Ehrfurcht! Haben wir vielleicht Ehrfurcht vor der Sonne?" sagte er in dem Augenblick, da das elektrische Licht erlosch, und wir standen auf und verließen im Gespräch das leere Restaurant.

„Die Sonne, die wieder aufersteht in all dem Licht und all den Formen von Licht, die wir um uns sehen . . . Haben wir Ehrfurcht", wir waren auf die Straße gekommen, und ein paar Frauen streiften an uns vorbei, „haben wir Ehrfurcht vor dem Lächeln einer Frau? Das glückliche Lächeln einer Frau . . . O nein, nun haben wir uns die Frauen die ganze Zeit über vom Leibe gehalten, und wir reden vielleicht am besten von ihnen, wenn wir *nicht* von ihnen reden . . . Ich wollte nur sagen: Wie oft kehrt das glückliche Lächeln einer Frau zurück?"

Er gehörte zu denen, die mehr in den Tonfall und Rhythmus als in die Worte legen und die durch eine kleine Pause plötzlich das *Eigentliche* sagen, das sagen, was das Innerste, das ganz Persönliche berührt, das, was man selbst so brennend gern gesagt hätte.

„Und sollten wir da nicht Ehrfurcht vor dem Augenblick haben, da es *da* ist, das Lächeln - sollten wir uns da nicht auf die Knie werfen und den Fuß der Frau küssen, während sie lächelt! Wir tun es nicht. Wir haben keine Ehrfurcht.

Die höchste Autorität auf der Welt ist das Schöne.

Es ist heutzutage ein schwacher Machthaber . . . Ja, vielleicht ist es immer schon schlecht um seine Alleinherrschaft bestellt gewesen.

Ehrfurcht . . . , was meine ich damit?

Ich meine, zum Beispiel, daß wir Ehrfurcht vor uns selbst haben sollten. Wir sollten uns nicht quälen und nicht all das Böse und Häßliche, das es um uns gibt, hervorkramen.

Wir haben, weiß Gott, kein *Recht*, uns selbst zu quälen, aber noch weniger haben wir das Recht, andere zu quälen.

Weiß Gott, das haben wir nicht!"

Er wurde heftig, ballte die Faust und schien meine Anwesenheit vergessen zu haben.

Viel später sagte er: „Und wir können andere mit unserer Selbstquälerei zu Tode peinigen."

Er sagte es ganz gedämpft, und er sagte das Wort „zu Tode" so langsam und traurig.

Dabei nahm er meine Hand, sagte Lebewohl und ging.

Als er fort war, befand ich mich in einer seltsamen neuen Stimmung. Und plötzlich stand Rebekkas Bild (wir nannten einander übrigens niemals beim Namen; ich fand, ihr Name passe nicht zu ihr; sie fand, mein Name passe nicht zu mir) ganz deutlich vor mir. Und das war das Seltsame: deutlicher, als ich sie jemals gesehen hatte. Und ich hatte sie doch in meinen Armen gehalten und sie lange und genau angeschaut.

Sie war in mir gleichsam neu geworden. Und eine Frage war in mir erwacht: Wer ist sie?

Es dauerte lange, bis ich einschlief, und ich lag da und dachte unaufhörlich an sie. Seltsame Gedanken. Mir war, als hätte ich sie noch nie gesehen. Hatte ich je meine Hand an ihrem Mieder entlanggleiten lassen? Hatte ich wirklich auf den Druck ihrer Hand geachtet?

Und wie ein schwacher Windhauch raunte es in mir: Wer ist sie, wer ist sie?

Wollte ich ihre Vergangenheit erfahren? Nein. Wollte ich erfahren, wie alt sie war? Nein. Wollte ich wissen, ob sie andere geküßt hatte, und wenn ja, wen. Nein.

Das war es nicht, was ich wissen wollte. Wer ist sie, tief, tief in ihrem Inneren?

Und - zu *wem* gehörte sie. Ist sie denn *mein*? Und . . .

Der Gedanke schlich sich mit ins Herz wie dämmernde Morgenröte: Wenn *sie* mein wäre! Wenn sie wirklich mein wäre!

Hatte sie denn nicht gesagt, daß sie mein sei?

Doch. *Das* hatte sie.

Aber konnte das denn möglich sein? Hatte sie es *so* gemeint? Hatte ich denn nie daran gedacht, wie schön es würde, wenn *sie* mein wäre? Wie alle Sterne glänzen müßten, wie die Sonne scheinen würde!

Im Laufe der Nacht wachte ich auf. Ich war ganz überrascht, als ich mich laut sagen hörte: „Sie hat geweint. Warum weint sie nur?"

Ich zündete Licht an und stand auf. Sie hatte mir Rosen gebracht, eine gelbe und drei rote.
Ich hatte sie ja nicht angesehen, nicht gesehen, wie schön sie waren!
Sie hatte sie mir gebracht. Hatte sie mir, während ich fort war, in mein Wasserglas gestellt.
Ich nahm die Rosen, eine nach der anderen, und küßte sie. Und ich nahm das Glas und stellte es an mein Bett.
Der Duft war nicht unangenehm. Aber ich sank in tiefe und schmerzliche Träume.

Ein paar Tage später war sie bei mir. Ich erzählte ihr von der neuen Bekanntschaft, die ich gemacht hatte. Ich gehöre zu den Männern, die das Bedürfnis haben, der Frau, die sie lieben, alles zu zeigen, was ihnen selbst lieb und wert ist, damit auch sie es kennen und schätzen lernen. Die Männer, mit denen ich in dieser Zeit außerdem noch zusammen war, hatte ich wohl nicht für so bemerkenswert gehalten, daß dieses Bedürfnis in mir aufgekommen wäre. Mit ihm war es anders. Er hatte einen starken Eindruck auf mich gemacht, und ich konnte mir nichts anderes vorstellen, als daß sie sich freuen würde, ihn kennenzulernen.
Ich schlug vor, daß wir uns am nächsten Abend treffen sollten, gemeinsam essen und Wein trinken. In meiner Phantasie erlebte ich schon die herrliche Stimmung, die aufkommen würde, wenn wir drei zusammen wären, wenn sich das Leben in diesem Augenblick in uns dreien wie in einem Brennpunkt sammelte. Ich sah *sie* schon dasitzen und ihm gespannt zuhören, sah, wie ich mich an dem Spiel ihrer Augen erfreuen würde, während sie seinen Worten lauschte.
Sie überraschte mich, indem sie mich mit einem Kopfschütteln und einem Kuß unterbrach.
Ich drang in sie. Ich konnte nicht glauben, daß ihr das wirklich ernst war. Vielleicht war es bloß ein kleines bißchen Koketterie oder eventuell eine Art von Trägheit, eine neue Bekanntschaft zu machen.

Aber auf alle meine Einwände antwortete sie mit einem Kopfschütteln und einem Kuß.

Ich erzählte weiter von ihm, mit mehr und mehr Wärme und Bewunderung. Sie saß da und sah mich mit einem Blick an, so tief, wie ich ihn nie zuvor bei ihr gesehen hatte,

Schließlich warf sie sich vor mir auf die Knie, reichte mir beide Hände und sagte – fast wie in Angst: „Ach, Liebster, bitte mich nicht länger darum!"

Ich hatte sie nie so gesehen wie nach diesem Gespräch. Oder sah ich sie nur mit anderen Augen? Ihr Gesicht schimmerte so herrlich warm, ihre Augen blickten so ruhig und so tief.

Als sie gehen wollte, steckte sie vor dem Spiegel ihr Haar auf. Es zog mich zu ihr hin. Wir sahen unsere Gesichter im Spiegel. Sie sah das meine. Ich sah das ihre.

Glänzte in ihrem Auge eine Träne? Oder war es ein Lächeln des Glücks?

Ich war nun viel zusammen mit Bredo, dem Bildhauer. Eine seltsame Sympathie trieb uns zueinander. Jedenfalls empfand *ich* sie für *ihn*. Er hatte etwas an sich, was ich bei keinem anderen gefunden hatte, und das gab mir das Gefühl, daß meine Art zu fühlen, zu sehen und zu denken nicht nur Eigenheiten seien, wie sie kein anderer kannte, sondern daß all das auch in den Herzen anderer beben könne, vielleicht sogar in denen der Besten, die von der Musik des Lebens am stärksten ergriffen sind.

Es war für mich auch so wohltuend, daß zwischen uns nichts von dem nötig war, was man „Freundschaft" nennt. Wir sprachen nie von rein privaten Dingen. Ich kannte nicht einmal seine Wohnung und er nicht die meine. Unser Umgang war so natürlich, so ungezwungen, und jeder hatte so viel Respekt vor dem, was der andere gern für sich behalten wollte. Er hatte nicht diesen besonders kräftigen Händedruck, der so verpflichtend ist, daß man sich, wenn man nach Hause kommt, fragt: Was sollte das eigentlich bedeuten? Er drückte mir nur die Hand, wenn ihn oder uns beide etwas bewegte.

Er konnte Worte sagen, die meine Gedanken auf Bahnen lenkten, nach denen ich gesucht hatte. *Ich* konnte Dinge sagen, die für ihn fehlende Glieder in einer Kette waren, mit der er sich beschäftigte.

Es war, als würde die Natur während unseres Zusammenseins größer und heiliger, als erhielte unser Leben plötzlich mehr Farbigkeit, wie durch ein Prisma, das alles zu einem Märchen macht, so wie sich jeder sein Leben wünscht. Und wenn wir uns trennten, schien auf einmal das Geheimnisvolle zwischen uns zu stehen – das Geheimnisvolle, das doch zum Leben gehört und überall ist.

Ich erinnere mich noch so gut, wie es war, wenn ich nach unseren Spaziergängen auf mein Zimmer kam und nach den Streichhölzern tastete: Die Dinge bekamen einen Schimmer von Ewigkeit, und ich sagte zu mir selbst: Hier wohnst du, hier ist dein Zimmer, wo du einen Teil deines irdischen Lebens verbringst, wo sich deine Atemzüge eine Zeitlang sammeln.

Dann kam ich in sein Atelier. Ich würde es lieber auf andere Weise erzählen. Wenn es möglich wäre, in Musik. Es tut weh, nach dem Wort zu suchen, den genauen Ausdruck für alles zu finden. Ist es nicht, als verdoppelte man seinen Schmerz? Und ist es nicht Sünde, das zu wiederholen, was war? Was vorbei ist, ist vorbei. Es leuchtete auf und verschwand.

Er zeigte mir zunächst seine frühesten Arbeiten. Die beeindruckten mich nicht. Sie wirkten auf mich wie eine nur halb gelungene Verschmelzung von fremden Einflüssen und vagen Versuchen, sich zu einem Ich vorzutasten, das noch nicht voller Reichtum aus dem Bad des Lebens aufgetaucht war.

Aber dann kam etwas Eigenes in seine Arbeiten hinein. Da war zuerst ein Kopf. In dem Augenblick, da ich ihn sah, hatte ich den ersten Abend unseres Zusammenseins vor Augen - nicht so sehr unser Gespräch, sondern eher das, was sich in mir vollzog, als ich nach Hause gekommen war. Wie ich zu mir gesagt hatte: Sie, Rebekka, ist in mir neu geworden!

Alle seine Arbeiten waren verschieden, sehr verschieden – die Motive, die Gesichter. Da waren Freude, Leid und auch Grübeln. Aber für mich wurde alles zu einem.

Da war eine Frau, die küssen will. Es war, als sammelte sich ihr ganzer Körper in dem Kuß. Sie will küssen, sie ist wie ein Tiger, der auf seine Beute springt. Als sagten ihre Lippen wortlos: Jetzt *will* ich küssen, ich weiß nicht, ob ich in meinem Leben noch einmal küssen werde, und deshalb *will* ich küssen – ich *will*, ich *will*.

Ich fühlte plötzlich einen Stich im Herzen. Nie zuvor hatte ich ein ähnliches Gefühl gehabt. Gab es noch andere als sie, die so küssen wollten?

Hatte sie, Rebekka, dort hinten in der Ecke gestanden, ihre Kleider fallen lassen, so wie es Modelle tun? Die einzige Frau, die ich in meinen Armen gehalten hatte – gab es einen anderen, der ihre Züge kannte, sie besser kannte als ich – ihre Bewegungen, ach, ihre Bewegungen, wenn sie das Haar zurückstrich – oder sich so eng an mich schmiegte! – Ja! Jetzt hatte ich es plötzlich vor Augen, alles!

Ja, *sie* war dort. In all diesem Ton. Wie verschieden auch die Gesichter und Glieder waren, so lag doch immer etwas von ihrer Seele darin, von der Melodie ihrer Glieder.

Ich hätte hinauslaufen mögen, weinen, mich verstecken. Und doch war es eine Art selbstquälerischer Genuß, dazustehen und zu sehen – hier eine Linie wiederzufinden, die ich selbst gesehen hatte, dort eine andere, die ich noch nicht kannte, von der ich aber wußte, daß es ihre war.

Ich ging lange. Wie in Trance. Ich wußte nicht, wo ich war.

Plötzlich tauchte ein Gedanke auf: Es ist nur die Phantasie, die ihr Spiel mit mir treibt. Ich war mit keiner anderen Frau zusammengewesen, seit langem hatten alle meine Gedanken nur um Rebekka gekreist. In allem sah ich sie.

Ich kannte die Frauen so wenig. Es mußte welche geben, die ihr ähnlich sahen, die die gleichen Bewegungen hatten. Und vielleicht hatten Bredo und ich etwas Gemeinsames, so daß wir in jeder Frau das gleiche sahen.

Ich war hinaus an den Fjord gekommen. Er hatte eine seiner stillen Stunden. Ein herrliches Gefühl ergriff von mir Besitz: In allem sah ich nur sie! In allem, was ich sah, begegneten mir ihre Bewegungen. Sie war in allen Frauen. Sie war die ganze Welt.

Die unergründlichen Augen, mit denen sie mich angesehen hatte! In der Natur, in der Kunst, im Mann, im All gab es etwas, wovon alles ausging und zu dem alles zurückfloß – die Augen!

Ich saß auf einer Bank, als ich dies dachte. Plötzlich fiel es mir ein: Auf dieser Bank haben wir uns zum ersten Mal geküßt.

Warum gerade auf dieser? Wie war es zugegangen, daß ich, ohne es zu wissen, gerade hierher gekommen war?

Sie hatte gesagt: Du küßt wie kein anderer auf der Welt.

Ich spürte wieder diesen Stich ins Herz. Sie hatte an jemanden gedacht. Sie hatte sich an andere Küsse erinnert. Vielleicht hatte sie auf derselben Bank einen anderen geküßt. Auf derselben Bank vielleicht!

Hatte ich denn jemals geglaubt, daß sie nie zuvor geküßt, nie zuvor geliebt hätte? Was war nur aus mir geworden? Warum wälzte ich all dies in meinen Kopf herum?

Sie war zu mir gekommen. Ich hatte sie an mich gedrückt. Und dabei hatte ich doch gerade gedacht: Sie hat vielleicht geliebt und ist enttäuscht, ist verwundet worden. Ich war doch gerade darauf stolz gewesen, daß sie ihren Kopf so ruhig an meine Brust legen konnte, ohne daß ich ihr eine einzige Frage stellte, ohne daß ich mich für ihre Vergangenheit interessierte.

Ich hatte doch gewollt, daß sie bei mir nur ein Jetzt, ein großes, herrliches Jetzt, finden sollte, herrlicher und herrlicher, je stärker dieses Gefühl sie erreichen, durchdringen und ihr ganzes Innere erwärmen würde.

Das waren gewiß keine klaren Gedanken gewesen, nur ein instinktives Empfinden. Jetzt sah ich, daß ich es so gewollt hatte.

Jedesmal, wenn meine Hand die Bank streifte, wo sie gesessen, wo ihr Kleid sich in Falten gelegt hatte, war der Stich da: Das war sie, die dort in dem Ton war, nur *ihr* Arm konnte so viel ausstrahlen.

Ich hatte ihn gefragt, ob er nicht für die meisten Arbeiten dasselbe Modell benutzt habe.

Er hatte geantwortet: „Ich glaube, sie ist mir unbewußt in viele Dinge gekommen."

In diesen Worten lag etwas, das mir weh tat. Ich habe damals nicht darüber nachgedacht, was er gemeint haben könnte. Aber der Tonfall hat sich in mir festgesetzt.

Diese Worte verfolgten mich.

Warum hatte mich dieser Mann vom ersten Augenblick an so unwiderstehlich angezogen? War es vielleicht, weil *sie* in seinem Leben gewesen war, ihn geformt, seine Arbeiten beseelt hatte?

Und das Geheimnisvolle, das zuweilen zwischen uns aufkam - das war sie. Sie war es, die ich, ohne es zu wissen, bei ihm gesucht hatte – ich hatte das Echo ihrer Stimme in seinen Worten gesucht, den Widerschein ihres Gemüts in seinen wechselvollen Stimmungen.

Wenn es so wäre, müßte ich ihn dann nicht hassen? Müßte ich sie nicht hassen, die zu mir nicht offen war? Müßte ich nicht das ganze Leben hassen, das mich wie einen Würfel benutzte?

Etwas von dem, was uns im Leben zum Manne macht, kristallisierte sich aus all diesen bedrückenden Gedanken heraus. Man nimmt plötzlich etwas wahr, das außerhalb von einem ist, etwas, das größer, stärker ist als man selbst, das einen anrührt, das man sich anverwandelt, und man wird stärker davon als man zuvor war, und reicher – im Leid reicher, in der Freude reicher, je nachdem wie die Würfel fallen.

Es liegt etwas Starkes darin: keine Entscheidung zu treffen, kein sicheres Urteil über das abzugeben, was einem begegnet. Es ist, als würde man selbst angesichts der Größe des Mannigfaltigen verschwinden - und selbst größer werden, indem man das Große in sich aufnimmt, anstatt es auszuschließen.

Das ist so schwierig zu erklären. Es gibt Dinge, die man, wenn man die richtigen Worte benutzt, anderen verständlich machen kann - aber es gibt auch einige Dinge, die trotz aller Worte unverständlich bleiben, es sei denn, man hat etwas Ähnliches erlebt.

(Ich philosophiere vielleicht zu viel. Aber wenn ich nun das Ganze vor mir zu sehen versuche, so wie es sich ineinander verwebte, dann sehe ich, wie das Unsichtbare seine Spur im Sichtbaren setzte und wie das, was wuchs und zu der großen Flamme wurde, gerade das war, was dahinter lag und nicht so leicht erzählt werden kann; und all das so zu sehen, wie es sich in der Tiefe vollzog, das verschafft mir eine wehmütige Befriedigung.)

Ich fühlte, daß ich weder hassen noch anklagen konnte. Statt dessen erfüllte mich eine seltsame, traurige Erwartung. Was würde das Schicksal bringen?

Ich war wie eine Kirche mit guter Akustik, die auf den Psalm wartet. Es könnte ein Hochzeitspsalm sein, aber auch eine Totenmesse.

Als sie das nächste Mal bei mir war, wurde ich ganz und gar von dieser Erwartung beherrscht. So war ich vorher nie zu ihr gewesen. Sie wollte mich küssen. Ich ließ sie stehen. Sie bat mich zu reden. Ich schwieg.

Ich setzte mich in eine andere Ecke des Zimmers. Und ich fühlte doch, daß diese Trennung größer war als jede andere auf der Welt.

Alles in mir drängte zu ihr. Stärker als je zuvor. Ich wartete auf etwas, das kommen sollte. Etwas, das alle Wärme in mir freimachen würde. Ich wollte sie umarmen, so wie ich sie nie zuvor umarmt hatte, und ich verbarg meinen Blick. Meine Worte und Stimme sollten so sanft klingen, wie nie zuvor in meinem Leben – und ich schwieg.

Ich fühlte, daß etwas in ihr vorging. Während sich alles in mir danach sehnte, mein ganzes Ich, mein ganzes Leben zu einer lodernden Flamme zu entfachen, ahnte ich, daß *sie* eine eisige, tödliche Kälte auf sich zuströmen fühlte.

Ich spürte in mir, wie sich ihr Gesichtsausdruck schmerzlich veränderte. Ich hatte ein brennendes Bedürfnis, ihre Züge zu sehen. Aber ich bezwang es.

Lange bevor sie die Worte sagte, die ich nun wiedergebe, war ein Zittern und Weinen in mir: Jetzt wird sie sprechen, jetzt kämpft es in ihrer Brust, sie kann die Worte nicht herausbringen, sie preßt sie hervor: „Willst auch du mich quälen?"

Sie sagte es leise, sehr leise, so tonlos, als hätte sie sich weit von den Worten entfernt, die sie sagte. Dann erhob sie sich langsam. Ich begriff, daß sie sich entschlossen hatte zu gehen.

Aber während es auf so verworrene Weise in mir stürmte – all das, was mich in der letzten Zeit verfolgt hatte, von mir abglitt, all das, was von Anfang an in mir gewesen war, wiederkehrte –, lief ich zu ihr, zwang sie auf das Sofa, kniete vor ihr nieder, rief, was ich zuvor nicht einmal geflüstert hatte: „Ich liebe dich, ich liebe dich Tag und Nacht, ich liebe dich bis zum Wahnsinn!"

Sie hörte mich an, still, mit traurigen Augen. Ihre Brust hob und senkte sich heftig, als ich das sagte und noch lange danach. Dann warf sie sich leidenschaftlich in meine Arme und weinte wie nie zuvor. Aber während ihre Tränen strömten, erhob sie sich und sagte, als wolle sie jedem Wort besondere Bedeutung beimessen: „Jetzt weine ich alles aus mir heraus, was ich erlebt habe."

Eine Weile später fügte sie hinzu: „So werde ich nie mehr weinen."

Dann verebbten die Tränen. Und – sie schlief an meiner Brust ein, so wie wir dasaßen!

Ich hielt sie, wie man ein kleines Kind hält. Ich sah mich im Zimmer um und lauschte ihren Atemzügen.

Dann spürte ich eine heiße Wange und einen weichen, feuchten Kuß. Sie schlief noch halb.

Eine Weile später: „Oh, du bist es ja doch! Ich hatte solche Angst, daß ich nicht bei *dir* wäre."

Das war das letzte Mal, das ich sie weinen sah.

Ich hatte ihr gegenüber gesessen, kalt und fremd, als ginge sie mich nichts an. Und kurz darauf war es geschehen.
Wie war das zugegangen? Ich verstehe es nicht. Ich weiß nur, in dem Augenblick, da sie gehen wollte, stand es, wie mit Flammen geschrieben, vor mir: Sie *darf* nicht, *darf* nicht gehen. Und dann hatte ich es gesagt. Wie ein Orkan war es aus mir hervorgebrochen, daß ich sie liebte.
Sie hatte die Worte, die so weh taten, ausgesprochen. „Auch du" – „du, ebenso wie der andere" oder „die anderen".
Und gerade *da* war es geschehen. Gerade als sie das erwähnte, was mich schmerzte, hatte es in mir geschrien: Ich *muß* – ich *will* – ihr Kleid küssen.
Das ist eines der wenigen Male im Leben, da ich gehandelt habe, ohne im voraus zu wissen, was geschehen würde, wie von unbekannten Mächten getrieben. Man hat dabei ein unbeschreibliches Gefühl herrlicher Demut. Eine leichte, zitternde Wärme läuft einem hinterher über Schultern und Rücken, und es ist, als läge das Herz nicht schutzlos in der Brust, sondern als wäre es in Äther gebettet.
Das Zimmer war zu einem Tempel geworden, in dem die Worte Gehör gefunden hatten. Alles glitt in einem Rausch des Glücks dahin, eines Glücks, das in einer großen Träne ruhte.
Und bevor ich einschlief, hatte ich eine wunderschöne Vision, mit der die Gedanken endeten und die Träume begannen: Der ganze Weltraum war eine große zitternde Träne, in der alle Sterne und Sonnen schwammen.

Aber ich hatte keine Ruhe. Ich fühlte mich hin und her gerissen.
Bald zog es mich hinauf zum Atelier, und ich ging dort auf und ab, ohne einzutreten.
Bald erfüllte mich eine große, schwellende Freude, ein stolzer Wille, über das Jetzt zu herrschen und es reich zu

machen. Ich wollte sie beschützen, verteidigen gegen alles, was gewesen war und kommen würde!

Wenn es andere in ihrem Leben gegeben hatte, war sie deshalb weniger wert? War sie dann nicht nur reicher, geheimnisvoller?

Aber ach! Dann kam das andere wieder! Und ohne es zu wissen, war ich hinaufgelangt. Ich stand im Flur, ich hörte mein Herz klopfen. Es hämmerte in mir: *Das* solltest du nicht tun. *Das* ist nicht schön. *Das* solltest du nicht tun.

Und währenddessen tat ich es.

Einige Schritte von der Tür entfernt blieb ich stehen. Denn ich hörte Stimmen. Er war nicht allein. Die andere Stimme war die ihre.

Es ging vorbei wie ein Blitz, aber ich vergesse es nie: Ich da draußen – er da drinnen, er, für den ich mehr als für jeden Mann empfunden hatte – ihre Stimme, die in meiner Stube geflüstert und gesprochen und geweint hatte.

Vielleicht stand sie dort nackt. Was ich nur zu ahnen gewagt hatte, was auszumalen mir als Sünde erschienen war, das stand dort drinnen vor den Augen eines anderen – eines Mannes, der mir nicht fremd war, dessen Blicke nicht abgleiten und gleichgültig bleiben würden. Nein, sie würden in die Haut eindringen, jede Falte aufspüren und ergründen.

Wie ein Traum war es zuweilen über mich gekommen, nachts, wenn man von dem überlistet wird, was man bei Tage nicht zu denken wagt: ob ihr Körper jemals in meinen Armen schlummern wird. In der Dämmerung sollte es geschehen, geheimnisvoll wie der Ursprung des Lebens.

Wo war das Geheimnisvolle, wenn sie da drinnen in vollem Licht gestanden, wenn alles, was wie leichte, zarte Seifenblasen in meinen Träumen geschwebt hatte, enthüllt war, jede Linie offen dalag, gekannt von einem anderen!

Selbst die größten Qualen sind selten unvermischt. Das Gefühl des Menschen ist fast nie einfach und ungeteilt. Andere kommen hinzu. Und Gedanken drängen sich dazwischen.

Vielleicht sind es gerade die größten Schmerzen, die die tiefsten Gedanken gebären. Und vielleicht liegt hier die Ursache dafür, daß die Menschen nicht am Leid zerbrechen?

Jeder Nerv in mir zitterte und weinte: ich hatte das Gefühl, meine Brust wäre voller Blut. Aber gleichzeitig schienen alle meine Sinne besonders empfänglich geworden zu sein. Mir war, als könnte ich in alles hineinsehen, was existierte, was geboren wurde, starb, litt und sich freute – ein Netz, ein Gottesnetz. Ich sah, wie das Leben zu Maschen verschlungen war; kein Menschenauge kann den Verlauf der Fäden erkennen, aber zuweilen wohl die gewaltige Phantasie erahnen, die allem zugrunde liegt.

Noch vor wenigen Tagen war alles so still gewesen. Mir war nicht in den Sinn gekommen, daß sie mein Inneres so in Aufruhr bringen könnte. Und ich hatte nicht das leiseste Verlangen gehabt, ihre Wege und Erlebnisse kennenzulernen.

Ich war so stolz und stark gewesen. Und jetzt war ich wie Espenlaub. Jedes Mal, wenn ich daran dachte, wie ich da draußen gestanden und wie ich ihre Stimme von drinnen gehört hatte, brannte die Stelle an meiner Brust, wo ihr Kopf geruht hatte.

Ich hatte ihr mein Herzblut gegeben, als ich ihr Haar streichelte. Sie hatte an meinem Herzen gesogen. Und ich hatte es nicht gewußt.

Es war, als hätte man die Welt auf den Kopf gestellt. Ob es wohl jemals wieder so werden könnte wie früher?

Sie betrog mich, belog mich, heuchelte!

Aber wie hatte sie mich dann so *ansehen* können? Und mir ins Ohr flüstern, daß ich der einzige sei, bei dem sie sich mit jeder Fiber ihres Ichs heimisch fühle und ohne Arg sein könne?

Der Schmerz zog mich an, wie man von dem Rätselhaften angezogen wird. Ich suchte Bredo wieder auf. Wir saßen bis spät in den Abend zusammen. Wurden noch vertrauter. Wir saßen dicht beieinander und sahen uns tief in die Augen, so als wollte jeder den heimlichen Kummer oder die Freude des anderen kennenlernen, ohne zu fragen.

Plötzlich geschah es – wir saßen und redeten über Dinge, die überhaupt nichts mit Frauen zu tun hatten –, daß er mich mit einem langen Blick ansah und das eine Wort sagte: „Rebekka."

Ich hielt seinem Blick stand. Ich fragte: „Was meinst du?"

Er sah mich wieder an. Dann sagte er schnell: „Oh. Nichts."

Wir saßen einander gegenüber an einem kleinen Tisch. Es war ein Café, in dem man keine bekannteren Leute aus der Stadt traf. Wir waren die letzten Gäste, und man hatte die Lampen über den anderen Tischen gelöscht.

Ich sehe den kleinen Tisch vor mir. Wir sitzen einander gegenüber. Nach einem Augenblick des Schweigens hebt er den Blick und sagt das eine Wort: „Rebekka".

Wer kann das erklären? Ich war in einem Zustand fürchterlicher Spannung gewesen. Und als er dann selbst den Namen nannte, da verstellte ich mich. Ich hätte fragen, alles erfahren können.

Und vielleicht wäre dann alles anderes gekommen.

Als sie das nächste Mal zu mir kam, war ich stumm und kalt. Ich konnte kein Wort herausbringen. Als sie gehen wollte, lief ich nicht, wie beim letzten Mal, zu ihr hin.

Sie sagte nichts,. Ihre Lippen waren verschlossen. Sie zitterten leicht. Ihre Augen waren gesenkt, als sähen sie etwas, das sich an einem anderen Ort oder zu einer anderen Zeit vollzog.

Erst als sie die Hand auf der Klinke hatte, sagte sie mit einem eigentümlichen verletzten Stolz: „Ich gehe. Und ich komme nicht mehr wieder."

Sie verharrte noch einen Augenblick, als wartete sie auf etwas. Dann sagte sie schmerzlich: „Das hättest du nicht tun sollen."

Aber als sie gegangen war, schienen tausend Tränen, die in mir zu Eis gefroren waren, zu schmelzen, und das Blut stieg mir so heiß in die Wangen.

Und ich hörte nur ihre letzten Worte und diesen Klang in der Stimme. Was konnte er bedeuten? Ich hatte Erklärungen erwartet, gehofft, daß etwas geschehen oder gesagt würde, etwas, was alle Unruhe zunichte machte. Warum Erklärungen erwarten?

Sie hatte alles verstanden. Alles hatte in dem Klang gelegen.

Gab es vielleicht jemanden auf der Welt, der diesem Klang gebot, der sich derart um mein Herz schlang, daß es immer heftiger schlug, als wollte es alle quälenden Gedanken des Gehirns betäuben?

Ich hatte sie gedemütigt. Ich hatte sie an der Tür stehen lassen wie einen Hund. Ich hatte nicht ein einziges Wort zu ihr gesagt, hatte sie nicht angesehen. Und doch liebte ich sie!

Ihr über das Haar zu streichen! Ihr nur einziges Mal über das Haar streichen dürfen. Ich würde es so lieb und sanft tun. All das wegstreichen, was ihr im Leben an Bösem und Häßlichem geschehen war, Ruhe und Frieden in jeden Nerv ihres Körpers streichen!

So kam es, daß aus all diesem wieder der Traum aufstieg, an den zu denken ich nicht gewagt hatte, aber er stimmte mich traurig und weich.

Und es war in ihm eine Begierde nach Wissen, voller Angst und Beben. So, als wäre das, was kommen mußte, entweder der Tod oder das Leben.

Und ich schrieb Briefe, in denen sich alle meine Worte auf die Knie warfen: „Komm!"

Oh, wie ich mich an diese Tage erinnere! Es geschah nichts Neues, und doch erinnere ich mich an sie, während ich große Schmerzen vergessen habe. Auch jetzt – da niemand mehr kommt und mit seinem kleinen behandschuhten Finger anklopft – spüre ich noch so oft dasselbe heiße Beben in mir.

Ich saß da, wo ich so viele Male gewesen war, und es war mir, als erwartete ich ein neues Wesen. Man träumt in seiner frühesten Jugend von dem ersten Kuß. Denselben Traum, aber tausend Mal heißer, tausend Mal angstvoller, hatte ich von dem Kuß der Frau, die mich so oft geküßt hatte.

Wenn sie, wie in alten Tagen – ja, es schien mir, als wären es längst vergangene Zeiten – plötzlich leicht mit ihrer behandschuhten Hand klopfte und, bevor ich an der Tür wäre, auf dem kleinen Teppich stünde, wo sie so oft gestanden hatte – oh, es war, als wäre eine Million Jahre seitdem vergangen –, und mich ansehen, mich so – so – ansehen würde.

Niemals in der Welt würde es wieder so sein können wie damals! Es würde etwas anderes sein - etwas, das ich nicht kannte.

- Wer kann die Erwartung eines Mannes ausmalen? Es stürmt, es rast, es kämpft in ihm zwischen dem Harten und Weichen, zwischen Mann und Frau. In dem einen Augenblick aufbrausende Anklagen, in dem nächsten die sanfteste Demut. Sie soll fühlen, daß sie einen Mann im Stich gelassen, ihn zum Sklaven von Raum und Zeit gemacht hat, und das wegen einer erbärmlichen Frau – das soll sie einmal fühlen! O nein, wenn sie in diesem Augenblick käme – ich würde mich so tief demütigen, wie ich es nur ersinnen könnte, ich würde ihren Schuh dort küssen, wo er schmutzig ist, ich würde – würde . . .

Dann wieder stille Augenblicke, wie Pausen in einer Ouvertüre, wenn plötzlich jedes Instrument verstummt. Man steht außerhalb des Lebens. Aber sacht stiehlt es sich wieder herein, in neuen Formen, in neuen überraschen Akkorden. Man sieht, daß man die Welt bisher nicht gekannt hat, sich selbst nie gesehen hat.

Und es zuckt in einem auf wie ein Blitz: Nicht sterben, um Gottes willen noch nicht sterben! Es ist so viel in einem, was man *besitzt* und hätte geben sollen und nicht *gegeben* hat – man darf nicht sterben –, man hat nicht gesehen, wie die Dinge aussehen – man hat ja nicht zugehört, wenn die Vögel zwitscherten – es gibt Linien in ihrer Hand, die man noch nicht kennt!

Während dieser Zeit saß ich eines Tages im Park. Ich hatte gerade Bredo verlassen. Ein paar Worte, die er gesagt hatte, klangen in mir nach. Er hatte gesagt: „Die Frau ist wie eine Girlande. Sie ist in allem. Sie ist wie ein gefährlicher Efeu. Sie windet sich um alle Männer und alle Häuser. Sie schlingt sich um einen Fuß, und ein Mann kommt zu Fall, sie bekränzt so herrlich einen anderen, und er wandelt im Duft. Sie untergräbt das eine Haus, und sie rankt sich voller Schönheit zum Dach des anderen empor.

Und es ist immer dieselbe Frau. Es gibt tausend, ja hunderttausend Männer auf der Welt. Aber es gibt nur eine Frau, nur eine einzige. Es ist dieselbe Frau, die in allen Frauen ist, dasselbe schleichende Phantom – das sich so klein machen kann wie eine Maus – und so gewaltig und wunderschön wie eine Fata Morgana.

Ja, ein Phantom ist sie. Denn das, was in Wirklichkeit die Frauen sind – diese Lehrerinnen und diese Kassiererinnen und diese Balldamen und diese Matronen –, das ist nicht *die Frau*.

Die Frau ist ein Phantom, das unsichtbar zwischen uns wandelt, in Herzen und Hirnen, von Urzeiten an, die ewige Eva. Schau, *das* ist das Gefährliche: Wir machen die einzelne Frau zu *der* Frau, – zum Weib, dem Phantom zwischen uns.

Oh (fuhr er traurig fort), man weiß nie, wo sie ist! Du glaubst, sie schlummert in deinem Arm, und doch ist sie tausend Meilen weg!"

Es dämmerte. Ein Stück von mir entfernt saß noch ein Kinderfräulein. Ein kleines Mädchen spielte zu ihren Füßen. Eine Dame näherte sich. Sie sprach zu dem Kind. Sie hob es hoch und küßte es. Lange stand sie da und sah es an. Dann stellte sie es wieder auf die Erde und holte ein Portemonnaie heraus. Ich sah, wie sie zuerst der Kleinen und dann dem Kindermädchen ein Geldstück gab. Darauf ging sie. Ich folgte ihr, ohne mir dessen bewußt zu sein. Es war, als existierte ich nicht mehr. Meine Augen hingen an ihren wiegenden Hüften und den sich entfernenden Füßen.

Sie war verschwunden. Aber in mir war das Wiegen ihrer Hüften, die Unrast ihrer Füße. So hatte ich es vorher nie gesehen. Sie war nur in meiner Stube gewesen, hatte an meiner Seite gesessen.
  In mir war ein unaufhörliches Wiegen.

Von dieser Zeit an war ich abergläubisch, wenn es um Blumen ging.
  In meinem Zimmer stand eine große rote Tulpenknospe, die sie mir gebracht hatte. Ich hatte mir selbst eine weiße Hyazinthe gekauft.
  Eines Morgens sah ich, daß sich die Hyazinthe zu der Seite geneigt hatte, wo die Tulpe in dem Grün stand. Ich schnitzte einen Stock zurecht und stützte sie.
  Aber am nächsten Morgen hatte sie sich wieder geneigt, sich trotz des Stockes zum Grün herabgebeugt und beinahe die Knospe erreicht.
  Die Nacht darauf schlief ich schlecht. Ich dachte an Rebekka, und die Sehnsucht brannte in mir. Ich nahm auch einen ungewöhnlich starken Duft wahr.
  Und am nächsten Morgen hatte meine Hyazinthe ihre Tulpe erreicht, und die Knospe hatte sich entfaltet.
  Am selben Tag kam sie.

Sie kam. Aber sie war eine andere geworden.
  Etwas Neues war in ihre Augen gekommen. Ich hatte geglaubt, sie wären blau. Nun waren sie tiefgrau. Sie hielt den Kopf auf eine andere Weise.
  Sie war langsamer geworden, als genösse sie das Wiegen ihrer Hüften, stiller, als horchte sie auf ihren Atem.
  Es war auch etwas hinter ihren Wimpern - ein Lächeln -, vielleicht nur ein Glänzen.

Sie zog mich an, so wie das Meer die Mittsommernacht anzieht. Ich fühlte ihre Brust. Ich fühlte, daß sie mein war, daß ich sie sehen, küssen konnte. Und ich wagte es nicht.
Ich berührte ihre Busennadel.
Sie senkte den Blick.
Eine Weile darauf sagte sie – und es war, als kämen diese Worte zitternd aus der Tiefe, wo etwas viele Jahre lang verborgen und versteckt gewesen war: „Du mußt!"
Und ich wagte es nicht.
Eine unbeschreiblich zarte Scheu lag über ihr, nicht die der Jungfrau - seltsamer, ängstlicher, tiefer.
Dann kam die Nacht, und wir sanken zusammen, und ich kann nicht schildern, wie es war. Denn für mich war es das Leben.

Und dann kamen die vier Monate.
Es gibt wohl keinen, der so etwas erlebt hat.
Ungeteiltes vollkommenes Glück ist so selten. Es ist eine Sonnenmimose, die kaum jemand gesehen hat.
Es wurde Abend und Morgen, und es wurde Abend und Morgen über einer Stille, in der alles, was in uns war, sang. Wir saßen stundenlang da, und einer lehnte den Kopf an die Brust des anderen, um dessen Herzschlag zu hören. Und das klang in dem Haus am Meer so groß und seltsam. Sie legte sich oft vor mir auf die Knie und blieb so liegen, und ich durfte nicht reden, denn sie wolle auf das Große, Herrliche lauschen, sagte sie.
Ich saß dann da und ließ den Blick über den Wasserspiegel gleiten, der sich unter der Sonne, die auf- und unterging, veränderte – und das war das einzige, was sich veränderte.
Es war eine Stille, in der zwei sehen und hören können, was einer allein nicht sieht und hört. Einmal schien es uns, als hörten wir die Sonne in der Tiefe des Raumes *singen*.
Ich gab ihr meine Gedanken. Wir machten abends lange Spaziergänge, und ich sprach pausenlos: über das Leben der Menschen auf der Erde, über den Tanz der Sterne, über das Geheimnis des Todes. Zuweilen spürte ich, wie ihre Augen

auf mir ruhten, und ich fand, es war so wenig, was ich wußte. Manchmal fühlte ich, wie ihre Hand die meine drückte, ohne daß sie es zu merken schien.

Ich lehrte sie die Namen von jedem Stein am Strand, ich ließ sie durch das Mikroskop sehen. Ich wollte, daß sie die Linien des Lebens erkennen lernte, vom Niedrigsten zum Hohen, vom Innersten zur Peripherie.

Zuweilen unterbrach ich mich mitten darin. Ich wußte nicht, ob sie mir zuhörte. Sie schien in einer lichten Traumwelt zu gehen und sich von meinen Worten nur wie von einem fernen menschlichen Säuseln einhüllen zu lassen.

Oh, jetzt, da es lange her ist, jetzt, da ich hier sitze und zurücksehe, erinnere ich mich an so manche Kleinigkeit, der ich damals keine Beachtung schenkte. Man ist im Leben so oft in sich selbst vertieft, man hat keine Zeit oder keine Ruhe, das zu sehen, was in anderen vorgeht, nicht einmal bei dem, mit dem man Tag und Nacht zusammen ist.

Gerade jetzt habe ich es so lebhaft vor Augen, wie sie an einem Vormittag, als sie an den Spiegel getreten war, um ihr Haar zu ordnen, im selben Augenblick wie erschrocken zurückwich. Dann wurde sie still, stand da und schaute sich aufmerksam an, schaute und schaute.

Und dann stürmte sie auf mich zu. Umarmte meine Knie, küßte meine Kleider, meine Hände, kroch um mich herum, küßte mich, wohin es gerade traf, riß meine Weste auf und küßte mich auf die Brust.

Sie verhielt sich wie ein Hund, der sich verlaufen und seinen Herrn wiedergefunden hat.

Ihr fiel jeden Tag etwas ein, was sie neuer und strahlender machte. Sie steckte ganze Büsche von Rosen an die Brust, in den Gürtel, in das Haar, überallhin, wie sie nur Platz finden konnte.

Sie begann von ihren Kindheitstagen zu erzählen. Bilder, die unter der Unrast des Lebens vergessen gewesen waren, stiegen in ihr auf; sie saß da, den Kopf an meine Schulter gelehnt, und ließ Tag auf Tag aus jener Zeit vor mir abrollen, als sie noch nichts erlebt hatte.

Ihr Gesicht nahm neue Züge an, die sich, gleichsam tief in ihrem Innern verborgen, mehr und mehr dem Licht genähert und nun in voller Sonne entfaltet hatten. In ihre Stimme kamen Nuancen von Tönen, über die sie lachte und von denen sie nicht wußte, woher sie stammten.

Und es war, als ginge alles in einem warmen Wohlklang auf. An einem Tag konnte es zusammenhanglos erscheinen, aber dann verknüpfte es sich am nächsten Tag mit etwas anderem.

Die Erinnerungen, die wach wurden, hatten eine besondere Bedeutung - ein Kuß konnte sie heraufbeschwören, ein Funke, den sie in meinem Augen zu sehen glaubte, oder der Tonfall ihrer eigenen Stimme.

„Ich weiß noch", sagte sie. – „Ich sehe es vor mir. Ich weiß noch, wie ich einmal – ich glaube, ich war vierzehn Jahre – am Strand entlangging. Ich ging und ging, und ich kam an Orte, wo ich noch nie gewesen war. Alles war wie im Märchen, wohin ich auch kam, und ich hatte Angst.

Ich blieb oft stehen und preßte beide Hände vor die Brust. Ich sah hinaus über das Meer, und es war plötzlich so unendlich groß geworden – dasselbe Meer, das gar nicht weit von hier an unserem Haus vorbeiwogte –, ich hatte nicht gesehen, daß es so groß war, und ich wagte nicht, es anzusehen. Und ich wandte die Augen zum Land, aber das war so unendlich wild, und hinter den Felsen war ewige Finsternis – und ich wagte es nicht, zum Land zu sehen.

So ging ich weiter, die Hände vor der Brust, und sah nur geradeaus. Und da erblickte ich schließlich vor mir im Sand etwas leuchtend Blaues.

Es war eine Pflanze, die ich nie zuvor gesehen hatte. Sie hatte große, blaue, fleischige Blüten. Es war ein Blau, so hell und seidig, als hätte es der Sand selbst geschaffen. Da erschien mir die Pflanze so wunderschön. Und ich träumte die ganze Nacht von ihr.

Und später – und ist das nicht seltsam? – habe ich jahrelang die Pflanze vergeblich gesucht, und sie wurde für mich immer wunderbarer, und ich habe sie nie gefunden. Und jetzt, wenn ich zurücksehe, erinnere ich mich daran, während die großen Kindersorgen vergessen sind."
So konnte sie dasitzen und plaudern.

Schließlich war es mir, als verdoppelte sie sich. Unter ihrer Üppigkeit zeichnete sich die erregende mädchenhafte Schlankheit ab, in ihrem Gesicht, in das die Sorgen des Lebens ihre schmerzlich schönen Runen geritzt hatten, schimmerte immer stärker die staunende Erwartung der Jungfrau angesichts des Geheimnisvollen.
Es war ein Wunder – das Kindheitsmärchen in der Mutterbrust. Es riß mich hin wie das Gedicht, das Leben heißt, in dem Weinen Lachen und Lachen Weinen ist.

Aber als wir zwei, drei Monate so gelebt hatten, veränderte sich etwas in mir. Zuweilen kam es mir so vor, als entglitte sie mir. Ich hielt sie im Arm und hatte plötzlich das Gefühl, ich wäre allein. Wenn ich sie ansah, waren ihre Augen in einer Welt, von der ich nichts wußte.
Wenn ich allein ausging, begann ich unruhig zu werden, ich konnte nicht weit weggehen. Eine Furcht ergriff mich: Vielleicht hatte sie jetzt, in eben diesem Augenblick, aufgehört mich zu lieben. Ich mußte nach Hause, ich mußte sie sehen, sehen, wie sie mich ansah, fühlen, daß ihr ganzes Wesen mir entgegenatmete, nur mir.
In der ersten Zeit genügte mir das. Aber nach und nach nicht mehr. Ich legte den Arm heftig und voller Unruhe um ihre Taille, ich fragte: „Liebst du mich?" Ich fragte wieder und wieder: „Bist du sicher, daß du mich liebst, nur mich?"
Sie mußte viele, viele Male sagen, daß sie mich liebe. Ich bat sie, mich zu liebkosen. Ich bat sie, den Arm um mich zu legen, damit ich fühlte, daß sie bei mir war.
Eine Furcht, die sich zur Verzweiflung steigern konnte, kam zuweilen über mich, Furcht, daß sie mich verlassen

könnte, daß ich eines Abends, wenn ich nach Hause käme, das Haus leer vorfinden würde.

An einem Abend fühlte ich mich unruhiger als gewöhnlich. Ich ging von ihr weg, ich setzte mich ans Fenster und legte den Kopf in meine Hände. Sie mußte mir nachkommen, mich liebkosen.

Da sagte sie endlich – mit einer klaren, monotonen Stimme, die ich seitdem jeden Tag gehört habe: „Das ist vorbei."

Ich wurde fast wahnsinnig. Ich sprang auf, klammerte mich an sie, umfaßte sie, als wollte ich sie ersticken, warf mich vor ihr auf die Knie, schrie: „Liebst du mich nicht mehr?"

„Mehr als je zuvor. Aber *das* ist vorbei."

Das war auch eine andere Sache. Alle vierzehn Tage fuhr sie in die Hauptstadt. Sie sagte, es sei notwendig, und ich fragte nicht nach dem Grund.

Aber in dem Maße, wie die Unruhe in mir wuchs, quälte ich mich damit, daß ich nicht wußte, was sie tat, sie, mit der ich so eng zusammenlebte. Ich drang in sie. Sie sagte mißmutig: „Willst du es denn unbedingt wissen? – Ich fahre dahin, um mein Kind zu küssen."

Und alle die alten Qualen tauchten von neuem auf. Eine tiefe Wehmut überkam mich. Sie hatte anderen gehört. In ihr gab es etwas, das gesproßt und geblüht hatte, und ich hatte es nicht gesehen und erlebt. Vielleicht war das, was die anderen besessen hatten, etwas von dem Schönsten gewesen, das vergeht und nie wiederkehrt. Und mehr und mehr belastete es mich: *Ihr* Kind war nicht *mein* Kind.

Wer *war* sie eigentlich? Was *war* es denn, was sie erlebt hatte? Warum war sie geschieden?

Es war nicht mehr wie früher. Es gab nicht mehr die langen, stummen Tage.

Es gab wohl noch Stunden, in denen es in mir brauste und sang und die Wellen des Meeres in mir wie sonnenerfüllte Triebkräfte waren. Wo alles wieder heil war. Aber es gab auch ein Brennen und Branden in mir, und auch das kam immer wieder. Viele Male sah sie mich mit tiefem schmerzerfülltem Blick an.

„Was ist denn?" fragte ich. „Du siehst mich so seltsam an"

Eines Tages trieb es mich in die Großstadt, zu den Menschenmassen und dem Lärm. Mir war, als könnte ich in dieser Stille, wo *sie* in allem war, so daß mein eigenes Ich verschwand, nicht mehr denken.

Ich reiste. Ich sah das Gewimmel auf dem Bahnhof unter dem Gewebe aus Eisen. Die großen Häuser in den Straßen sahen wie vieläugige Ungeheuer auf mich herab.

Um mich herum ein Wirbel von Augen, Stimmen., Schritten. Ganz in der Ferne wurde das Abendrot von hohen Türmen und Spitzen durchbohrt.

Im Vorbeigehen sah ich in jedes Augenpaar. Mir war es nicht bewußt gewesen. Dann wurde es mir klar – sie war es, nach der ich Ausschau hielt.

Aber in der ganzen Stadt gab es nicht ein einziges Gesicht, das dieses *Etwas* hatte – das, was meine Seele gleichsam aus einem früheren Dasein kannte.

Und ich sah, daß *sie* mir entglitten war.

Und ich fing an, sie so zu sehen, wie sie wirklich war und wie ich sie nicht hatte sehen können, weil mir die Ruhe gefehlt hatte. Aus den eisernen Netzen und den Fensterscheiben der Häuser und den Menschenfüßen und den Turmspitzen formten sich ihre Züge – deutlicher und tiefer, als ich sie gekannt hatte, und ich sah tief in ihrer Brust Zimmer, in denen ich nie gewesen war.

Und bevor ich wieder nach Hause reiste, ging ich in ein Restaurant, in den hintersten Winkel.

Es erschien mir wie ein seltener Kupferstich aus alten, vergessenen Zeiten. Bier und Schnaps kamen und verschwanden. Kellner schrien, Butterbrote tanzten, während Leute, die in ihrer Mänteln dasaßen, redeten, lachten, gähnten.

Dann sah ich einen Mann zur Tür hereinkommen, der sich von den anderen unterschied. Seine Augen blickten ins Weite, und er sah niemanden an. Er ging gebeugt, und es war, als hätte er einen Teil der Dunkelheit mitgebracht, aus der er kam.

Auch er ging in den hintersten Winkel. Ich erhob mich. Ich grüßte. Denn es war Bredo.

Er sah mir nicht in die Augen. Er konnte nicht sprechen. Erst als er viel getrunken hatte, begann er zu sprechen. Er stotterte, er sprach wie im Fieber, zwischendurch füllte er sein Glas mit Schnaps und kippte ihn in einem Zug hinunter und sagte: „Ich muß trinken. Ich muß trinken. – Sie ist weg. – Ich gehe und gehe. Ich finde sie nicht . . . Sie ist weg. (So hatte er noch nie von *ihr* gesprochen.) Das Atelier ist verschlossen . . . Ich gehe nicht mehr dorthin . . . Ich gehe abends daran vorbei . . . , abends . . . , viele Male . . . Ich gehe nicht hinauf . . . Ich wage nicht hinaufzugehen.

Eines Nachts ging ich hinauf . . . Ich hatte keine Ruhe. Ich erhob mich aus meinem Bett . . . , von meinem Lager . . . Ich ging die Straßen entlang . . . , vorbei an einem schlafenden Polizisten und einem betrunkenen Mädchen . . . Ich ging hinauf . . . Dort waren Gespenster . . . , die Leiche meines eigenen Lebens . . . , Leiche . . . , Leiche.

Ich habe aufgehört zu arbeiten . . . Ich verfalle . . . Die Menschen (er sah sich um), die Menschen, ich bin unter ihnen, weil ich hasse (er erhob die Stimme). Ich hasse (er biß die Zähne zusammen, und er sah mir starr in die Augen, mit einem Blick, in dem der Wahnsinn lauerte), hasse . . . , ich hasse dieses Unsichtbare, das mich umstreicht, das ich nie fassen kann, das sich nie im offenen Kampf stellt . . . , ich hasse.

(Dann schlug seine Stimme in tiefe Trauer um.) Ich gehe in den Park. Ich sehe ihr Kind. Ich kaufe ihm Süßigkeiten. Es ist ein Stück von ihr. Ich streiche ihm über das Haar . . . Ein einziges Mal – in weiter Ferne – sah ich das Kleid – nur sie hat diesen Gang –, sie bog um die Ecke – ich lief – sie war weg.

Weißt du, wie sie heißt? Weißt du, wie sie heißt? (Er sagte es fast drohend.) O nein . . . , du erfährst es nicht. Vielleicht finde ich sie, und dann soll es nur eine einzige auf der Welt geben, die den Namen von mir hört. Dann werde ich gut zu ihr sein. (Es war, als wollte er mit seiner Stimme deutlich machen, wie unendlich gut er zu ihr sein würde). Ich werde so zärtlich sein – oh, sie soll es so gut haben. Ich werde nie trübsinnig sein, nie trübsinnig.

Der Gedanke, daß ihr Haar, ihr langes Haar, das wie ein Trauerflor herabfällt, über die Schulter und die Brust und den Rücken, daß es sich um einen anderen schlingt . . . , einen anderen . . . , ich weiß nicht, wen . . . , daß er ihre Kurven in sich saugt, die herrlichen Züge trinkt.

Oh (er senkte die Stimme fast zu einem Flüstern), weißt du, was es bedeutet, wenn man jede Linie eines anderen Menschen in sich trägt, nachts damit einschläft, morgens damit aufwacht . . . . und dann geht und . . . geht . . . und . . . (Er griff sich an den Kopf.) Ich werde verrückt!"

Dann fiel er in tiefe Gedanken. Endlich sagte er langsam: „Aber vielleicht muß Kunst bezahlt werden. Vielleicht muß hier im Reich des Todes das Prometheuswerk, in den Tabernakel Gottes . . . , in das Heim der Harmonie, das Mysterium der Schöpfung . . . einzudringen, mit Titanenschmerz . . . und Titanensehnsucht gesühnt werden."

Ich fuhr am selben Abend nach Hause. Aber ich fürchtete mich davor, sie wiederzusehen.

Wir zündeten im Wohnzimmer drei Kerzen an. Die Fenster standen offen.

Jeder saß stumm an seiner Seite des Tisches. Die Luft war voller Erinnerungen an Küsse. Aber mir schien, als würden sie in mir zu Wunden.

Und draußen vom Meer kam die Angst und legte sich auf mich. Mir war, als sähe ich sie direkt vor mir, und als fühlte ich sie unter mir – eine grenzenlos anmutende Tiefe, in der es auf dem Grund eine eigene Welt gab.

Ich stand auf und schloß das Fenster.

Aber da wurde es noch schlimmer. Nur sie allein saß da, und zwischen uns jemand, dessen Gesicht verzerrt war und den ich bestahl und belog.

Und zum ersten Mal kam in mir der Gedanke auf, der sich bisher selbst bei größter Unruhe und tiefstem Zweifel kaum angedeutet hatte: Sie ist verdorben.

Da spürte ich ihre Hand auf meinem Kopf. Lautlos hatte sie sich mir genähert.

Sie war leichenblaß.

Ich konnte nichts sagen. Wie ein Kälteschauer durchfuhr mich ein neuer Gedanke: Sie geht mich nichts an.

Eine Weile stand sie so da. Dann ging sie langsam hinaus. Ich hörte, wie die Tür leise geschlossen wurde. Ich hörte, daß sie hinaus auf den Flur ging. Ich hörte, daß sich ihre Tür öffnete. Dann hörte ich nichts mehr.

Aber als sich eine Weile dagesessen hatte, glaubte ich ein Weinen zu hören, vor dem Fenster und von der See her. Ich öffnete das Fenster, aber draußen war es still, und der große Wagen und die Milchstraße lagen reglos unten auf dem Grund des Meeres.

Ich setzte mich wieder hin. Aber wiederum hörte ich das Weinen.

Mir kam in den Sinn: *Sie* weint.

Und ein großes Mitleid mit - ich wußte nicht mit wem - ergriff mich.

Ich ging zu ihr hinein. Sie saß still da. Aber sie weinte nicht.

Ich setzte mich ihr gegenüber auf einen Stuhl. Ich ergriff ihre beiden Hände und sah ihr lange, ohne zu sprechen, in die Augen.

So etwas wie ein starkes Schamgefühl schien über sie gekommen zu sein. Sie schlug die Augen vor mir nieder, und sie gab mit keinen Kuß.

Und das wurde mit jedem Abend stärker. Ihr Blick war nicht mehr feurig, wenn es auf die Nacht zuging. Wenn ich ihr nahekam, begann sie zu zittern, als hätte sie Angst vor mir. Wenn sie sich hingab, tat sie es unendlich ängstlich und bebend.

Ich fiel in eine tiefe Schwermut. Ich grübelte und wußte weder ein noch aus. Und es war mir, als würde ich innerlich in Stücke gerissen.

Ich konnte dasitzen und lesen, und sie war in der Stube, ohne daß ich es merkte.

Ganze Tage vergingen, ohne daß wir miteinander sprachen – aber dann trafen wir uns im Flur, und plötzlich ergriff einer die Hand des anderen und drückte sie, ohne daß wir uns dabei anschauten.

Aber wenn wir gegen Abend in einem Kuß zusammentrieben, überkam mich plötzlich ein schmerzvoller Ekel: Zwischen uns stand ein Kopf, dessen Haar sich vor Qual sträubte.

Wenn das geschah, wurde *sie* totenbleich.

Sah sie dasselbe Gesicht?

Ich begann auszugehen. Stundenlang spielte ich im Club der Stadt Billard. Ich wurde ein glänzender Billardspieler. Daß mein Stoß immer richtig saß, lag gewiß an meiner geistigen Abwesenheit. Wie man im Schlaf auf Dachrinnen gehen kann, gelangen mir, ohne daß ich es bemerkte, erstaunliche Stöße.

Die Männer, die mich umgaben, sah ich wie in Nebel gehüllt, wie Köpfe auf einem Gemälde. Aus dem Café hörte ich das Klirren der Gläser.

Aber die ganze Zeit über empfand ich eine entsetzliche Sehnsucht, nach Hause zu kommen. Wenn ich lange fort gewesen war, stellte ich mir vor, wie sie mir entgegenkommen, mich umarmen und den Mund spitzen würde.

Sie tat es nicht. So als wäre alles vorbei. Es war etwas Stolzes, Fremdes in ihren Augen.

Ich litt entsetzlich darunter. Aber zuweilen fühlte ich, daß sich auch mein Wesen veränderte, daß mein Gesicht finster und meine Stimme hart wurde.

Ihr Gesicht wurde immer mehr so, wie ich es bei unserer ersten Begegnung gesehen hatte. Eine Falte war da, die inzwischen verschwunden gewesen, in den Augen war etwas erloschen, und oft lag über der Stirn eine bleierne Müdigkeit.

Ich vergesse sie nie, die Billardstunden. Zuweilen ist mir, als striche ich Kreide auf das Queue, während sich mein Gehirn mit unerträglichen Fragen zermartert. Das waren keine klaren Gedanken. Keine reinen Schmerzen. Manchmal machte ich mir Vorwürfe. Es gab Augenblicke, in denen ich mich selbst tief unten sah, erbärmlich und verachtenswert.

Eines Abends wurde dieses Gefühl so stark, daß ich das Spiel abbrach und ging. Es war dunkel, und mein Kopf war so voller Gedanken, daß ich nicht sah, wo ich ging. Ich fühlte unter mir Gras und Steine, und um mich herum waren Büsche. Plötzlich hörte ich einen Bach plätschern, und ich erinnerte mich, daß sie hier eines Tages aus ihrer hohlen Hand getrunken hatte. Damals hatte ich gesehen, wie schön diese Hand war. Die Sonne hatte durch sie hindurch geschienen. Am Abend hatte ich jeden ihrer Finger geküßt. Sie hatte gesagt: Warum küßt du alle meine Finger heute abend?

So war mein ganzes Verhältnis zu ihr. Ich wanderte im Stockdunkeln und sah nichts und fühlte alles. Aber plötzlich konnte etwas auftauchen, etwas überschwappen.

Als ich zu unserem Haus kam, warf ich einen Stein an ihr Fenster, das erleuchtet war. Sie öffnete es.

„Wer ist da?"

„Ich bin es."

„Oh, du bist es."

In der Nähe gab es ein Echo. Und aus dem Dunkel hallte es wider: „Bist es - bist es."

Sie ging in das Innere des Zimmers und kam zurück und rief: „Warte, ich komme hinunter!"

Sie kam hinunter. Das Haar umfloß ihre Schultern. Wir setzten uns auf einen Stein.

Sie sagte: „Nun schlage ich mein Haar um dich."

Dann schlug sie mich in ihr Haar ein, und ich verbarg mich darin.

„Liebst du mich?" fragte sie.

„Ich liebe dich."

Dann schlug sie ihr Haar zurück und sagte: „Ruf über das Meer: ‚Ich liebe dich!'"

Ich rief. „Ich liebe dich!"

Das Echo wiederholte: „Ich liebe dich!"

„Hörst du, wie die Wellen schwappen?" fragte sie.

„Ja."

„Hörst du, *was* sie schwappen? Sie schwappen: ‚Ich liebe dich'"

Dann verbarg sie mich wieder in ihrem Haar, und so saßen wir. Es war, als wollte sich mich vor etwas Bösem verstecken.

In der Nacht wachte ich auf. Es war mir, als hätte mich jemand auf die Stirn geküßt. Ich hob den Kopf und lauschte. Mir kam es so vor, als läge ein Hund auf dem Teppich vor dem Bett. Ich hörte es atmen. Ich sah nach. *Sie* war es. Sie lag da und schlief, im Nachthemd, ein Kissen unter dem Kopf. Ich wagte es nicht, sie zu wecken. Ich nahm sie so langsam und vorsichtig hoch, wie ich nur konnte, und trug sie in ihr Bett. Ihre Augen waren die ganze Zeit fest geschlossen. Aber vielleicht schlief sie nicht.

Ich sah auf das Meer. Vom Abend lag da noch ein brandroter Streifen. Ich streckte meine Arme hoch. Ich besaß das Leben, die Schönheit. Stolz durchbebte mich.

So, wie ich mich nach dem Morgen sehnte, hatte ich mich nie gesehnt.

Ach, was sie erlebt hatte, was sie ohne mich erlebt hatte - gehörte das nicht auch *mir*? Wenn die Sonne kam, wollte ich zu ihr gehen und fragen, ob nicht alles mir gehöre. Und alles würde gut werden. Und es würde sein wie nie zuvor.

Am Morgen blieb ich lange liegen. In mir war der Siegesrausch des Lebens. Jetzt sollte es erst beginnen. Auf tausendfach neue Weise sollte sich mein Wesen in ihres schlingen. Nie mehr sollte etwas dazwischenkommen.

Ich nahm ein Bad. Ich zog mich festlich an. Dann ging ich zu ihr hinein.

Sie war fort. Auf dem Tisch lag ein Zettel: „Ich bin in die Stadt gefahren."

Eigentlich war ja daran nichts Merkwürdiges. Aber ich wurde unruhig, und diese Unruhe nahm im Laufe des Tages zu. Ich ging umher, als würde ich von etwas Unsichtbarem verfolgt. Und ohne es zu wollen, war ich schließlich am Bahnhof angelangt. Ich löste ein Fahrkarte, wie betäubt. Ich stieg in ein Abteil. Ich fuhr.

Ich schlenderte alle Straßen auf und ab. Ich *wollte* es nicht, nein, ich *wollte* es nicht. Ich konnte nicht klar denken, alles wirbelte in einem Chaos durcheinander, Schauer, woher sie auch kommen mochten, überliefen mich, Erinnerungen, dunkle, qualvolle Ahnungen. Dann wieder fühlte ich zarte Küsse auf den Lippen, dann war da ein Lächeln, das sie einmal gelächelt hatte. Aber in all das war es eingebrannt: das Geh nicht, geh nicht!

Und warum sollte ich auch dort hinaufgehen? Woher stammte der Gedanke, daß ich dort hinaufgehen sollte?

So ging ich stundenlang umher. Ich flüchtete an den Stadtrand, um nicht in das Viertel zu kommen. Ich stieg hinauf auf eine Anhöhe.

Da unten lag die Stadt, ein seltsames, vielköpfiges, vieläugiges, von Menschen geschaffenes Wesen, in einem Mantel aus Dampf, Rauch ausatmend. Es nährte sich von Schiffen, von Eisenbahnen. Telefon- und Telegrafendrähte waren wie Nerven, in denen es brauste, fühlte und dachte, in denen Botschaften übermittelt wurden. Dann blieb der Blick haften: *Dort* war es, *dort* war die Straße. Welches der Dächer war es?

Dann mußte ich weitereilen. Ich sah nichts mehr. Ich ging nur, ging. Schließlich stand ich in einem Hof, ich sah, daß es ein Hof war, ich sah mich selbst die Treppe hinaufgehen, ich stand in einem Flur.

Dann kam ich zu mir. Ich hörte Stimmen. Die eine war ihre.

Die eine war ihre. Sie drang durch das Schlüsselloch und den Türspalt, so wie eine Stimme aus dem Dunkel kommt, losgelöst von allem, was sichtbar ist. Ich sah ihre ganze Seele dahinter. Nie zuvor hatte ich sie so gehört, nie gewußt, daß ich sie so liebte, dieselbe Stimme, die für mich so oft ertönt war. Kleine blinkende Laute, die sich wie Goldhaar um die Nerven winden, daß sie warm werden und nicht wissen, was ihnen geschieht. Sie wissen nur, daß sie so warm werden und ihnen so wohl ist in der Melodie.

Warum habe ich diese Erzählung begonnen? Ach, warum habe ich sie begonnen? Es ist, als müßte mir wieder das Herz brechen. Ich glaubte, ich wäre so stark und völlig ruhig geworden. Schon viele Male vorher wollte ich es niederschreiben, weil ich meine, dies sei etwas, was die Menschen erfahren sollten, damit sie es sich selbst nicht so schwermachen, damit sie nicht all das in Tränen baden, was dazu geboren ist, sich im Glanz des Lachens zu sonnen - aber ich wagte es nicht, denn jedesmal, wenn ich beginnen wollte, dachte ich: Das kannst du gut schreiben - und das - und das -, aber wenn du zu dem Augenblick kommst - als die Stimme durch den Türspalt drang, das Letzte, was du von ihr hattest, das Letzte, kannst du es dann? Und ich wagte es nicht.

Wieder sah ich wie in einem blauen Blitz das Netz, das Lebensnetz, über mir, unter mir, zwischen uns allen.

Ich lief hinaus. Ich erinnere mich, daß ich zur mir selbst sagte: „Nach Amerika! Nach Amerika! Nach Amerika!"

Und ich war mir wohl kaum bewußt, daß ich es sagte. Ich lief und lief, während mir meine Augen und Ohren vergegenwärtigten, was geschehen war. Ich sah jeden Augenblick vor mir, ich versuchte in die Tiefe zu dringen, etwas hinter ihr zu finden, und dahinter etwas und dann wiederum etwas dahinter.

Ich erinnere mich, daß ich plötzlich in zwei Augen sah, zwei kindlich staunende Augen unter einer Stirn mit hellgelocktem Haar. Es war eine Frau unter Tausenden, es war vielleicht rein zufällig, daß sie mich aus meinen Grübeleien weckte, und doch steht sie so oft wieder vor mir, so plötzlich wie damals, und ihre Kinderaugen dringen in Winkel meines Ichs, die ich selbst nicht kenne. Für einen Augenblick kam eine seltsame Ruhe über mich: es gab noch eine andere Welt, es gab noch etwas außer der Frau, in der ich mit jeder Faser lebte.

Und die Stunden vergingen. Leute, die draußen waren, gingen zurück in ihre Häuser. Es wurde still auf den Straßen. Und da waren nur die erleuchteten Fenster. Alles, was ich sah, wurde so bedeutungsvoll. Ab und zu flüsterte ich: Da stirbt jemand . . . Da drinnen ist Leid . . . , es tobt in einer Brust, und niemand weiß es.

Es war gegen Mitternacht, als ich von einer Stimme aufschreckte, die mich unangenehm berührte: „Wo wollen Sie eigentlich hin?" Es war ein großer breitschultriger Mann. „Ja, denn Sie rennen doch unaufhörlich hier im Viertel herum."

„Ich renne unaufhörlich hier im Viertel herum?"

„Ja, weiß Gott, das tun Sie."

Es kam mir vor, als läge Ironie in seinen Worten.

„Wollen Sie nicht mit mir hineingehen und ein Glas Whisky haben? Ich kenne Sie, Sie sind . . . (er nannte meinen Namen). Ich wollte schon lange mit Ihnen reden."

Sein Wesen stieß mich ab, aber ich folgte ihm.

„Ich habe hier ganz in der Nähe ein Zimmer!"

Das waren die einzigen Worte, die unterwegs gesprochen wurden.

Erst als wir uns die Treppe hinaufgetastet hatten und in seinem Zimmer waren, sah er mir mit einem verbindlichen Lächeln ins Gesicht.

„Ich bin ihr Mann. *War* ihr Mann, richtiger gesagt. Wir waren zusammen beim Pfarrer, standen vor dem Traualtar. Sie können mir glauben, sie war entzückend im Brautkleid – entzückend. Ich weiß, daß Sie – ja wie soll ich es ausdrücken –, hm . . . . , ihr Anbeter sind . . . , zur Zeit. Sie interessiert mich, müssen sie wissen. Und deshalb amüsiert es mich, ihre Tätigkeit ein bißchen zur verfolgen."

Während er die letzten Worte sagte, reichte er mir die Zigarrenkiste, und dabei fiel sein Blick auf mich. Ein Schatten fuhr über seine Züge. In einem etwas erstaunten Ton sagte er: „Es tut ihnen weh, daß ich so einen Ausdruck gebrauche? Ich habe geglaubt . . . Ich bitte um Entschuldigung, wenn ich Ihre . . . , Ihre Gefühle verletzt haben sollte. Wie gesagt, sie interessiert mich. Sie gehört zu dem Typ von Frauen, den ich mir erlaube - vielseitig zu nennen. Mit ihnen kommt man am besten zurecht, wenn man sie auf Abstand hält. Wenn man sie kalt studieren kann. Ich habe dieses Zimmer behalten, das ich einmal . . . aus gewissen Gründen . . . haben mußte. Es amüsiert mich, gelegentlich ihr Treiben zu verfolgen.

Aber ein Rivale bin ich nicht. Ich werde mich bald wieder verheiraten. So daß Sie vor mir sicher sein können, hm! Ich war auch zu roh für sie. Zu roh. Sie hat es mir gesagt: Ich sei zu roh. Ich träte ihre feineren Gefühle mit Füßen.

Sagen Sie mir: Haben *Sie* feine Gefühle? Ja, ich brauche gar nicht zu fragen. Aber, hm, haben Sie jemals einen Frauenabsatz auf Ihren . . . feineren Gefühlen gespürt?

Oh, das ist amüsant . . . , das ist amüsant, kann ich Ihnen sagen . . . , das ist die höchste Wollust! Die allerhöchste!

Nicht, daß *ich* diese Gefühle hätte. Ich bin roh, sehr roh. Aber ist es nicht merkwürdig, daß ich mich erst, als das Ganze vorbei war, für sie so . . . psychologisch zu interessieren begann, als sie, wenn ich so sagen darf, auf meine . . . hm . . . zweitklassigen feinen Gefühle getreten hatte."

Nach einer Pause fuhr er fort: „Trotzdem bin *ich* es gewesen, der das Erste von ihr bekommen hat. Sie können mir glauben, sie war damals wunderbar. Wie ein Hermelinchen . . . , wie ein Hermelinchen.

Sie behauptete, daß ich nur den Körper lieben würde. Nach *meiner* Anschauung ist dies nun mal das einzige, was Sinn hat. Es ist etwas verdammt Krankhaftes in dem anderen. Die junge, frische Liebe – das ist der Körper, Körper, den es zum Körper zieht. All das andere sollte am besten ein verschlossenes Buch sein, all das mit der Seele und dergleichen mag sie für sich behalten. Haben Sie bemerkt, wie verdammt weh es tut zu vergessen? - Dieses Hermelinchen, sehen Sie, dieses Hermelinchen..."

Indem er das sagte, ging er zum Fenster und zog das Rollo hoch. Erst jetzt wurde mir klar, daß dieses Zimmer direkt gegenüber von dem Atelier lag.

„Da ist Licht."

Eine Frage wollte heraus, aber der Widerwille davor, diesem mir so fremden Menschen meine Erregung zu zeigen, ließ sie mich immer wieder zurückdrängen. Schließlich brach es hervor, atemlos: „Glauben Sie, daß *sie* da ist?"

Er sah mich an - ich weiß nicht, ob es Mitleid war oder Schadenfreude -, dann sagte er: „Natürlich ist sie da. Ohne sie wäre es doch, verdammt noch mal, nicht amüsant."

Er näherte sich mir. Er sagte: „Sagen Sie . . . , haben *Sie* ihn geküßt . . . , haben Sie ihn geküßt . . . , ha, da ist so ein niedlicher kleiner, unschuldiger . . . , haben *Sie* den geküßt . . . , er sitzt auf der linken Seite . . . , haben *Sie* den geküßt . . . , direkt unter der Brust . . . Haben *Sie* den geküßt . . ."

Er war ganz dicht an mich herangekommen, er starrte mich an, er beugte sich zu meinem Ohr, er blies ein Wort hinein, das immer noch dort drinnen rauscht.

Ich erinnere mich an eine Nacht. Da waren keine Menschen, keine, außer zweien, da waren nur Sterne.

Zwei schmutzige Lippen haben es berührt.

Ich konnte nicht wieder dorthin fahren. Ekel erfüllte mich.

Aber als ein paar Tage vergangen waren, spürte ich einen Hauch auf meiner Stirn. Schließlich auch etwas Weiches. Was war das?

Da erinnerte ich mich an einen Kuß, den ich einmal im Traum gespürt hatte. Der wollte nicht vergehen. Ich fuhr.

Sie war nicht da. Sie war nirgendwo. Ich ging den Strand entlang. Ich sah, daß das Boot fort war. Ich lieh ein anderes und ruderte hinaus. Ich fand unser Boot. Es trieb allein auf dem Wasser. Ich zog mich aus und tauchte. Schließlich hielt ich sie in meinen Armen.

Da war im Kissen noch der Abdruck von ihrem Kopf, in dem Kissen, wo zuweilen zwei Abdrücke gewesen waren. Ich berührte das Kissen. Ein Päckchen glitt hervor. Mein Vorname stand darauf. Ich wagte nicht, es zu öffnen.
　Ich ging in allen Zimmer herum. Niemand war bei mir. Ab und zu blieb ich bei einer Kleinigkeit stehen – einer Haarnadel – einem Band.
　Lange stand ich da und betrachtete es. Aber ich wagte nicht, es zu berühren.
　Ich wanderte durch alle Zimmer, unaufhörlich, Tag und Nacht.

Dann läuteten die Glocken, und sie wurde begraben.

Als ich allein geblieben war, holte ich das Päckchen hervor.
　Als erstes fand ich einen versiegelten Brief:
　„An meine Tochter, wenn sie zwanzig Jahre alt wird." Dann ein Tagebuch. Es war erst begonnen, denn nur die ersten Seiten waren beschrieben. Es war datiert – auf den Glockenschlag genau –, alles aus der ersten Zeit unserer Bekanntschaft, lange vor den vier Monaten.
　Dann ein großer Umschlag für mich.
　Hier folgt, was eine, die nun tot ist, an denjenigen geschrieben hat, der sie vielleicht in den Tod trieb.

Das Tagebuch

„Mir geht es so gut. Es ist so still. Ich sitze da und schaue auf die kleine Lampe und *will* nicht mehr. Nein, ich *will* nicht mehr.
　Warum kann nie Ruhe einkehren in mein Herz? Warum müssen wir ein so unruhiges Herz haben, wir Frauen?

Es gibt ein Wort, das ich nie zu flüstern wage, ohne zu zittern. Es zittert in mir, daß es mich kalt überläuft. *Glück.*

Ja, mir ist kalt. Ich werde mich hinlegen. Ich werde das gute, warme Deckbett über mich breiten. Ich werde schlafen.

Er. – Schleicht er sich wieder heran?

Bin ich denn nicht fertig mit all dem? Habe ich nicht genug gelitten?

Warum drückt meine Hand die seine. Erst hinterher wurde es mir bewußt.

Nein – ich *will* nicht mehr. ich *will* nicht. – Ich mag seinen Namen nicht!

Wenn es möglich wäre! Wenn es *das* auf der Welt gäbe! Zuweilen ist mir, als hätten seine Augen jede Nacht auf mir geruht – seit Anbeginn aller Zeiten.

Nein. Nein. Ich *will* nicht. Es ist Wahnsinn, an das Glück zu glauben.

Ich kann nicht begreifen, daß ich gelebt habe, daß es so viele Tage gewesen sind. Alles ist wie Nebel. Ich erinnere mich nur an eins: daß ich gebar.

Alles andere liegt im Nebel: Die Schlafkammer. Das Gesicht, das sich über mich beugte. O nein! Ich darf nicht daran denken!

Und dann kamen da viele Männer und Briefe, viele Briefe und Blumen.

Warum kann ich keine Ruhe davor haben? Mir ist, als spürte ich den großen Spitzbart. Warum muß das wieder auftauchen, gerade jetzt. Weg! Weg!

Ich höre meine Schreie in der Nacht, in der Geburtsnacht.

Ich liebe dich doch, mein Kind, ich liebe dich doch von ganzem Herzen. Verrate ich dich, bin ich dir untreu? Oh, was soll ich tun? Ich muß doch leben, mein Kind, ich muß doch das Leben leben! Ich habe doch Jugend, ich habe doch etwas Herrliches in mir, das sich entfalten will! Oh, ich habe so viel, so viel!

Ach, das Leben ist so böse, es ist schwierig, so grenzenlos schwierig, alles richtig zu tun, so wie es getan werden soll.

Jetzt gibt es nur einen einzigen großen Kuß auf der Welt.

Keiner ist wie *er*. Keiner kann, was *er* kann. Er lullt mich ein wie ein kleines Kind. Und sind wir nicht alle kleine Kinder in diesem großen ewigen Gewimmel?

Seine Worte sind für mich wie die ersten Leberblümchen und Veilchen, als ich Kind war.
 Ich spüre, daß ich lebe. Mein Herz schlägt heftig. Das ist so warm und gut.
 Wenn man vergessen könnte!

Er hat mich geschaffen.

Ach, wie konnte er das jetzt tun? Jetzt, da alles auf der Welt anders geworden war. Aber er kann es ja nicht wissen.
 Das war so schlimm. Ich konnte nichts sagen.
 „Das hättest du nicht tun sollen."
 Es war, als redete ich im Schlaf, als ich das sagte.
 „Mein liebes Mädchen! Nur bei dir finde ich Ruhe. Wenn ich dasitze und dich an meine Brust drücke, dann gibt es nichts anderes. Dann entbehre ich nicht. Dann hoffe ich nicht. Dann verlange ich nicht nach dem, was es doch nicht gibt."

Der Brief

„Geliebter! In diesen Nächten, die vielleicht meine letzten sein werden, hier, wo du mir das Leben gabst, will ich Dir schreiben und versuchen, Dir alles zu erklären. Du verläßt mich jeden Tag, und ich bin stolz und kann nicht zur Dir kommen. Aber nachts, wenn Du schläfst, komme ich zu Dir und küsse Deine Stirn, die ich liebe.

Ich habe lange geahnt, daß etwas geschehen würde. Und seit Du in der Stadt gewesen bist, weiß ich, daß ich sterben muß.

Du hast mich nie nach dem gefragt, was vor Dir war, und ich habe es Dir nie gesagt. Ich *wollte* es so. Ich weiß nicht warum. Aber jetzt, während ich hier sitze und alles so still ist, da verstehe ich, daß es deshalb war, weil etwas unendlich Großes daraus werden sollte (ich wage kaum zu glauben, daß ich es erlebt habe).

Ich wollte das *Schöne* für Dich sein, das, von dem Du nicht alles wüßtest. Hätte ich Dir alles erzählt, dann würdest Du Dich so sehr damit beschäftigt und soviel hineingelegt haben. Ich wollte für Dich nur so sein, wie Du mich sahst.

Geliebter! Sei gewiß, daß es für mich, Rebekka, hier im Leben nichts anderes gegeben hat als Dich und was Du mir gegeben hast.

Du könntest Dich erkundigen. Du würdest eine Menge über mich erfahren. Die Leute wissen doch alles. Du würdest erfahren, daß ich geschieden bin, man würde sagen, es sei *mein* Fehler gewesen. Du würdest von meinem Verhältnis mit Bredo erfahren.

Ach, Du würdest nichts erfahren! Die Leute wissen nichts. Das, was ein Mensch erlebt hat, weiß keiner. Das, was zwei füreinander empfinden, kann niemand ergründen.

Und wenn ich gesündigt und Schlechtes getan *habe* – einem gegenüber bin ich mit jeder Fiber meines Wesens treu und rein und keusch gewesen, von dem Augenblick an, da ich wußte, daß es ihn gab.

Oh, warum wußte ich es nicht früher?

Ach, warum verläßt Du mich? Ich sehne mich so schrecklich nach Dir. Ahnst Du nicht, wie ich mich tagsüber quäle, wenn Du fort bist? Wo bist Du? Was tust Du?

Verstehst Du nicht, wie schrecklich es ist, daß Du mich allein läßt, nachdem ich so lange jede Stunde bei Dir gelebt habe? Verstehst Du nicht, daß dann alles über mich kommt und mich martert, mich entkleidet und auspeitscht?

Verstehst Du nicht, daß für mich alles anders geworden ist, seit ich Dich traf? Und all das, was gewesen ist, was meinem Frieden und meiner Freude im Weg steht, kann nur einer entfernen, Du.

Ach, warum kommst Du nicht zu mir herein? Du legst Dich allein schlafen - ich höre, wenn Du ins Bett gehst –, und ich kann das Gesicht nicht sehen, das für mich alles ist auf der Welt.

Aber ich bin überhaupt nicht böse auf Dich, denn Du hast mir ja alles gegeben – durch Dich habe ich mich selbst bekommen -, aber ich *kann* nicht zu Dir gehen. Ich würde Dich so gern streicheln, wenn Du leidest - und Dir geht es gewiß nicht gut, Du Lieber -, aber ich *kann* nicht. Ich habe solche Angst, daß etwas geschehen wird. Und das *darf* nicht geschehen. Ich habe solche Angst, daß Du fragen wirst. Und ich habe solche Angst, daß Du mich verhöhnen wirst.

Das *darf* nicht geschehen.

Du Lieber, mir ist, als schlügest Du mich den ganzen Tag. Und ich bin so kläglich und erbärmlich geworden, und ich kann nicht verstehen, daß ich jemals die Deine sein durfte, und ich wage es nicht, zu Dir zu gehen. Du bist so weit weg, Du sitzt oben in einer Gewitterwolke und schaust auf mich herab. Und wenn ich käme und Dich küßte, so würdest Du mich wegstoßen. Und das darf nicht geschehen. Nein, das *darf* nicht geschehen.

Ach, warum kommst Du nicht nach Hause und bist bei mir - ich gehöre doch Dir.

Ich kann mich nicht davon freimachen. Ich habe sie den ganzen Tag vor mir, sie sehen mich an, die traurigen Augen. Ich fühle, daß etwas kommt, ja, ich fühle das, es kommt, es kommt. Oh, gäbe Gott, ich könnte es Dir sagen und Dich fragen, Dich, der alles weiß. Aber ich fühle, daß ich das nicht darf.

Du weißt nicht, wie entsetzlich still es hier tagsüber im Haus ist. Zuweilen scheint es mir, als flöße das ganze Meer zu den Fenstern herein. Ich sitze allein und verlassen mit einer furchtbaren Angst mitten im Weltraum. Alles, was ich getan habe, zieht an mir vorüber. Und da ist eine tiefe Stimme, die fragt: „Warum hast Du das *so* gemacht? Warum hast Du das nicht *so* gemacht?"

Ich wußte nie, was ich tun sollte. Es ist mir nie in den Sinn gekommen, darüber nachzudenken. Ich habe das erste Beste getan. Erst als *Du* kamst, war es mir mit einmal klar: Das hättest du tun sollen! Und ich begriff, daß man hundert andere Dinge tun kann, statt der, die man tut.

Das ist ein schrecklicher Gedanke!

Oh, ich kann es nicht fassen, daß ich sterben soll, bevor Du noch einmal gut zu mir gewesen bist, richtig gut, wie in alten Tagen.

Du, etwas verfolgt mich. Es ist so häßlich. Ich kann es nicht verscheuchen! Ach, was soll ich tun? Warum bist du nicht bei mir? Bin ich verdorben? Ja, ich fühle es. Ich bin verdorben. Ich kann nie mehr rein werden!

- Seine Augen waren wie die ewige Sorge. *Deine* sind hell. Sie *können* auch traurig blicken. Aber wenn Du lächelst, dann bist Du das Hellste, was es gibt. Wenn *er* lächelte, ach, das war kein Lächeln, das war Weinen, er lächelte, statt zu weinen.

- Nein, ich darf heute abend nicht mehr denken. Mein Kopf ist so müde. Jetzt will ich für eine Weile hineingehen und auf Deinem Bett schlafen. Das tut so gut.

Ich *kann* nicht mehr. Ich fühle, daß ich zu ihm gehen muß. Ich sehe nur noch die dunklen, traurigen Augen. Ich sehe sie überall. Sie ziehen mich an. Oh, was soll ich tun, was soll ich tun?

Es liegt mir so schwer auf der Brust, ich kann nicht atmen. Ich träume jede Nacht von ihm, ich träume, daß er sich umbringt, und seine brechenden Augen blicken *mich* an.

O mein Gott, was habe ich getan! Wie konnte das geschehen? Nach all dem Herrlichen! Ich erinnere mich an nichts. Ich wollte nur hingehen, ihn sehen. Er legte den Kopf auf meinen Schoß, er weinte, der starke Mann weinte, daß er bebte, er wand sich vor Qual – und dann umfaßte ich seinen Kopf – und dann – und dann – ich erinnere mich an nichts – es war wie ewige Finsternis – alles war Leid, nur Leid – denn ich wußte, ich würde doch niemals so die Deine werden können, wie ich es sein sollte, und ich wollte nie mehr zu Dir zurückkehren, denn alles ist ja so schlimm geworden, und ich wollte sterben, ich wollte sterben.

Oh, vergib, daß ich wieder hier bin, hier, wo alles heilig ist, daß ich hierher meinen Fuß setze, daß mein Blick auf dem Sofa ruht. Aber wohin auf der Welt gehöre ich, wenn ich nicht hierher gehöre? Ach, ich verstehe nichts. Als ich wieder zu mir kam, da wollte ich nur zu Dir laufen und Dir alles erzählen. Aber wie hättest Du mir glauben können! Du kannst mir doch nie mehr glauben, Du kannst doch nichts von dem glauben, was ich sage. Wie hättest Du mir glauben können. Und dann kann ich Deine Augen nicht sehen, *deine* Augen kann ich nicht sehen. Und da wußte ich, daß ich sterben muß, daß ich *Dein* bin in Ewigkeit, das wußte ich – als hätte ich das vorher nicht gewußt! Und dann wollte ich auch nur noch einmal alle Stellen küssen, den Platz, wo Du gesessen, und die Stelle, wo Du gelegen hast, und ich wollte mich nachts hereinstehlen, wenn Du schläfst – denn ich kann Dir nicht mehr in die Augen sehen –, Du solltest es nicht hören, und dann warst Du nicht zu Hause. Oh, wo bist Du, wo bist Du?

Ach, da ist der häßliche Gedanke, der mich zuweilen heimgesucht hat, daß ich mich im Bett wand, um ihn zu verscheuchen: Eine Sünde begehen, eine Sünde an Dir begehen, gerade an Dir. Und Du solltest mich schlagen, *Du, Du allein*, und ich wollte jeden Tag bis zu meinem Tod vor Dir auf den Knien liegen und Dich um Verzeihung bitten - Dich – meinen Gott. Denn ich kann mir keinen anderen Gott vorstellen.

Aber nun kann ich Dich nie mehr sehen. Und ich würde es auch nicht ertragen – nicht einmal jetzt –, von Dir verhöhnt zu werden, nicht von *Dir*. Und ich würde nicht leben können, ohne in Deine Augen zu sehen, in meine Sonnen.

Ich bin so ruhig geworden. Und jetzt sehe ich alles so deutlich, und ich will versuchen, es Dir zu erklären, denn dann kannst Du vielleicht besser verstehen, wie ich bin. Und dann wirst Du mir vielleicht verzeihen. Ja, ich weiß, Du wirst mir verzeihen. Denn das *mußt* Du.

Mit mir ist das so gewesen, Du mein Lieber, mein Geliebter, daß ich ständig an etwas unermeßlich Großes geglaubt habe, das kommen würde, etwas so Wunderbares, daß man es sich nicht vorstellen konnte. Von Kindesbeinen an habe ich niemals Ruhe gehabt, sondern jedesmal gedacht: *Jetzt* ist es da, *jetzt* ist es vielleicht da! Dann stürzte ich mich mit Haut und Haaren hinein. Aber es verwandelte sich immer in Leid.

Als ich Dich dann traf, hatte ich solche Angst. Denn wie hätte ich wohl glauben können, daß es kommen würde!

Ich wollte nicht an Dich denken. Ich tat alles, um es zu verdrängen. Aber es war, als würde ich von etwas *gezwungen*, zu Dir zu gehen. Und ich ging und klopfte an Deine Tür, und mein Fuß gehorchte nicht meinem Willen.

Dann, als ich begriff, daß *Du* es warst, für den mich Gott erschaffen hatte, da wurde mir so sterbensangst. Denn ich konnte doch nicht ahnen, daß noch nicht alles zu spät war, und ich konnte nicht ahnen, daß das Höchste noch kommen würde.

Jedesmal starb ich fast vor Angst, daß Du mich nach etwas fragen könntest. Und wenn Du auch nicht fragtest, so mußtest Du es doch ahnen.

Oh, niemals, niemals kannst Du, der gesagt hat, er habe vorher nichts erlebt, das empfunden haben, was ich fühlte, als es dann trotzdem kam – Deine Briefe und alles zusammen. Es war wie ein Wunder, das nie zu Ende geht. Ich glaube ganz bestimmt, daß *ich* von uns beiden das Schönste erlebt habe.

Was für einen Kampf mußt Du durchgestanden haben! Ich habe Dich dafür so grenzenlos geliebt, daß es mir fast das Herz zersprengt hätte.

- Aber dann wurdest Du wieder unruhig. Oder bin ich es zuerst gewesen? Begann es bei mir? Ich weiß noch, daß ich alles, alles vergessen hatte. Aber dann kam es nach und nach:

Ich *besaß* nicht alles, was ich Dir schenken wollte. Ich konnte nicht das sein, was ich sein sollte. Meine Brust war nicht jung. Ich fühlte mich Dir gegenüber und gegenüber dem Glück voller Flecken. Ich war nicht so groß und schön, wie ich sein wollte.

Kannst Du verstehen, wie weh das tat?

Und kannst Du verstehen, wie schrecklich es war, daß meine Vergangenheit nicht ausgelöscht werden konnte? Sie würde immer zwischen uns stehen.

Oh, ich kann nicht begreifen, wie Du mich dazu bringen konntest, alles zu vergessen. Es gab Tage und Nächte, ja ganze Wochen, da nicht das Geringste außer uns existierte. Hab Dank dafür, danke!

Ich bin so ruhig. Ich bin *froh*, weil ich sterben werde, und *Du* wirst auch froh sein, Du wirst schon sehen, denn dann wird alles gut werden. Ich bin von etwas erfüllt, das ich nicht benennen kann, mir ist fast, als wäre die Erde nicht mehr mein Heim!

An einem anderen Ort, da muß alles möglich sein. Nicht wahr, Du? An einem anderen Ort muß ich neu werden können, so daß nichts zwischen uns steht. Du, ich habe die Empfindung von etwas Schönem und Großem und Klarem! Und spät in der Nacht tut all das, was in der letzten Zeit tagsüber geschehen ist, nicht mehr weh, es wird so unbedeutend, und es ist ja nur geschehen, weil wir uns so grenzenlos lieb hatten.

Ich bin für *Dich* geschaffen. Doch etwas ist dazwischengekommen. Aber dann haben wir uns ja *gefunden*. Und ich weiß von Dir. Und *Du* weißt von *mir*.

Und dann kommst Du und findest mich, wenn ich neu bin. Du bist ein Mann, und Du hast noch so viel auf der Erde auszurichten. Aber *ich* warte auf Dich. Ich bin Frau, und die Frau ist dazu da, dem Mann Mut und Kraft zu geben, damit er all das tun kann, was er auf der Erde tun muß.

Und das will ich Dir geben!

Ich glaube auch, daß all das Schöne, was Du erzählt hast, mir den Tod so nahegebracht hat. Du hast gewiß gedacht, daß ich Deinen Worten nicht immer folgen könnte. Aber Du mußt wissen, daß auch wir Frauen alles sehen und darüber nachdenken und staunen über den Himmel und die Erde und die Sterne und den Tod und alles, was existiert. Wer, wenn nicht wir – wir, die wir in uns das Wunder der Geburt verspürt haben?

Das Höchste von allem war – wenn Du erzähltest. Dabei, glaube ich, hast Du mir das Größte gegeben, was Du mir geben konntest.

Ich hörte nicht nur Deine Worte, ich fühlte, wie Du das, was Du dachtest, *empfandest*.

Da ist noch soviel, was ich sagen sollte. Aber ich sehne mich nach dem großen Licht, das mich zu einer anderen machen soll. Ich flechte Dir aus meinem Haar ein Kreuz, daß Du zwischen diesen Papieren finden wirst. Ich möchte Dich bitten, es immer an Deinem Herzen zu tragen.

Ja, ich weiß, daß Du am Ende *mein* werden mußt. Ich habe so viel nachgedacht. Ich glaube, daß eine fast Frau nie den trifft, für den sie geschaffen ist. Es gibt so viele, die man lieben kann, aber den, für den man geschaffen ist, trifft man fast nie. Und diejenige, die ihn nicht schon hier findet, wird ihn vielleicht später treffen, an einem anderen Ort.

Wir waren beide füreinander geschaffen. Und gerade deshalb durfte da nichts sein, was zwischen uns stand. Nicht wahr, Du?

Das Kreuz ist fertig. Und auch ich bin bereit. Meine Liebe wird Dich überallhin begleiten. Das Kreuz soll Dir erzählen, daß ich Dich Tag und Nacht liebe, mit den reinsten und edelsten Gefühlen.

Ich habe das Kissen geküßt. Leb wohl! Sei glücklich. *Ich* bin glücklich!"

Ach, warum konnte ich nicht immer so sein wie in jener ersten Zeit, als ich nichts anderes wollte, als sie an mich drücken, damit sie es leicht und gut hatte und ihr Herz ruhig, langsam und gleichmäßig schlug?

Als sie mit der Myrte um den Kopf dalag, da stand es mir plötzlich vor Augen: Du warst dazu ausersehen, ihr Frieden zu geben.
Und Du hast sie zu Tode gequält.

Wieder und wieder las ich ihre Briefe, mehrere Jahre lang. Schließlich brachten sie mir Ruhe, eine Ruhe, die aus der Ewigkeit selbst zu kommen schien.

Vielleicht hatte alles so kommen *müssen*, weil ich *so war*. Hätte ich anders handeln können, wäre sie nicht zu dem getrieben worden, was sie tat. Aber ich kannte mich selbst nicht.

Und so gesehen, sind vielleicht das Leben und das, was von außen auf einen zukommt, nur eine Art Hohlspiegel, auf dem unser Inneres in einer mannigfaltigen, unberechenbar gewundenen Spirale abrollt, bis man auch den fernsten, verborgensten Winkel seines Ichs gesehen hat.

Ich habe abgeschrieben, was sie mir hinterlassen hat. Ich habe alles abgeschrieben. Es gibt da vielleicht Dinge, die sich wiederholen oder die unwesentlich sind, aber für mich lebt sie in jeder Zeile, und ich vermag nichts zu kritisieren.

Ich habe nichts mehr zu erzählen. Die Sonne ist aufgegangen. Mir scheint, sie glüht stärker und stärker mit jedem Tag. Ich liebe die Nacht, denn es ist, als hätte sie Millionen von Tagen in sich. Ich liebe den Tag, denn er ist wie der rinnende Strom des Lebens.

Und je mehr ich mich der Ewigkeit nähere, um so prachtvoller wirkt die Sonne und um so näher scheinen mir die Sterne. Ich fühle, wie meine Brust weit wird, um das zu empfangen, was war und ist und immer sein wird. Werden denn die Menschen mit jedem Tag jünger statt älter?

Jetzt belebt sich die Straße mit Menschen. Sie eilen zu ihrer Arbeit. Ich höre die Holzschuhe klappern. Die schweren Arbeitswagen rumpeln über die Pflastersteine. Auch ich muß mich aufraffen. Eine Nacht lang habe ich über das nachgedacht, was mich angerührt und alle meine Zellen in Brand gesetzt hat. Ich habe versucht, alles zu verknüpfen und neu zu sehen.

Ich muß arbeiten. Aber aus den Dokumenten steigt zuweilen ein verwundertes: Was wird geschehen?

Ja, was wird geschehen, was wird kommen, wenn unser Zellgewebe verbrannt ist?

Verbrennt es, um etwas Neues zu bilden, etwas Größeres, Herrlicheres, wozu alles, was gut und hell war im irdischen Leben, den Rohstoff bildet – oder ist der Traum, der Traum, der sich aus dem Kummer des Lebens emporschwingt, ist *er* das Endziel?

Ich glaube, sie wurde meine Märtyrerin und meine Heilige. Sie opferte unserer Liebe ihr Leben.

Für andere können ihre Briefe ja nicht das sein, was sie für mich sind. Für mich ist jedes Wort darin wie der Flügelschlag weißer, großer Ewigkeitsflügel und wie Sonnenstrahlen von einem Herzen im Mittelpunkt der Welt, dessen heißer Schlag nie aufhört.

Ihre Briefe sind für mich eine Bibel. Es steht alles darin. Weisheit, die wohl kein anderer sehen kann. Das kommt gewiß daher, weil es für mich mehr ist als geschriebene Worte. Sie, mit der ich jene Augenblicke verlebt habe, die wie Planeten über meinem Leben leuchten, ihr Körper und ihr Blut - das sind diese Worte.

Vielen mag das vielleicht wie Gotteslästerung erscheinen. Aber wer ist Gott? Ist er nicht das, dem wir uns auf der unendlichen Treppe der Sterne nähern, ist er nicht in der Herausbildung alles Lebenden, in der sich ewig erneuernden Begegnung der Seelen? Vielleicht wird er es mir am wenigsten verargen, daß ich jeden Abend anbetend das kleine Haarkreuz küsse.

Morgens, wenn sich die Sonne aus dem Meer erhebt, in einem Rot, als wollte sie es zu dem Blut machen, das die Erde tränkt – da erfüllt sich meine Brust mit dem Drang zu schaffen, Keime und Funken an jedem Tag meines Erdenlebens zu versprühen.

Abends, wenn die Sonne in einem Farbenrausch untergeht, so als hätte das am Morgen gesäte Blut ein Tausendfaches gezeugt und das Rot in all die Millionen Nuancen verwandelt, die zu versprühen, zu zeugen, zu töten und wieder zu zeugen eine ewige Freude ist - seht, dann ist sie da, die verwunderte Frage: Was mag es sein, was ihre wunderbare Seele prophezeit hat – ist es wie dieses Herrliche, diese Erdenschönheit?

Ich versuche es mir vorzustellen und zu sehen. Aber meine irdischen Sinne reichen nicht aus.

Kleinere Erzählungen und Skizzen

Vom Geschäft

Ein Augenpaar

Das waren seltsame Augen. Sie waren wie geschaffen für eine Novelle. Sie trat ein, sie und ein Bruder oder etwas Ähnliches. Es mußten wohl Zigeuner sein. Etwas Bittendes und zugleich Klagendes ging von ihnen aus. Dunkel tauchten in meiner Vorstellung die Umrisse einer Geschichte von früher Liebe auf, so wie sie sich leicht im Vagabundenleben zutragen kann.

Ihre Art, um die Dinge zu bitten, hatte irgendwie etwas Feines, anders als bei den Bauern, an die ich gewöhnt war. Und als sie darum gebeten hatten, standen die Augen still und warteten, warteten so leidenschaftlich darauf, während du zur selben Zeit fühltest, daß sie ganz abwesend waren. – Ich konnte nicht umhin, ein wenig zu lächeln. Und ich vergesse nicht das Lächeln, das ich zurückbekam; es war wie das einer müden, resignierten Hausfrau, die zu verstehen gibt, du kannst stolz auf mein Lächeln sein, denn ich lächele nicht oft, oder das besagt: Ich habe einmal gelächelt, ich, oder so gut wie gelächelt, ach, dürfte ich rein, schuldlos, unverhüllt lächeln – es war eine solche Rastlosigkeit in dem Lächeln; es war am ehesten wie ein Echo meines Lächelns.

Sie konnte zwischen vierzehn und siebzehn sein. – Der Hals war frei, der oberste Knopf des schäbigen Kleides war geöffnet, und du sahst einen hübschen Hals; das Mädchen war bestimmt schön, jedenfalls waren es die Augen, ich sah nur die. – Ja, auch ein paar merkwürdige Zuckungen in der

Hand und im ganzen Körper, etwas seltsam Zitterndes und Verängstigtes, ob es nun angeboren war oder an den Lebensumständen lag. Etwas so unendlich Ernstes, daß du augenblicklich ein tiefes Bedürfnis verspürtest, ihre Lebensumstände kennenzulernen; was für eine Lust ich hatte zu fragen und hätte es doch nie gewagt, denn alles zusammen flößte mir solche Ehrfurcht ein. Ich weiß niemanden, zu dem ich so höflich gewesen wäre wie zu jenem jungen Mädchen in den zerlumpten Kleidern, mit dem nackten Hals; denn in dieser bebenden Bitte war mehr Macht als in dem affektierten Lächeln einer herausgeputzten Dame. – Es kam mir vor, als wären es das Leben und die Natürlichkeit, die mich auf einmal so ganz und gar verwirrten. Ich errötete unter dem lebensmüden Blick des zerlumpten Mädchens.

Ein Waisenhauskind

Es ist um die Mittagszeit des ersten Weihnachtsfeiertages; alle Leute sind in der Kirche, hoch- und niedrig gestellte, gläubige und ungläubige. Die Weihnachtsfreude liegt wie ein stilles festliches Gepräge über allem; der Frost ist von einem milden Weihnachtsregen abgelöst worden. Der Pastor hat in stiller Andacht die Kollekte entgegengenommen. Alle versuchen in Stimmung zu sein. Am ersten Feiertag sind alle bei sich daheim. – Dann gibt es das Weihnachtsessen; wovon Jakob träumt, das ist für seine Mitmenschen ein Buch mit sieben Siegeln – möglicherweise träumt er gar nicht. Ein kleines Fenster wirft das Grau des Festtages durch schmutzige Scheiben. Stühle, Tisch und ähnliche Luxusartikel gibt es nicht in Jakobs Kammer, die Arbeitskleider liegen in einem ordentlichen Stapel auf dem Fußboden. Das alles ist hier und da mit einem Strohhalm dekoriert, mit Dreckflecken und anderen unbestimmbaren Substanzen. Die eine Wand wird von der Mauer gebildet. – Hier lebt Jakob sein reichstes Leben, dasjenige, das er verschläft.

Heute ist der erste Weihnachtstag, und er kann unbesorgt bis ein Uhr schlafen. Hier lebt Jakob sein reichstes Leben. Weihnachtsstuben, frohes Lachen über alles und nichts, Märchen, Tanz und Liebe, schöne Mädchen – das ist für Jakob eine ziemlich unbekannte Welt. Interessant würde es sein, zu erfahren, wie sich seine Träume und Vorstellungen äußern. Aber das ist ein Buch mit sieben Siegeln.

Diesem Leben, gelebt ohne Trauer und Unglück, ohne Freude und Licht, stehen wir verwundert und vielleicht mit einem heimlichen Grauen gegenüber. Und doch sind es wohl nur die Verhältnisse des Lebens, die Jakob geschaffen haben. – Er hatte von Kindheit an eine langsame Auffassungsgabe, die Stiefmutter schlug ihn, vielleicht um ihre Pflicht zu tun, vielleicht aus Antipathie, der Vater starb; dann kam er ins Waisenhaus – dessen Inneres für uns alle ein Mysterium ist –, er lernte wohl zu „gehorchen", falls er es nicht schon konnte – übrigens war er gewiß mustergültig. – Das nächste Kapitel seiner Geschichte bestand darin, daß sich ein Handwerker seiner' annahm; ein Handwerker, der den Jungen verstand – das , was zu verstehen war. Jakobs hündische Ergebenheit ist indessen ebenso schwierig zu analysieren wie seine Art zu denken und zu fühlen. – Seine Arbeit machte er, langsam, schwerfällig, nach Vorschrift – unschön. Aber wenn sich der Meister erregt und einen Wutausbruch bekommt, dann geht die Arbeit noch langsamer, noch schwerfälliger, und dazwischen fällt vielleicht mit Grabesstimme ein kleines halbersticktes Wort – und ein Werkzeug, das man gerade zur Hand hat, wird möglicherweise geschleudert, statt wie sonst geworfen. – Aber oft, wenn die Luft rein ist, das heißt: wenn die Stimmung des Meisters erträglich ist und in der Werkstatt Waffenstillstand herrscht – dann macht Jakob Witze – ja, denn für ihn sind es Witze, die von einem großen, runden Lächeln verschönt werden –, Jakob lächelt nämlich, wenn er auch niemals lacht. Und dies geschieht meistens nach dem

Essen; denn das wird man in dem Lebenslauf finden, daß das Essen diejenige von den Quellen des Glücks darstellt, die am tiefsten und größten ist.

Denn Jakob hat doch Augenblicke, in denen sich sein Glück steigern läßt; da kann man sagen, daß es größer ist als sonst – das tritt ein, wenn er Witze erzählt hat, wenn er schläft und wenn er ißt, vor allem, wenn er ißt.

Es ist Weihnachtsfeiertag und Mittagszeit. Von den beiden Mächten, die um den Sieg gekämpft haben, das Bett und die Mahlzeit, war das Essen die stärkere. – Unten am Tischende sitzt Jakob, Kartoffeln und Braten verschwinden presto, und es wird gesagt, daß Jakobs Magen für seine Mitmenschen ein ebenso versiegeltes Buch sei wie seine Seele. Deshalb wird sich auch keines der bisher verwendeten poetischen Bilder eignen, um Jakobs Augen zu beschreiben, wenn er ißt. – Dünne, graubraune Haare sträuben sich auf dem langen, großen Kopf – Haut- und Haarfarbe unterscheiden sich nur in der Stärke des Graus, denn das Grau des Gesichts ist heller, im Gesicht Augen, die andere Leute nie zu sehen bekommen – das Blau der Augen versucht sich stark dem Grau des Gesichts anzunähern, ansonsten ähnelt es mehr bemaltem Papier als Glas – das Weiß in den Augen ist schmutzigblau, und davon sieht man am meisten, und das ist es, was einen am stärksten bedrückt. Die Gliedmaßen wirken sehr klobig und scheinen ihn, wie er hier herübertrottet, ein wenig vorgebeugt und in den Knien einknickend, nur mühsam zu tragen. Eines Nachts begann es in Jakobs Nähe zu brennen. Da schrie Jakob ein wenig, das tat er – dann stand er in einem Winkel und schaute zu, bis das Feuer gelöscht war – danach legte er sich hin und schlief weiter.

Und die Leute besuchen einander, obwohl es der erste Weihnachtsfeiertag ist, denn es ist doch so langweilig, zu Hause zu sitzen. „Fröhliche Weihnachten!" rufen sie lachend und sehen freundlich aus, ob sie in Stimmung sind oder nicht – dann essen sie Mittag, gutes Mittag am ersten Weihnachtsfeiertag – danach trinken sie ein wenig Kaffee, guten starken Kaffee, um sich aufzumuntern – mit einem Stück weißen

Zucker und Wecken sowie Zwiebäcken – danach strecken sie ihre Glieder und dösen ein bißchen, denn es hilft nichts, sie können nicht in die richtige Stimmung kommen.

Aber Jakob ist in der richtigen Stimmung, wenn man bei ihm von Stimmung reden kann, er hat vier Stücke Braten und ein brillantes Dessert gegessen; er hat kaum wahrgenommen, was es war, aber genug ist es gewesen, es rutschte hinunter, und es tat gut, und es füllte beträchtlich den Magen,

„Frohes Fest", sagt der Meister, „jetzt hast du gut geschlafen, Jakob, nicht wahr." Ein tiefes Grunzen statt eines Ja.

„Schaut euch Jakob an, wie fein er heute ist, er hat ein weißes Hemd an", fährt der Meister fort, der ein bißchen poetisch begabt ist, besonders an den Sonntagen, nach dem Frühstück und dem Mittagessen.

„Woran hast du gedacht, als du da unten gelegen hast, Jakob, kannst du das erzählen?" Ein Grunzen ist die Antwort.

Das Gleiche wiederholt sich jedes Jahr, Tag für Tag – und zusammen macht das eine Existenz aus.

Die beiden

Sicher war, daß sie einander liebten; alle fanden es natürlich, es war so selbstverständlich, niemals hatte man daran Gedanken oder Worte verschwenden müssen, die beiden, die dachten überhaupt nicht darüber nach.

Eines Nachts hatten sie einander gefunden. – Als er heimkam, nachdem er sie nach Hause begleitet hatte, saß er da und sah über die kleine Bucht hinaus, sah auf die Umrisse und die Farben, mit denen die Frühlingsnacht Gebirge und Luft und Schiffe versah, er trank es in vollen Zügen. Am Tag darauf konnte er nichts tun, er mußte einer Stimmung Luft verschaffen. – Er wohnte draußen am Meer – aber in Prosa konnte er sie nicht fassen, und Verse hatte er doch immer gehaßt; er kniete sich also auf den Stuhl und legte sich mit dem Bauch auf den Tisch, starrte über die Heide und ließ die Frühlingsnacht noch einmal kommen – er hatte sie ja ohnehin im Blut –, stützte den Kopf in die Hand und schrieb so mit ausgestrecktem Arm sein erstes Gedicht – Wort für Wort; es war keine Prosa, denn er kannte nicht, was er geschrieben hatte.

Und da mußte auch ein ruhiger, sanfter Klang in den Zeilen sein, kein Feuer, keine Spur von Feuer, nur unterschwellig, aber eine Stimmung von wogender, geweihter Nacht – so entstand das kleine Gedicht.

Viel später traute er sich, ihr das Gedicht zu schicken.

Auch fühlte er, ohne daß es ihm bewußt war, daß er sie kennenlernen mußte; er rannte hinter ihr her; das war ja auch etwas ganz Neues für ihn, einer Dame nachzulaufen.

Und er hielt sich treu an sie – vom Frühling bis zum Winter und wieder bis zum Frühling.

Er schuf sich kein Bild von ihr, fühlte sich bloß wohl; aber wäre ein Urteil verlangt worden, oder hätte er sich veranlaßt gesehen, Klarheit über sie zu erlangen, dann würde sie so dastehen:

Sie hatte zwei Seiten: eine von innen kommende, sprudelnde Naturseite, die er sehr bald entdeckte, was, wie er meinte, kein anderer vor ihm getan hatte, und er sah es so, daß diese Naturseite während der ganzen Kindheit sozusagen von ihrer entgegengesetzten Grundeigenschaft, dem *Angelernten*, unterdrückt worden war; deshalb hatten sowohl jene recht, die sie altklug nannten – *er* wußte, daß sie der Altklugheit *entwach*sen würde –, als auch die anderen, die sie affektiert nannten. Und das, was zwischen ihnen war, wuchs den Herbst über; neben so vielen anderen Dingen verband sie, daß sie zwei zarte, äußerst zarte Blumen waren; ein Druck auf nur eines der Blätter, und die ganze Pflanze erbebte wie durch einen großen, großen Stich; es wuchs zwischen ihnen, bis es durch eine besondere Situation zur Flamme entfacht wurde.

Sie hatten nie ein Wort über Liebe gesprochen, nie ein Wort
– auf das mit der Liebe kamen sie nicht; und doch – wenn sie
allein waren und sich vorstellten, für immer getrennt zu sein,
konnten sie den Gedanken nicht fassen; es war, als hätten sie
immer einander gekannt. – Dann begannen die Leute zu
reden, und er mußte ja darüber nachdenken, und da entdeckte er mit seinen scharfen Augen, daß er bei ihr etwas
herausgelockt, die Naturseite freigelegt hatte, die so verschüttet gewesen war, und daß gerade die Naturseite ihm
warm, warm entgegenkam; er glaubte jedenfalls, daß ihm das
als erstem gelungen war. Nun hatte er mit ehrlichem Sinn
sich selbst ein Jahr lang erforscht, ja, sich sogar ganz bewußt
einer anderen Frau von völlig entgegengesetzter Natur hingegeben, um sich zu prüfen, und er war da so sicher, so sicher
geworden.

Er wußte, es war keine hochstilisierte Poesie in dem Ganzen, er wußte, daß er kalt und nüchtern wieder und wieder
erörtert hatte, was zu erörtern nicht amüsant ist, denn es
pflegt Feuer und Licht zu sein.

Er wußte gut, wer sie war, kannte besser als jeder andere
ihre Fehler, aber er war der erste, der das Tiefe, Duftende, die
wilde wuchernde Natur bei ihr entdeckt hatte, und er glaubte
zu wissen, daß er der einzige sei, der das hervorlocken konnte
- und warum? Weil er ebenso wußte, daß er als einziger in der
Stadt Kind geblieben war! Und trotz seiner ehrlichen Gesinnung sagte er nie ein Wort über all diese ungestüme Erotik,
weil er meinte, die Naturpflanze sei so zart und brauche Zeit,
weil er zunächst durch Inspiration sah und später durch Reflexion wußte, daß, käme er mit Liebesgeflüster, ihre Vernunftsseite das Übergewicht bekommen und Schmutz auf
die herrliche Naturpflanze werfen würde, die sie gemeinsam
hervorgebracht hatten. Aber dann bekam er einen Stoß und
stürzte sich mit seinem ganzen Natur- und Seelenfeuer auf
sie - vielleicht war es zuviel auf einmal – vielleicht war es bei
ihm zu weit entwickelt, als daß sie es hätte verstehen können.
Und nun kam bei ihr der Zweifel auf, den er so gut kannte:
ist dieses die einzige, wahre, echte Liebe? Die Frage, über die

er so oft gespottet hatte, die Frage, der zugrundeliegt, daß die Liebe etwas für den Geist sei, als beruhte nicht auch der auf etwas ganz Natürlichem, als könnte Liebe Personen entflammen, die feuerfest sind, als könnte sie den Rastlosen Ruhe geben, die Frage, mit der man niemals fertig wird und die gerade dann auftaucht, wenn man richtig tief liebt.

Bei ihm war es umgekehrt, so daß er sagte: „Selbst wenn du keine Spur von Liebe zu mir empfindest, so sind wir beide füreinander bestimmt. – Warum? – ja, weil die Natur es so entschieden hat." –

Das negative Gefühl, daß sie einander nicht entbehren könnten, das reichte aus. Liebe ist überhaupt nicht dasselbe wie Leidenschaft. Gerade das Leidenschaftslose in ihrer Beziehung war es, was ihn mit Glauben erfüllte.

Fragment

Sie war nicht mein, aber sie gehörte auch keinem anderen. Mir schien, ich sei schrecklich stark, so wie ich dort saß und sie auf meinem Schoß hielt. Wir saßen, weit entfernt von den Menschen und dem Klatsch, im Wald auf einem Baumstumpf.

Der tiefblaue Himmel kam näher, der Weltenraum wurde zu einer Stube, erfüllt von heiliger, reiner Luft, wo nur wir beide waren.

Wir waren nicht von Leidenschaft erfüllt.

Aber wir konnten einander in die Seele schauen, wenn wir die Augen aufrissen im Waldesdunkel. Wir waren nicht romantisch, aber es zitterten ja Schatten auf jedem Zweig.

Vielleicht besitzen zwei einander einen solchen Augenblick lang. Vielleicht treffen sich zwei vom Chaos gesponnene

Schicksale dort im Weltenraum, während die Sterne blanke Augen sind.

Kein Schweigen, kein Wort – das Herrlichste!

Mir war, als nähme irgendwer ihre Augen, irgendwer in der Luft – oder war es das Licht selbst, das tiefblaue zwischen den Zweigen –, und trüge sie weit fort, und etwas in mir folgte.

[An K. K.; 1890]

Ich kann gut sein, und ich kann schlecht sein! Am liebsten will ich gut sein.

Was kümmert es mich, daß ich schön sein soll. Ich habe gehört, daß ich schön sein soll. Das ist nur so langweilig, denn sie behandeln mich wie – uff –, sie behandeln mich so unwürdig.

Bin ich nicht ein Mensch, habe ich nicht ein Herz, selbst wenn mein Kleid mir steht oder mein Hals hübsch ist?

Es gibt so viele Schmeichler.

Ich will, daß sie das sehen, was ich mir selbst zu verdanken habe.

Oh, wenn doch jemand mich richtig liebhaben könnte - und mich etwas lehren könnte, über das, was schön und edel ist!

Übrigens kann es egal sein. Ich muß mich beeilen. Heute abend will ich zum Ball.

Zwei Dichter

In dunkler Nachtstunde staksten wir nach Hause, ich und mein Schirm.

Gelöschte Lichter, stumme Straßen. So dunkel. Keine Sterne, nirgendwo ein freundlicher Schimmer.

Doch. Was ist das in der Querstraße? Ein Licht? Eine Laterne?

Ich biege ab. Ich komme an einen ausgehobenen Graben, aufgeworfene Erde, Steine, Planken. Und eine Laterne.

Ich bleibe stehen, versinke in Träume. Ich stehe da und starre in die gelbe Flamme, die einzige, der ich begegnet bin, die einzige in dieser dunklen Nachtstunde.

Plötzlich höre ich einen Seufzer. Ich blicke auf. Ein Mann auf der anderen Seite des Grabens. Er steht da und träumt. Oder grübelt. Er steht da und starrt in die gelbe Flamme. Wie ich auch.

Langsam hebt er den Blick. Wir sehen einander an. Wir kennen einander. Er ist ein junger Dichter. Er hat dieselbe Profession wie ich.

Wir sehen einander an. Wir drücken einander die Hände.

Bruchstück

Ihre Hand ruhte auf der Schürze, lange, nachdenklich. Der Kopf lauschte. Sie saß da, als wollte sie Antwort auf eine Frage in der Luft suchen, die im leichten Frühlingswind bebte.

Unter und vor ihnen lag das Tal, das norwegische Dorf mit der Kirche in der Mitte. Da war die weite Landschaft, in der

der Fluß ständig rauscht. Aber je nachdem wie das eigene Herz klopft, heftig, sacht, rauscht der Fluß stark, schwach.

Und es waren ihre tiefen Augen, die er nicht ganz verstand; er glaubte, er könnte sie verstehen, wenn er selbst ergründet würde.

Ja, sie hatten den ganzen Frühling unter sich, das Grün, das sprießt, den Fluß, der dahineilt, und die Gehöfte der Menschen. Und sie saßen unmittelbar neben der Fahnenstange, an der zu Ehren des ersten norwegischen Sommertages die reine norwegische Flagge wehte.

Es waren die tiefen, kurzsichtigen Augen.

Er saß da und sann darüber nach, ob es ihm gelingen würde, diesen Augen ein Guckloch in seine eigene Welt zu öffnen, die er in sich trug und die ihn verdreht und „wunderlich" für seine Mitmenschen machte.

„Ich verstehe es nicht", sagte sie langsam, unsicher fragend.

Der Wind durchrieselte die Aurikeln des Gartens und die Traubenkirschen des Wäldchens – der Wind versteht es.

Könnte er ihr verständlich machen, was seiner Meinung nach dem Leben Adel gibt?

Sie ging. Zu ihrer Schulaufgabe. Er warf sich in das Gras. Es sang für ihn.

Warum führte es immer zu nichts, zu Gefasel und dummen Streitereien? Sollte er sich nicht zu gut dafür sein, zu stolz, um die Zeit damit zu vergeuden?

Und sie – war sie nicht ein Mensch? Rauschte der Weltenwind nicht auch in ihrem Haar? Wurde sie nicht von demselben Sternenlicht umhüllt? Standen nicht dieselben Engel an ihrem Bett?

Oh – daß die Augen ihn immer, immer so fremd anschauen mußten!

Lange Zeit lag er da, Augen und Mund an der Erde. Den letzten Rest des Kampfes sollst du austragen, Erde! Aus Trauer darüber, daß der Mensch neben dem Menschen geht, den Duft derselben Blumen atmet und dieselben Wärmewogen der Nacht – und sie sich doch fernbleiben – einander fernbleiben.

Er hob den Kopf. Ein Flecken Sauerklee umgab ihn. Gleich Tränen, die zu Blumen geworden sind.

Er ging langsam hinein und schrieb und schrieb.

Und was er schrieb, ist dieses:

„Ich will von dem erzählen, was ich auf der Welt habe, an das ich mich halten kann.

Ich will von dem erzählen, was ich im Reich der Natur, im Reiche der Menschen schön finde.

Ich will von dem erzählen, was ich ersehne, woran ich glaube, was in mir ist, das sagt: dies solltest du tun, aber das solltest du nicht tun."

Dies ist es, was er am ersten Sommertag an die tiefen Augen schrieb:

„Der Mensch ist das Größe auf Erden, der Erde, die wir kennen. Der Mann und die Frau.

Der Mensch ist das Größte, das Schönste, das Feinste.

Der Mann ist nicht das Größte, die Frau ist nicht das Feinste. Der Mensch, die Menschenseele ist das Größte, das Höchste, das Seltsamste.

Die Menschenseele ist eine Welt – über die Erde hinaus, über den Raum hinaus.

Sie ist eine Welt. Aber in dieser Welt gibt es dunkle Irrgänge, Meere von Sünde, von Leid, von Schmerz, Nächte voll Suchen und Nebel.

Die Menschen und die Menschenseele sind nicht eins. Viele Menschen sind klein. Ihre Seelen beben nicht wie Blumen im Wind, ihre Seelen haben keine Welten.

Aber durch einige Seelen geht der Atem des Weltenwindes, und sie schauen tief hinein in das Weltenblau.

In das Weltenblau. Denn die Erde ist nur klein. Dunkel, schwarz ist die Erde. Von der Sonne kommt das Licht."

Norwegische Sommerstimmungen

[Bruchstück]

Der Sommer in Kristiania hat etwas seltsam Schwermütiges, fast Krankes. In ihrem Kessel ist die Stadt so heiß. Die Straßen versengen, Hafen und Kanäle senden Dünste aus, die einem die Seele mit angstvollen und seltsamen Gedanken und Bildern erfüllen. Alles ist öde. Die Gesichter, die vorüberflimmern, sind fremd.

Es legt sich einem auf die Brust, man verliert den Willen, verstrickt sich in dunkle Träume. Man weiß, jeder Zug, jeder Dampfer kann einen innerhalb weniger Minuten dahin bringen, wo Norwegen ist, wo es grüne Fichten und lichtes Laub gibt, wo Bach, Fluß, Wasserfall und Strom Freude und Leben versprühen. Man nimmt nicht den Zug, kauft nicht die Fahrkarte.

An solchen Tagen sitzen dort in dem große Café, hinter Pfeilern verborgen, einige Menschen, die wie Schatten in einem Nirwana aussehen. Sie sprechen nicht, fluchen nicht, lachen nicht. Leben sie, atmen sie?

Es war ein solcher Tag. Inmitten der Schatten im Café saßen Halvor und ich. Wir saßen stumm da und sahen auf die zugezogenen Gardinen, auf denen ab und zu ein dunkler Schatten dahinglitt und verschwand. Ich glaube, wir haben eine ganze Stunde so gesessen, ohne ein Wort zu sagen.

Plötzlich fuhr ein Zucken über Halvors Gesicht, die ewige Unruhe war wieder da. Er atmete tief aus.

„Sommernächte."

Das eine Wort glitt zwischen die dunklen Pfeiler und verschwand. Eine Weile Schweigen, dann kam es wieder: „Hast du ihn da oben gesehen, den Sommer? Hast du gehört, wie er grollend von Berg zu Berg kommt? Wie der Donner kommt er! Wie das jüngste Gericht!

Ich habe mich vor ihm versteckt. Ich sitze hier in der Grabkammer, während des Lebens Donner dort oben jubelt. Ich sitze hier und weiß: jetzt schlägt die Birke aus, jetzt rauscht der Wasserfall, jetzt springt die Forelle, jetzt schreit der Seetaucher, jetzt bricht die ganze Musik los, die sich aus dem Eis befreit hat.

Ja, hier unten verstecken wir uns, wir verstecken uns vor all dem Rauschen und Springen. Aber etwas davon ist tief in uns. Und das ist es vielleicht, was wir hervorbringen wollen, wofür wir eine Form suchen. Es kommt wieder, hier in der Grabkammer, in unseren stillen Ateliers, unten im Ausland – das Rauschen, das Springen."

Die Worte stürzten hervor, bald heftig, bald verhalten. Zuweilen schwang ein Ton wie von Angst in ihnen. Es war manchmal, als sähe er im Sommer etwas Fürchterliches, mit dem er in ewigem Kampf läge.

Aber nach und nach legte sich seine Erregung, er beugte sich zu mir, als wollte er mir etwas anvertrauen, flüsterte beinahe: „Dann hören sie endlich auf zu beben, die Gebirge, und die Flüsse strömen ruhig, und dann streicht ein kleiner Windzug über die Glocken des Heidekrauts, durch die Blaubeeren und in das Weidengestrüpp – man sieht nicht mehr die Gipfel, man sieht nur die Schatten der Gipfel, so schwarz in den schwarzen Waldseen, und die Kronen der Birken, und du hörst nur ein Geräusch in all den Tälern; dort, wo alles gärte und brauste und sang, hörst du nur ein winzigkleines Geräusch: das Plätschern der Forelle.

Dann ist ihre Zeit da – heimlich sich heranschleichend, küssend, wagt sie sich vor: die Sommernacht. Dann geschieht es, dann geschieht dieses . . . (lange Pausen, ich hatte Angst, daß er in Weinen ausbräche, ich wagte nicht, ihn anzusehen), dieses zwischen den Menschen . . . , das nirgendwoanders in der Welt so ist . . . , zwischen zwei Menschen . . . , da wird die kleine Stube in der Almhütte erfüllt von etwas, das . . . "

Er sprang auf und eilte hinaus.

Der Ton der letzten Worte hatte alles gesagt. Sollte ich fragen? Würde es ihn erleichtern zu erzählen?

Die Unbekannte

Ich saß auf einer Bank. Sie kam aus dem Grünen. Ich folgte ihren Füßen mit den Augen. Mir war, als müßte gerade sie so gehen, sie, die ich mir nicht vorzustellen wage.

Sie war nicht anders als andere, sie, die ich aus dem Grünen kommen sah. Sie trug ein schlichtes, braunes Kleid, ein Cape um die Schultern und einen ungeöffneten Schirm an der Seite.

Sie verschwand. Ein Stück vor der Bank, auf der ich saß, war ein Treppenaufgang.

Ich wußte nicht, warum ich aufstehen sollte, sie war ja doch ein mir völlig gleichgültiger Mensch, und es war nicht die geringste Spur von etwas Ungewöhnlichem an ihr. Aber ich erhob mich. Mir schien, ich müßte wissen, welche Richtung sie einschlug, ob sie in den Garten ging, an den Rosen vorüber, oder ob sie an der Fontäne vorbei und auf die Straße, hinaus in die Stadt ging.

Ich stand auf. Ich ging ans Geländer. Ich sah sie nicht. Ja, dort hinten war sie. Da ging sie. Sie ging zwischen Bäumen und Rasen, sie ging nicht die Allee entlang.

Und mit einemmal war es mir, als müßte, *müßte* ich sie sprechen hören, müßte ich ihr hinterherlaufen, müßte sie einladen mit mir zu speisen, müßte sie Kirschen essen sehen und als müßte es zu der Zeit geschehen, da man die Lampen in den Restaurants noch nicht anzündet und da man nichts anderes sieht als die Zähne und die Augen.

Unmoralisch würde es von mir sein, wenn ich an diesem Nachmittag allein speisen würde, unmoralisch. Denn ich war gerade dazu auf der Welt, um heute abend mit ihr zusammen zu sein, ihr Messer und ihre Gabel klingen zu hören und nicht nur mein eigenes Besteck, ihre Hände, ihre Lippen und ihre Stirn zu sehen, sie, von der ich jetzt nur den Rücken sah.

Da ging sie. Die Silhouette war so hübsch geworden. Mir war, als würde ich sie lange kennen, das schlichte Kleid, das

Cape, den Schirm, der dicht an ihrer Seite hing. Daran war etwas, das nichts anderem auf der Welt glich.

Und es zerrte und riß in mir, denn die Sekunden verrannen, verrannen unaufhörlich, und ich ging nicht, ich lief nicht, ich lief nicht hinter ihr her. Ich stand da und sah, daß sie dunkler und dunkler wurde, bis sie ganz draußen auf der Straße war, bis sie eins mit dem Strom geworden war, von allen den anderen nicht zu unterscheiden.

Aber indem sie weiter und weiter fortglitt, verwandelte sich die Stadt mehr und mehr. Alle diese Straßen, die allesamt gleich gewesen waren, und die Hauswände, die dastanden und schwitzten, und diese Leute, die hasteten und sich drängten und keuchten, als wäre etwas im Gange – das war nun nicht mehr ganz so wahnsinnig. Denn nun ging *sie* dort. Nun ging sie dort mit dem Schirm an der Seite, mit wiegenden Schritten, und sah sich die Hüte und die Käse und die Schleifen und die Weinflaschen an. Und jetzt saß *sie* oben auf dem Dach des Straßenbahnwagens und fuhr ebenso wie ich gefahren war und gab dem Kutscher einen Franc und bekam 17, siebzehn Sous zurück, die sie in eine kleine Tasche steckte. Die kleine Tasche, ja! Die süße kleine Tasche! – die sie so zart und vorsichtig umfaßt hielt – mit den kleinen Fingern –, und wie niedlich sie das Francstück unter den zwei, drei Silbermünzen herausfischte, die sie besaß, und dann so anmutig komisch die großen Kupferstücke nahm und sie in das hinterste Fach stopfte und stopfte.

Da saß sie oben auf dem Dach, und ihre Straßenbahn rollte durch die große Stadt, und es war nicht länger dieses idiotische Labyrinth von Straßen und nicht nur eine wilde Schar von Mänteln und Röcken, denn nach und nach, so wie ihre Augen von dem einen zu dem anderen glitten, sah ich sie alle, jeden mit seiner Arbeit, jeden mit seinem Leid.

Ja, vor dem Abend müßte ich sie treffen. Unbedingt. Wir würden Hand in Hand dastehen und die Schaufenster betrachten, die Seidenstoffe, wenn das elektrische Licht eingeschaltet wäre und die schwarzen Menschenmassen an uns vorüberwogten. Ich wollte bis ans andere Ende der unendlichen Welt gehen. Denn dort war sie. Ich konnte mich nicht irren. Ich fühlte es. Es war unmöglich, so etwas nicht zu fühlen. In einem ganz anderen Teil der Stadt als dem, den ich bewohnte, lebte sie in einer Straße, wo ich nie gewesen war, in einem Viertel, in dem es eine Menge krummer, sonderbarer Gäßchen und Sackgassen gab. Ich wollte neben einem Kutscher sitzen, und wenn sie in meine Nähe käme, würde sie einen Strom fühlen. Sie würde stehenbleiben, sie würde sich verwundert umsehen. Aber ich würde schnurstracks hingehen und sie bei der Hand nehmen, ich würde sie zu dem Wagen führen, einem offenen Wagen. Sie würde nichts fragen, und ich würde dem Kutscher nur diese Worte zurufen: Fahren Sie, wohin Sie wollen, fahren Sie drei Stunden! Wir würden durch alle Straßen fahren, in dem offenen Wagen – vorüber an allen Fenstern, vorüber an all den schwarzen Menschen.

Vor dem Abend müßte ich sie getroffen haben. Sonst würde ich nicht schlafen können, und die Nacht würde für mich eine fürchterliche Pein werden. Die ganze Nacht müßten sie und ich beieinander sein. Wir würden mit ineinander geflochtenen Händen dastehen und den Arbeitern und Arbeiterinnen zuschauen, wenn sie in die Fabriken gingen, und unser Blick würde sich dahin richten, wo der Morgen graut, dahin, wo die Häuser sich endlich öffnen und wo man eine schwache Morgendämmerung sehen kann und ein bißchen Himmel, weil da ein freier Platz ist.

Wie sollte ich sonst – wenn ich sie nicht fände – schlafen können, atmen können in diesem unermeßlichen Wirrwarr, wo nicht zwei Sekunden einander gleich sind – Paris!

Ich setzte mich wieder auf die Bank. Aber ich konnte nicht still sitzen. Ich entdeckte so viel Neues. Das Laubwerk war so wundersam licht geworden und so zitternd grün. Da saßen auch Frauen ringsum, zwischen den Blättern und Blumen, ihre schwarzlockigen Köpfe waren voll tanzender Träume, in jedem herrlich gewölbten Busen ein Herz, zitternd wie das Grün, jedes mit seiner Geschichte. Mir fiel ein, daß ich die

Rosen niemals von nahem gesehen hatte. Ich kannte keine von ihnen. Da gab es nicht eine oder zwei oder drei, die ich liebgewonnen hätte. Ich ging auf sie zu. Ein unendlicher Duft strömte mir entgegen. War er so, der Duft der Rosen?

Hier war sie also vorübergegangen, sie, deren Schritte waren, wie jene sein müßten, die ich mir nie vorzustellen wage.

Es war etwas in diesem Park, das ich vorher nicht gesehen, nicht gekannt, nicht gefühlt hatte - in diesem Park, wo *sie* gegangen war - im Jardin du Luxembourg.

Ich vergaß es natürlich gleich. Ich schalt mich wegen meines ewigen Hanges zum Mystizismus und gelobte mir selber, niemals mehr zu phantasieren.

Es begann übrigens auch eine ganz andere Zeit. Ich ging viel aus. Ich nahm an Gesellschaften teil. Ich besuchte Bälle.

Da waren herrliche Frauen. Um sie herum war Musik. Und über uns hingen Kronleuchter.

Ihre Kleider waren wie die Morgenwolken der Sonne. Ihre Perlen und Diamanten waren wie der Morgentau.

Wir sprachen miteinander. Sie verstanden meine Worte, sie verstanden meine Sorgen. Ich konnte *Töne* für das finden, was sie selbst zu tragen hatten, ich konnte es unter dem Schleier der Stimme sagen, unter dem man alles sagen kann, unter dem Herz zu Herzen spricht.

Es waren herrliche Frauen. Wir tanzten miteinander. Unter dem weißen Flor lag ihr Busen an meinem Arm.

Warum wurde ich zuweilen dennoch rasend? Sie verstanden mich doch. Auch sie hatten ja solche Sorgen gehabt wie ich, solche Wünsche.

Hätte ich es verlangt, ich glaube, sie hätten mich geküßt. Ich verlangte es nicht. Ich wünschte mich oft weit, weit fort.

Wir hatten von dem Geheimsten in uns selbst gesprochen. Wir sollten einander von außen und innen kennen. Und dennoch war es zuweilen, als würde ich nicht das geringste von ihrem Wesen verstehen, nicht die kleinste Fiber ihrer Hände kennen, die ich gedrückt hatte.

Eines Tages stand ich an meinem Fenster, das im ersten Stock nach der Straße liegt. Ich war nicht allein. Eine Frau stand hinten im Zimmer.

Ich war in einer sonderbaren Stimmung. Da gab es etwas, wonach ich tastend suchte und suchte, es war eine Pein, aber ich konnte mir nicht klar darüber werden, wo sie saß oder worin sie bestand.

Da sehe ich plötzlich jemanden in einem braunen Kleid auf der gegenüberliegenden Seite der Straße gehen, mit einem Cape um die Schultern, ein Gesicht mit einem klaren, ernsten Profil.

Ohne mich zu besinnen, stürzte ich die Treppen hinunter. Es schrie in mir: Du mußt sie einholen, du mußt alles über sie wissen, und du mußt dich anklagen, dich selber vor ihr anklagen. Du mußt sie haben, um deine Schande mit ihr zu teilen. Du mußt den ganzen Nachmittag mit ihr zusammensein. Du mußt in der Dämmerung mit ihr dasitzen und ihre Hand halten. Und dann wirst du klar das ganze Paris überschauen, die ganze Welt.

Sie war nicht weit von mir entfernt. Wenn ich liefe, könnte ich sie einholen. Es riß und zerrte in mir. Die Sekunden verrannen, verrannen. Weiter und weiter entfernte sie sich.

Mir scheint, daß der Luxembourg – mehr als ein anderer Park und viel mehr als die freie Natur – wie ein Menschengemüt ist, das die Stimmung wechselt. Nirgendwo, finde ich, ist das Grün wie im Luxembourg-Park, mal fast schwarz, mal licht und leuchtend, wie aus Saphiren geschnitten. Es gibt Morgen, an denen ich das Gefühl habe, er wisse mehr als die Morgenzeitungen, der Park, er wisse, was nachts in Paris vorgegangen ist. Und es gibt Tage, wo das Grün sich so dicht über die Stühle senkt, als wollte es etwas fernhalten.

Zuweilen ist es, als gäbe es in Paris nichts anderes als Lächeln und Rosen und herrliche, helle Statuen und funkelnde Wassertropfen und spielende kleine Kinder und zarte Mädchenfüße. Und dann gibt es andere Zeiten, zu denen man die hellen Statuen nicht einmal sieht, da sie von dicker Luft eingehüllt sind, während es ringsum im Park gleichsam leise klagt. Und jene, die auf den Bänken sitzen, haben keine Bilderbücher, sondern traurige, traurige Romane, die von Dingen handeln, die man in dem schönen Paris nicht für möglich halten sollte.

Es war an einem Morgen, als ich dorthin kam. Das heißt, ich *mußte* hineingehen, es zog mich hinein.

Es war früh. Arbeiter und Arbeiterinnen waren unterwegs zu den Fabriken.

Es gab nichts zu sehen im Garten.

Plötzlich fiel mir ein: Er weint.

Er weint.

Und niemals bin ich so froh gewesen im Jardin du Luxembourg. Mir schien, als wäre er nicht nur wie ein Menschengemüt, sondern wie eines der feinen Menschengemüter, eines von denen, die weinen, wenn niemand da ist, ehe noch alle anderen die Bettdecken abgeworfen haben.

Ich ging tief hinein. Er erschien mir so unermeßlich groß. Er war ein Urwald, der ganz Paris verschlang. Von Paris blieben nur noch ein paar Häuserzeilen.

Da kam ich an die Bank, wo ich damals gesessen hatte.

Sie war nicht leer. Da lag jemand und schlief. Auf der Erde lag ein ungeöffneter Schirm. Aber das Gesicht von der, die da lag, erzählte mir etwas.

Es war still auf den Straßen, nur hier und da eine verspätete Arbeiterin. Im Park war niemand außer uns.

Ich stand da und blickte auf die Schlafende. Ich dachte daran, daß es doch vielleicht manches im Leben gebe, das nicht so einfach sei, und manches sich in so feine Fäden ordne, daß wir sie aus dem Blick verlieren.

Ich hatte sie gehen lassen, ungeschützt gegen dieses grausame Leben. Und all die kostbaren Stunden waren verronnen, die für uns zwei bestimmt waren. Anderen hatte ich viele davon gewidmet, anderen, die mich nichts angingen. Sie hatte ich da allein gehen lassen.

Ich beugte mich über sie, ich betrachtete sie lange, ich sah, daß es das erste Mal war.

Ich streifte sie unversehens. Ihre Augenlider bewegten sich. Ich hielt den Atem an. Hatte ich sie geweckt? Nein. Sie schlief weiter.

Ich ging.

Herbst

Ein Fragment

Es ist Herbst. Das Unwetter ist mit all seiner Macht gekommen. Es ist, als kämpfte sie für ihre Jugend, die Hochebene da draußen, für ihre Blumen und ihre Tiere. Man sitzt da und fühlt, jetzt fällt dort wieder ein Blatt, jetzt wird wieder eine Halmfrucht aus der Erde gerissen. Am Ende ist es, als ginge dort einer; er geht über all die Wurzeln, all die Erde, all das Heidekraut, er geht unaufhörlich, im Takt mit dem Regen; auf seinem Gesicht ist ein regloser Schmerz zu lesen, und er geht von Ort zu Ort. Er will es nicht, und doch muß sein Fuß Nacht für Nacht Halm um Halm niedertreten und Blatt um Blatt von den Stielen pflücken.

Es war gestern abend, während ich dasaß und dies vor mir sah, als plötzlich jemand die Treppe heraufkam. Das mußte er sein – der einzige, den ich hier in der Gegend noch kennengelernt habe. Er pflegt in solchem Wetter zu kommen. Wochenlang bleibt er fort, aber wenn es regnet oder stürmt, da kann ich fast sicher sein, daß er kommt. Wenn er eintritt, meidet er meistens meinen Blick, drückt mir aber fest die Hand, ohne etwas zu sagen, oder murmelt auch nur so etwas wie guten Abend. Wir setzen uns schweigend.

Es scheint, als fiele es ihm schwer, von der Gesellschaft mit Wind und Regen loszukommen. Es dauert gewöhnlich eine ganze Weile, bevor er etwas sagt. Zuweilen steht er auf und geht ein paar Schritte, schiebt das Rollo zur Seite und schaut hinaus über die Hochebene.

Es kommt eine solche Ruhe über mich, wenn er hier sitzt. Und doch liegt auf seinem Gesicht meistens ein Zug von so furchtbarer Traurigkeit. Ich habe auch nie ein so kraftvolles Gesicht gesehen, das so weich erscheinen kann. Es hat zuweilen geradezu etwas Zärtliches, wenn er von Nächten spricht, in denen er im Boot gelegen und geangelt hat, und von dem erzählt, was ihm dabei durch den Sinn gegangen ist.

Er ist groß. Seine starken Arme hängen herab, als schämte er sich ihrer Kraft und würde sie am liebsten verleugnen. Er geht etwas gebeugt. Aber das brauchte er nicht. Er hat helle, blaue Augen, die sehr schön sein müßten, wenn sie froh und klar wären.

Zum Schluß wird er lebhafter. Aber er erzählt sehr wenig von sich selbst und nichts von seiner Vergangenheit. Am liebsten spricht er von allem möglichen, von dem, worüber er grübelt, und das Gespräch beginnt gewöhnlich damit, daß er ohne Vorbereitung eine zugespitzte Ansicht vorträgt.

So begann es gestern damit, daß er sagte:

„Die Menschen denken nur daran, wie sie leben, niemals daran, wie sie sterben sollen. Sie sollten Tag für Tag lernen, wie man stirbt. Nicht, daß sie gewaltsam ihre Triebe und Wünsche ersticken müßten, aber sie sollten sie nicht so sehr beachten. Sie sollten irgendwie schlafwandeln, so daß die großen Weltenträume kommen und die Dinge wachsen könnten und alles rings um uns reden würde."

Er schwieg eine Weile, lauschte dem Regen. Die Tropfen waren wie von Willen und Wildheit erfüllt. Dann fuhr er fort:

„Der Tod ist kein Nichts. Es gibt kein Nichts. Der Nirwanawunsch kommt von der Furcht vor dem Leiden. Das Leiden, das Leiden, das sollten wir begehren. Was ist das Leben anderes als ein Widerstand gegen etwas außerhalb von uns, das uns formen will und dem jeder Mensch sein eigenes Ich entgegenstellt. Nicht weil dieses Ich dem Erdenleben neue Reichtümer bringen wollte. Nein, nur um es zur Geltung zu bringen, aus Machtgier. Derjenige, der zu sterben versteht, kämpft nicht gegen die weisen Kräfte, die er nicht kennt, er nimmt sie an, und dann ist die Erfüllung am größten, singt es am schönsten in ihm. Die Natur versteht es besser, das Erdenleben zu genießen, sie versteht zu sterben, sie *will* sterben!"

Ich erzählte ihm, woran ich gedacht hatte, bevor er kam, daß auch die Natur gegen die vernichtenden Kräfte kämpft und leben will, so lange sie es kann.

„Im Gegenteil", fuhr er fort, „ich glaube, die Natur lebt ihr schönstes Leben, wenn sie verbleicht. Nichts stirbt so schön wie Blätter. Sie kleiden sich in die wärmsten, schönsten Farben, die der Erde zu eigen sind. Sie nehmen den Tod entgegen, sie sehnen sich danach, das Reine zu fühlen, das ihnen beschieden ist. Willig beugen sie sich vor dem Regen, lassen ihn schmeichelnd an sich herabgleiten, und weil sie mit freundlichen Mächten nicht streiten, wird der Tod so sanft, so wunderbar schön."

Er hat mir den ganzen Tag vor Augen gestanden. Ich habe ihn vor mir gesehen, wie er dort sitzt, im Stuhl zurückgelehnt, aber den Kopf doch vorgebeugt. Die Gaslampe zischt und wirft einen Goldschein auf seine stark gewölbte Stirn; auf seinem langen, schmalen Gesicht mit dem spitzen Bart ruht ein verschlossener Stolz, aber beim ersten Wort schmilzt er zu etwas weiblich Zartem. Es ist, als hätte eine Frau in ihm Platz genommen und ihn nach ihrem Bilde umgeformt.

Ich habe ihn gesehen, wie er dann ab und zu den Kopf hebt und halb abwesend dem Regen lauscht, der ewig, ewig mein großes Fenster peitscht, das nach Westen geht, wo erst die Hochebene liegt und dann das Meer.

Allmählich ist es, als würde das Zimmer anders und größer, eine alte Chronik auf dem Bücherregal, deren Titel ich halb unbewußt lese, wird zu mehr als einem Buch; es steigen entschwundene Zeiten daraus hervor: das Schloß ist aus Granit, der Tisch aus Eichenholz, das Licht der Halle kommt von oben, schwere Raubtierfelle sind die Gobelins.

Dann sehe ich ihn vor mir, wie er die Lider senkt und laut zu denken beginnt:

„Ich mag die Nacht. Es ist, als sollte es keine Nacht geben. Ewig wird von der Pracht der Sonne und des Tages gepredigt. Gewiß sind sie eine Pracht für das Auge und für die Sinne. Aber wir haben in uns auch Kammern, wohin das Sonnenlicht nicht gelangt, in die sich nur die Nacht hineinzustehlen wagt.

Gerade in dem Augenblick, da die anderen gegangen sind, das Geschwätz mit einemmal verstummt ist und man ein Licht anzündet, das nicht blendet – haben Sie bemerkt, wie reich dann zwei füreinander werden, wie neue Saiten in ihnen anklingen und wie scharf sie hören und sehen? Die Sonne verdunkelt die Umrisse; nachts haben die Dinge Persönlichkeit.

Es ist wahr, daß sie etwas Wehmütiges hat. Aber bringt nicht die Wehmut vieles in uns hervor, das Glück und Sonnenschein nicht kennen?

Es ist ein unendlicher Resonanzboden in der Tiefe der Dunkelheit, und es strömen uns daraus die Geister entgegen, die aus der Ewigkeit kommen und die sich den Sinnen verbergen – "

Wenn er spricht, ist es, als sähe er seine eigenen Worte ein Stück von sich entfernt in der Luft vor sich. Ich habe darüber nachgedacht, ob er immer so gewesen, wie er jetzt ist, oder ob das, was er erlebt hat, ihn so hat werden lassen. Er scheint doch wie dazu bestimmt, Orkane auf den Schultern zu tragen, die er so scheu hochzieht.

Es ist etwas Seltsames an ihm. Er paßt so gut mit dem Herbst zusammen, so wie er sich hier zeigt. Zuweilen weht da draußen über die Hochebene ein salziger Meereshauch, der von sehr weit herkommt und einen in neue Gedankenketten treibt. So ist es auch ihm geschehen, daß ihm bittere Worte seine Ruhe genommen haben. Sind Brandungen dahinter?

Das alte Haus

Kopenhagen, Oktober 1893

Inmitten der prächtigen Häuser in der breiten Straße steht ein altes, altes Haus. Sein abgestufter, hellfleckiger Giebel hat keine Pilaster und Bögen, die Scheiben der Fenster sind klein, so wie es früher üblich war.

Die Leute und die Obrigkeit schielen zu dem häßlichen, alten Giebel hinauf, der zwischen den anderen wie ein Totenkopf mit gebrochenen Augen wirkt. Wird das Haus nicht fallen?

Es fällt nicht.

Ab und zu wird bei den Studenten unter dem Dach angeklopft. Das ist das alte Fräulein, dem das Haus gehört. Mit grauen Locken, mit gesenktem Kopf, mit tiefer Stimme. Sie sieht sich im Zimmer um, sie prüft die Stühle, den Ofen, die Mauer.

„Ein herrliches Zimmer, nicht wahr, Herr Kandidat?"

Älter und älter wird das Haus. Am Ende will niemand mehr dort wohnen.

Aber in den leeren Räumen geht eine gebeugte Frau herum, betrachtet die Gipsrosetten an der Decke, fingert an den Gesimsen, an den Öfen. In den leeren Zimmern ertönt eine tiefe Stimme: „Da haben wir meinen Zerberus. Du hältst dich gut, mon ami. O ja, die Jahre können uns Alten nichts anhaben."

Und sie sieht sich zufrieden um.

„Herrliches Haus, herrliches Haus!"

Die Rosetten zerbröckeln, der Zerberus ist gesprungen, die Öfen sind schief, die Tapeten voller Löcher. Sie sieht es nicht, sie merkt es nicht.

Und gegen Abend geht sie auf den Boden hinauf. Ganz in den hintersten Winkel setzt sie sich und träumt von dem herrlichen Haus, dessen Säle einst vom Menuett widerhallten, dessen Fußböden von den Krinolinen gefegt wurden.

Der Wind pfeift durch die Ritzen, Ratten tanzen, Käfer und Würmer krabbeln um das Fräulein herum. Sie hört es nicht, sieht es nicht.

Erinnerungen

Erinnerungen an Strand Sogn

Strand im Jahre 1882

Ich fror nicht, als ich das erste Mal nach Jørpelandsvåg reiste, und es wäre auch merkwürdig, wenn man gefroren hätte. Ich glaube, es war in der Pfingstwoche. Warum ich gerade mit Pfingsten beginne? Ja, weil die lebendigste Erinnerung an diese sonst so lieben Tage steife Füße und steife Hände und Ohren sind.

Es war nicht das schönste Wetter damals. Es war einer dieser grauen und schwülen Frühlingstage; ab und zu ein paar Tropfen. Die Bootsbesatzung bestand aus Ola Røjsane mit Sohn Thomas und dem „Bäcker", Osmund: man nannte ihn „Bäcker", weil er diesen Beruf in der Stadt ausgeübt hatte, er war kein Einheimischer. Das Fahrzeug war ein „Sitzboot", das heißt etwa so etwas wie ein Achter. (Ich verstehe nicht viel von diesen Dingen).

Ola Røjsane ist ein Repräsentant des Jørpelandsbauern. Zwei tiefe Furchen seitlich vom Mund verleihen seinem Gesicht einen sehr freundlichen Ausdruck. Er war übrigens keineswegs ein häßlicher Mann. Sein Sohn war ein hübscher Junge. Das Gegenteil davon war ihr Kompagnon – Osmund. Er hinkte. Seine Stimme ging oft in den Diskant über. [. . .]

Aber zurück zum Boot. Ich gewann nicht den allerschönsten Eindruck, als ich das erste Mal an dem Land vorbeifuhr. Endlich kamen wir zum Holm, dem Tunglandsholm. Zwischen diesem und einer Landzunge vom Festland liegt der letzte Sund. Er oder seine Geister haben mehr als ein Dankeswort dafür vernommen – jedenfalls von mir und meiner

Reisegesellschaft –, daß die Reise doch einmal ein Ende nahm. Dann kommen wir in die Jørpelandsbucht, die windgeschützte. Ich will die Beschreibung aufschieben und zu meiner lieben Mutter eilen.

Die erste Person, die ich traf, als ich in mein neues Heim kam, war sie. Die Stube war gerade gescheuert für Pfingsten. Hinter den Spiegel waren frisch ausgeschlagene Birkenzweige gesteckt. Freilich war die Stube niedrig, und die Wände waren ohne Anstrich oder Tapete, aber nichts kann die Traulichkeit übertreffen, die von diesem ärmlichen Zimmer ausging. Ich glaube, es könnte eines von diesen viel beschriebenen Zimmern sein, in denen zum Fest alles gescheuert ist und Fichtennadeln auf die Fußböden gestreut sind. Aber man darf nicht glauben, daß dieses Zimmer immer so war. Nein, meines Vaters Haus war ein Räuberhaus und so weiter, aber das Häßliche wollen wir gern überspringen. –

Um dieses Zimmer ganz vollkommen zu machen, fehlte nur eine Mutter, und sie stand dort mit einer Gardinenstange in der einen Hand. Aber als ich drei Jahre später krank und durchgefroren in dasselbe Zimmer trat, war sie nicht mehr da. Sie stand also dort, eine Gardinenstange in der einen Hand, und bestimmt stocherte sie mit einer Stricknadel im Haar und murmelte wohl auch zwischen den Zähnen: drei Ort und vier Skilling, einen Daler, einen Daler und acht Penning.

Meine Mutter war eine seltene Frau, darf ich sagen, oder ich darf sagen, sie war eine Frau. Eine echte Norwegerin! Hellhäutig und blond. Ihre Gefühle tief in ihrem Herzen verschließend, war sie sehr schweigsam. Der Unterschied zwischen dem norwegischen und dem deutschen Charakter wurde gut an meiner Mutter und meinem Vater deutlich. Während meine Mutter in Norwegen gebürtig ist, hat nämlich mein Vater deutsche Vorfahren. [. . .]

Die Bäckersfrau

Man kann nicht sagen, daß sie launisch war, niemand könnte sie müde nennen, aber sie war gutherzig. Immer lächelnd, immer zu einem Schwatz aufgelegt, stand sie in der Tür. Dort konnte man sie antreffen – barfüßig, mit dem grauen Trachtenrock und mit der dazugehörigen Jacke oder dem Mieder. Die Farbe unbestimmbar, fast wie alte Kiefernstämme. Dieses Mieder, es war gewiß schlohweiß, und es hatte kein Schößchen. Sie erinnerte sich an alle möglichen Leute, und sie hatte das Glück, diese Erinnerungen jederzeit abrufen zu können – die Zeit, die sie bei Persen gedient hatte. „Ja, Sie können glauben, Jungfer, damals, als ich bei Persen diente, da hatten wir zehn Paar Messer und Gabel, ja, das hatten wir, das ist wahr, ja, das ist es." [...]"

Im Heidekraut

„Brage", März 1884

Ich erinnere mich gut an jenen Abend. Mondschein. Jeder muß zugeben, daß ein Mondscheinabend etwas ganz Bezauberndes, etwas Ahnungsvolles hat. Selbst wenn es eine Schwäche sein sollte, so liegt doch eine über alle Maßen große Freude darin, den Streifen des Mondes auf dem See zu betrachten, es gibt nichts, das dich so mit einem Schlag geradewegs in die Märchenwelt versetzen kann. –

Ich habe mich in der Einsamkeit immer sehr wohl gefühlt, und wirklich, ich war einsam genug, dort mitten auf der Hochebene; so weit man sehen konnte, nirgendwo Leute, und es war abends um halb zwölf.

Nicht im geringsten ängstlich oder unsicher, fühlte ich mich in der lustigsten Stimmung der Welt. Es war so herrlich, von Bülte zu Bülte zu springen, fern von Unruhe und Lärm und Sorgen.

Und dann das Mondsilber! Ich bildete mir jedenfalls ein, das Meer in einem Sonnenland könnte es nicht übertreffen. Jedes auf seine Weise. Diese zauberhafte Farbmischung in der Luft und über allen Dingen, der See so blau und blank, nur dieser märchenhafte, silberklare Streifen, der unwillkürlich eine Seejungfrau heraufbeschwört.. Und so still, so einsam ist es oben inmitten der Berge. Ich fühlte mich keineswegs beklommen, ich empfand das Leben als ein herrliches Geschenk. Ich konnte mich fast nicht losreißen vom Heidekraut und von der Einsamkeit. Aber hinunter ins Dorf ging es dann endlich. Da wurde die Einbildung Wirklichkeit. Du magst es glauben oder nicht, konnte das etwas anderes sein als eine Huldre – sie, die da von Stein zu Stein sprang, so leicht, so leicht. Mein Herz klopfte, konnte das etwas anderes sein als eine Huldre, das Wesen dort mit den weißen Ärmeln und dem roten Mieder, das so unmäßig sprang, so übermenschlich munter war. Ich nehme an, daß ich außerordentlich wenig abergläubisch bin, aber ich war doch auf dem besten Wege, an etwas Außergewöhnliches zu glauben. Ich habe immer mächtig dafür geschwärmt, etwas ganz Neues zu sehen. Mit festen Schritten ging ich näher; das war ein ungeheuer interessantes Gefühl. Mein größter Wunsch war, daß es wirklich eine Huldre sein möge. –

„Bis du so weit oben auf der Hochebene gewesen – so spät? Fast hättest du mir ´nen Schreck eingejagt!"

Und dann ein rollendes Lachen. Sie lief auf Strümpfen, angetan mit einer außerordentlich leichten Tracht. Es war das lebhafteste und munterste Mädchen aus dem Dorf.

Und weiter unten eine neue Erscheinung, eine neue Huldre, ein Hardangermädchen in der alten Tracht, dem bekannten Skout. Da war auch eine Erklärung vonnöten.

„Guten Abend, Sigbjørn."

Das war eine von den Huldren aus der Stadt. In diesem Sommer war es Mode, die Hardangertracht anzulegen.

Eine Zusammenkunft
1884

Endlich war ich einmal mit dabei. Mein Bruder hatte mich gemahnt, und zum ersten Mal war ich einverstanden gewesen. Es ist so still am Sonntagnachmittag, wenn es sich abzukühlen beginnt, wenn die alten Bauern dasitzen, die Brille hoch in die Stirn geschoben und in ihren Erbauungsbüchern lesen, der Vogel wie in Gedanken schweigt, alles schweigt. Nur der Abendwind beginnt zu säuseln. Der Himmel nimmt einen dunkleren Ausdruck an. Stumm gingen wir durch die duftenden Wäldchen. Gute Zeit zum Nachdenken. Den Weg entlang zogen die gesetzten Bauern mit gedankenvollen Gesichtern, den Weg entlang zogen die alten Bauersfrauen, einander interessante Gerüchte erzählend. Hinaus zur „Zusammenkunft" zog sogar die tanzlustige Jugend. –

Wir traten in die niedrige Stube unter dem grasbewachsenen Dach. Man muß selbst bei einer „Zusammenkunft" gewesen sein, um eine Vorstellung von der Luft zu haben, die mir entgegenschlug. Die Stube war voll, und man hatte eine kleine Kammer dazu genommen. –

Die Ärmsten! Wie sie schwitzten. Wie ihre Gesichter glühten. –

Dann begann der Gesang. Der Laienprediger, der mit nonchalanter Miene am Fenster saß und wahrscheinlich von sich glaubte, daß er diese ganze Versammlung beherrsche, gab den Ton an. Wenn man nicht wüßte, was Diskant bedeutet, hätte man es hier hören können. Wenn man nicht wüßte, was Mißtöne sind, hätte man sie in dieser Versammlung vernehmen können. Ich fühlte mich so schrecklich feierlich gestimmt. Alle gaben ihr Bestes. Die Frauenzimmer brachten beinahe meine Trommelfelle zum Platzen. Und alle fühlten sich feierlich gestimmt. Darum fügten sie hier und da einzelne Triller ein. Darum stießen sie hier und da pflichtgemäße Seufzer aus. Dieser Gesang hat für mich immer etwas Bedrückendes gehabt. Es ist grad` so, als sollte er mit einem Schlag ihr ganzes Leben darstellen, all ihre Wehmut, all ihre Entbehrung. Mag sein, daß es nicht musikalisch war! Ich weiß es. Denkt an ihr eintöniges Leben, besonders an das der Frauen. Da hocken sie ihr ganzes Leben ohne Abwechslung. Dieselbe Tätigkeit jeden Tag. Ist es da ein Wunder, daß sie religiös werden? Ein Wunder, daß sie das Bedürfnis verspüren, sich lauthals Luft zu machen? All das liegt meiner Meinung nach in diesem melancholischen Gesang. Denn sie suchen sich bezeichnenderweise die am meisten zu Herzen gehenden Moll-Melodien aus.

Jetzt erhob sich einer der geistlichen Väter der Gemeinde. Er wandte den Blick zum Dachbalken und faltete seine Hände; er stieß einige krampfhafte Seufzer aus. Darauf sprach er mit einem höchstmöglichen Beben in der Stimme ein improvisiertes Gebet. Im Saal herrschte Stille – nur Seufzer aus einzelnen beklommenen Herzen. Das ist die Schwermut, die von der Natur und vom Leben gezeugt wird, eine Schwermut, in der ich meine größte Freude finde, weil Stadtleben und Bildung mein Gemüt empfänglich gemacht haben.

Ich habe vergessen, wie dieser Gottesdienst auf mich gewirkt hat, ich habe die Gedanken vergessen, die mir unterdessen im Kopf herumgegangen sind. Ich erinnere mich, daß die verlorene Zeit mich nicht gereut hat. Dann erhob ein anderer der bestallten geistlichen Väter der Gemeinde seine Stimme. Er wollte ein Stück vom alten Arndt lesen. Ihn könne man lesen, ohne Schaden zu nehmen, etc., etc. Er las, indem er alle im Dialekt ungebräuchlichen Wörter mit gehörigen Schnörkeln versah.

Als man fertig war, gab es Zeit zu schauen und beschaut zu werden. Da wurden die Trachten einem kritischen Blick unterzogen.

Es war herrlich, wieder an die frische Luft zu kommen. Froh sang die Jugend des Dorfes ihre Weisen – am Sonntagabend wollten sie tanzen und sich vergnügen. –

Ernst ging ich fort. Das war der Abend, an dem ich begann, über das Christentum nachzudenken.

Auf Wanderung

Wie stark empfand ich doch auf meinen einsamen Wanderungen, und was für eine Welt voller Gedanken und Romantik, in der ich lebte!

An eine Wanderung erinnere ich mich besonders, ich ging hinaus und ging nur und ging – sobald ich auf einen Hügel kam, mußte ich auf den nächsten, denn von dort eröffneten sich bestimmt neue Ausblicke.

Ich machte einen Bogen um die Häuser und die Hunde – ich hatte schreckliche Angst vor Menschen und noch größere vor Hunden –, endlich war ich heraus aus dem bewohnten Gebiet und in meinem Reich – es bestand aus Einsamkeit, Wald, Bächen, Felswänden und der Phantasie und Romantik meiner Seele.

Es war der Lysefjord, den ich erreichen wollte.

Vor einer offenen, sumpfigen Ebene, die einen Ausblick auf den Fjord und die bekannten Gipfel freigab, kam ich in ein zwischen waldbekleideten Hängen gelegenes Tal mit dichten Kiefern und sumpfigen Beerenflächen. Weiter drinnen traf ich auf Kühe, die dort herumgingen und faulenzten. Nach einiger Zeit erreichte ich einen kleinen Waldsee, ich kletterte um ihn herum und gelangte hinüber auf die andere Seite, wo eine Felszinne sich erhob. Auf die mußte ich unbedingt hinaufklettern – und was für eine Aussicht! Ein herrlicher Gebirgssee, ringsum nach allen Seiten mehrere Gipfel – und weiter hinaus, Gipfel über Gipfel – und ganz in der Ferne wieder Wasser – das mußte der Lysefjord sein. Vor mir ein Gebirgssee, hinter mir ein Gebirgssee, vor mir Einsamkeit, hinter mir Einsamkeit – der Eindruck war überwältigend –, es sind sechs bis sieben Jahre seitdem vergangen, so daß ich die Ursachen des Eindrucks nicht abstrahieren kann, aber ich weiß, daß ich mich weinend dort niedersetzte – und daß ich Tage später das Gefühl hatte, von den Berggeistern verzaubert worden zu sein.

Als ich zurückging, betrat ich das Felsplateau, und von dort oben hatte ich wiederum einen guten Ausblick. Nochmals ein großer See und dahinter ein zweiter – und unten am See ein rotes Haus. Das war eine freundliche Landschaft. Oben im Gestrüpp, wo ich lag, sang ich ein paar von diesen norwegischen Melodien, die zu der Natur passen.

Daß ich mich nicht zum Gehöft hinunterwagte, ist überflüssig zu erzählen.

Dort war ein Hund.

Dann ging es wieder bergab, in Stufen die baumbekleideten, schönen Hänge hinunter, während die Abendsonne auf den von dem Eindruck überwältigten Jungen herabschien. Kaum jemand hat so früh wie ich begonnen, die Natur als Ganzes zu lieben und ihren Puls im Innersten gespürt. Das empfand ich zum ersten Mal dort oben. Dieses schwermütige Bild hatte ich vorher gekannt – es war mein eigenes Ich.

Ein anderes Mal schlug ich denselben Weg ein – längs des Jøssangfjordes -, um nach Sælemork zu kommen. Es ging in den Wald hinauf, wo ich zwei großen Ziegenböcken mit Diplomatenbart begegnete, ich stieß auch auf mehrere große Ameisenhaufen. Der Wald hörte auf, und ich stand auf der Hochebene; etwas, das einem Weg glich, trug mich fort, und ich folgte ihm; aber bald wurde ich mißtrauisch, und ich folgte meinem eigenen Kopf. Weiter hinein – in das Bekannte, das mich aber immer wieder beeindruckte und nachdenklich stimmte: Berge, nach allen Seiten über das Plateau schwimmend, weiter drinnen dunkle Seen – ich kam wieder in einen dichten Wald, ein kleiner See lag vor mir, ein Boot war da, große Angelruten lagen daneben – ein schöner See, weit in die Hochebene erstreckte er sich – wie die Stille; ich ging weiter auf brennenden, eiligen Füßen – ich kam an einen Bach – eine Brücke und einen Steg, eilte weiter – und endlich stand ich – an meinem Ausgangspunkt.

Auf dem Bjørheimssee

25. September 1884

Es war zur Zeit des Sonnenunterganges, als Vater und ich nach Strandastø kamen. Zu der Stunde, die das Gemüt so friedlich stimmt, die es so feierlich macht, betraten mein Vater und ich den stillen Friedhof, um eine Weile an Mutters Grab zu verharren. Es dauerte lange, bis wir es fanden, so zugewachsen wie es war. Stell dir meinen Vater und mich vor, wie wir da am Grab stehen – bei der weißen, lichten Kirche, im Schein der sinkenden Sonne! Diese Kirche steht wirklich „auf einem hohen Platz". Ich kenne keine andere Kirche, die einen so schönen Standort hat. Freundlich steht sie dort oben auf einer Anhöhe, auf ihrer Rückseite von Gärten umgeben und den Kirchgängern zuwinkend, die vom See her den steilen Berghang hinaufkommen. Über den See blickt die Kirche; denn auf dem See halten sich viele aus der Gemeinde auf. Und in Scharen ziehen die Kirchgänger hinauf, die Frauen im Sonntagsstaat, die Männer in weißen oder roten Hemdsärmeln – bis zur Kirchentür, wo sie ihre Jacken anziehen.

Aber dann gingen wir weiter, Vater und ich, in der frischen Abendluft, die alle Düfte in sich aufgenommen hatte, die es hier gab, von Blumen, von Heu und Birkenwäldchen – eine kühle Luft, gewürzt mit den herrlichsten Gerüchen. Es war gewissermaßen eine Birkenallee, die nach oben führte.

Die Sonne war untergegangen, als wir uns auf das Wasser begaben. Der Himmel zeigte sich in all seiner Sternenpracht, ohne Mond. Er war so schön gewesen, dieser Tag – es war, als hätte er seine Schönheit richtig zeigen wollen, im Gegensatz zum Unwetter des nächsten Tages.

Friedliche bis wehmütige Wünsche stiegen in meiner Seele auf, während ich in dem flachen Ruderboot saß, das sich still über das Wasser bewegte. Es war zu dunkel, um Nuancen in der Landschaft unterscheiden zu können. Über hohe, dunkle Berge warfen die klaren Sterne ihr spärliches Licht und spiegelten sich darauf in dem schwarzen, schönen Wasser. Mit Birken und Kiefern bekleidete Hänge ziehen sich an beiden Ufern des Bjørheimssees entlang. Direkt gegenüber haben wir das imposante „Tysdalskjæft" mit den senkrechten, breitrückigen Bergen. – Allmählich wurde es dunkler und dunkler, so daß ich nichts weiter sehen konnte als die schwarzen Bergrücken und den blauen Himmel mit den Sternen.

Auf dem Tysdalssee

Am nächsten Morgen wagten wir uns über den Vaagesee, obwohl es regnete und von Ost stürmte. Der Alte, der in der baumumstandenen Hütte am See wohnte, hatte gewiß keine große Lust, sein Tagewerk zu beginnen. Aber gegen Mittag schien es ein wenig abzuflauen.

Ich war pitschnaß geworden, als wir morgens in dem feuchtkalten Wetter hinauf zum Fährmann gegangen waren.

In seinem Herd brannte ein lustiges Feuer. Ich zog meine Strümpfe aus und fühlte mich in diesem Zimmer, so einfach es war, ungeheuer wohl – ich habe viel Ärmlichkeit gesehen, denn ich bin meistens in armen Kirchspielen gewesen, aber etwas Ärmlicheres habe ich wohl nicht gesehen. Nur ein

Stuhl, ein unbequemes Bett und eine kleine Andeutung von einem Tisch, das war das Mobiliar in der unreinlichen Stube. Sobald Valborg kam, die uns begleitete, mußte sie einen Schluck Kaffee haben, und es sollte ein Schwätzchen gehalten werden.

Wie gesagt, gegen Mittag flaute es ab, und wir entschlossen uns weiterzuziehen. Wir mußten beide mitrudern. Der Tysdalssee ist eine dreiviertel Meile lang, aber nicht breit; er ist ebenso tief wie er lang ist, sagt man mit einer gewissen Übertreibung. Die Felsen stürzen sich zu beiden Seiten senkrecht ins Wasser, himmelhoch wie sie sind, und wenn sie unter dem Wasser ebenso hoch sind wie darüber, dann sind sie wahrhaft respektabel.

Es war jetzt ein wenig wärmer geworden, man konnte auf Sonnenschein hoffen, während es vorher schneidend kalt gewesen war. Der Alte war gesprächig. Vater breitete sich über die Gebirge und über Gottes Macht aus und ließ ein paar Worte über die Geologen fallen, die alles aus der Natur heraus erklären wollten, worüber der Alte zu Tode erschrokken war.

Ein Fels, steil wie eine Stubenwand, ragte in die Luft – und von dort hatte der Alte, wie er erzählte, in seinen jungen Tagen eine Ziege zurückgeholt. Wenn ich danach keinen Respekt vor den Bauern bekommen hätte – sie hatte direkt über uns in einer Spalte gesteckt –, ich wußte nicht, wie man da hätte hinauf- und hinunterkommen können.

Verschiedene Böen, bald von der einen, bald von der anderen Seite, erfaßten das Boot, doch ging es mehr vorwärts als zurück, und endlich erreichten wir die Landzunge. Es war neu und bezaubernd für mich, dem Fluß aufwärts zu folgen, vorbei an herabhängenden Birkenzweigen, und durch das klare Wasser auf den Grund zu schauen.

Damals ahnte ich nicht, daß ich viele, viele Male an diesem Wasser sitzen und daß es mir so lieb und vertraut werden würde wie wenige andere Orte.

Wir zogen also weiter. Es bereitete mir einigen Ärger, daß mein Vater nach meiner Auffassung so langsam war. Wir erreichten Moland, wo es ein bißchen bergauf geht, ein Wasserfall sich vom Hang stürzt, es ist ein recht hübscher Ort.

Dann führte unser Weg wieder herab, hier war es dunkler, aber die Berge sahen nicht so steinig und wild aus – und unmittelbar vor uns öffnete sich die Aussicht auf ein neues, freier gelegenes Tal. Wir gingen zu einem Haus und bekamen von einem Mann, dessen Frau gerade im Kindbett lag, ein Töpfchen Milch.

Dann gingen wir weiter, kamen – vielleicht zum ersten Mal in unserem Leben – in ein vertrauliches Gespräch über Religion und Gott und Todesfurcht, von der ich behauptete, daß ich sie nicht hätte, während Vater meinte, daß das unmöglich sei. Natürlich! Im Regen ging es hinunter nach Aardal. Oben, längs des Sees, sprachen wir, wie ich mich erinnere, über Laienprediger.

In Brækken machten wir Rast und aßen Weißbrot – pitschnaß.

Wir erreichten Ingvaldstad, wo uns der Alte zu saurem Bier und alten Erinnerungen einlud, aber Quartier bekamen wir nicht. Das erhielten wir indessen auf Børke, wo wir nicht bezahlen durften. Darauf ging es weiter abwärts, vorbei am Espelandsvandet, einem schönen kleinen Waldsee mit Wasserrosen – weiter unten ein Schieferbruch, der Fjord mit vorgelagerten Inseln – alles alte, meinem Vater vertraute Orte, was ihn ganz glücklich machte –, dann nahm uns die Dämmerung auf – und nachdem Vater jemandem, der Laub für das Vieh holte, einen Vortrag über ausländische Landwirtschaft gehalten und mit einem Bauern, der eine Wanderung machte und den er von früher kannte, geschwatzt hatte, standen wir bald auf Tuntland, wo wir Bertha trafen, die Kleider wusch. Nun gab es eine herrliche Milchsatte, eine gute Mahlzeit, Gespräche mit dem Hausherrn und dem Gesinde.

Es war das erste Mal, daß ich auf Hjelmeland war, aber nicht das letzte.

Stimmungsbilder von Hjelmeland

Am Stenslanssee
27. Juli 1884

Jeder Busch ist voller Sommer, jeder Schlupfwinkel voller Sonnenlicht. Ist man kein Maler und doch erfüllt von diesen Farbnuancen, all diesen anmutigen Übergängen in der Landschaft, diesen sanften Formen und Linien, was soll man da tun? Nur im Schatten der Büsche zu liegen und über die Frische und das Leben der Natur nachzudenken, das ist schon Ferienfreude. –

Jetzt hatte es geregnet, hatte in Strömen gegossen, tagelang – wochenlang. Endlich ist die Sonne gekommen und hat eine Landschaft an den Tag gebracht, die wir vorher nur halb gesehen hatten. Zwischen den Bergen zu beiden Seiten, die Zäunen gleichen – waldbekleideten Bergen mit anmutigen Konturen und einer reizvollen Verteilung von Licht und Schatten –, zwischen diesen Hängen verläuft das Tal, zieht sich mit den Wiesen und Äckern direkt zum See hinunter, der sich spiegelklar seinen Weg in das Vorgebirge bahnt, um das Bild des Waldes liebevoll zu umarmen. Die Gebirge umstehen den See wie eine Mauer. Oben von den Hängen tönt Schellengeläut, ab und zu hört man die Stimme einer einsamem Kuh, Vogelgesang, Insektengesumm – Sommerfreude, und hier unten auf dem Feld arbeitet man lustig im Heu.

Auf dem Lande
28. Dezember 1884

Ein Lachen perlt in den Abend. Ich wußte – erbebend –, woher es kam. Es war schon halbdunkel, ich sah nichts, hörte nur, jetzt war ich an mein Ziel gekommen, nachdem ich so viele Meilen gegangen war, mein Ziel war dieses frische Lachen. -

Wie konnte ich noch länger müde sein, als ich da still aus dem Unterholz herauskam, still hinabging – ich schlug den Weg ein – von der Scheune kam es, das Lachen; sie waren beim Melken. Sie war ernst geworden. Sie jubelte nicht bei meiner Ankunft, war nicht erstaunt, forderte mich auf, hineinzugehen. Ich vermute, sie war ganz erfüllt von der schwellenden Freude darüber, daß ich meine kühnen Worte aus dem letzten Brief hatte Wirklichkeit werden lassen . . .

Oh, dann diese anderthalb glücklichen Tage, ich war befreit von allen schwesterlichen Argusaugen, und mit ihr – Ellen – konnte ich so lange zusammen sein wie nie zuvor.

Ich ging nicht hinein; nicht um hineinzugehen, war ich gekommen. Da draußen auf der Bank saßen wir, sie und ich, aber nicht nur sie und ich – ihre zarte, feinsinnige Schwester saß auch da. Es war also eine halbe Freude. Auch der Vater kam, so waren wir beide es, die sich miteinander unterhielten, bis ich gehen mußte; ich ging in der Hoffnung auf den morgigen Tag – ich war zum Mittagessen eingeladen – , der Vater, der rechtschaffene, aber in diesem Zusammenhang beschwerliche, hatte auswärts etwas zu erledigen, es war üblich, daß man – oder ich – dann zum Essen eingeladen wurde. Ich war froh, als ich mich endlich da oben verabschieden konnte.

Ja, das war sie, die dort stand und etwas spülte. Ein paar Worte waren zu erhaschen – und es wurden mehr. Denn am Nachmittag wendete sie Heu – sie und ich alleine –, wir trieben wie gewöhnlich „Schabernack" miteinander, der eine versuchte den anderen zu übertreffen. Plötzlich fragte ich, ob sie nicht meine, daß ich ein wenig kalt sei – weil ich ihr keinen Kuß gäbe – jetzt, da ja doch dafür scheinbar Gelegenheit sei. Doch, sagte sie bitter, um mir zu verstehen zu geben, daß sie wisse, was ich meinte.

Aber dann kamen Leute. Wie immer. –

Anna und ich saßen unten in der von der Natur geschaffenen Laube, ich vergesse sie nicht leicht, diese Stunde. Wir beide. Sie – die anziehende, zarte Gestalt, die nie weiter hinauskam, die nur in der Phantasie die Berge besteigen konnte, die sie in der Glut der sinkenden Sonne gesehen hatte – im weißen Mantel – dunkel, drohend im Unwetter – all diese Natur, die so nahe war. Und ich, der Stadtmann – doch das ist nicht der richtige Ausdruck –, ich, der ich gehetzt bin, fortwährend gehetzt von dem Gedanken an alle die Gegensätze dieses Lebens. Wir beide saßen hier zusammen an dem friedlich-stillen Herbstnachmittag – hier saßen wir, weit entfernt von den „großen, feuerroten Wolken über Europa", oder wie man es auch nennen will. Hier saßen wir in dem schmucken schlichten Garten, den der strebsame, arme Küster selbst bestellt hatte. Und hinter uns lag das niedrige Haus, unter dessen Dach eine Familie wohnte, die sich bemühte, nach christlichem Maßstab zu leben. –

Ich habe nie so gelebt. Ich fühle das jetzt, ich habe es jedesmal gefühlt, wenn ich an diese Stunde zurückdenke.

Sie brachte den Kaffee heraus. Und setzte sich zu uns – Scherze – Scherze – immer nur Scherze. Sie wollten, daß ich sänge. Ich sang. Dann kam er wieder, der Vater, begann das Heu zu Haufen zu setzen.

Ich hörte Gesang – es war das Lied vom Nöck; sie ging dort draußen und betrachtete die Sterne und sang dabei vom Nöck – für mich. Niemals war ich ihr so nahe gewesen.

Von einem Spaziergang konnte natürlich keine Rede sein – aber im Haus waren alle zu Bett gegangen, und wir waren ungestört. Endlich! Und da tat ich es nicht. Ich nahm es nicht. Sie hatte es für mich aufgehoben. Sie war herausgekommen, um es mir zu geben. – Und ich nahm es nicht. Ob ich bereut habe? –

Ich wollte sie dagegen zum Sprechen bewegen, aber das wollte sie nicht. –

Ich wagte es, ihr Haar zu glätten; ich bat um Erlaubnis.

„Was für schönes, schwarzes Haar du hast?"

Ich zitterte am ganzen Körper. Das ist wahr. Keine Übertreibung. Ich fand ihr Haar so straff gekämmt. Ich zog hastig die Hand zurück. Es war, als dürfte ich es nicht tun. –

Ich tat es nicht! Das hat mich später verfolgt. Ich wollte es anfassen. Es rief. Wie immer. Ich lief nach Hause. –

Aus der Gymnasialzeit

Wer von meinen Kameraden würde glauben, daß S. Obstfelder, der immer heitere, der kalt ironische, der leicht verspielte, aber doch scheinbar aufrichtige, zu Hause sitzt und Ergüsse verfaßt, die vielleicht ein wenig zu gefühlvoll sind. – Selbststudium!

Elegie
[10. 4. 1884]

Oh, ihr wißt es, ihr habt es gesehen, ihr Veilchen, ihr wißt, daß ich Gefühle habe. Ihr wißt, daß es mir schwerfällt, unter warmen Herzen als Kritiker herumzugehen, ihr wißt, daß es mir schwerfällt, mich wieder kalt zu zeigen, wieder formell zu werden, wieder die Form zu wahren. Ihr wißt, daß das Gewand der Fröhlichkeit für mich eine Zwangsjacke ist. Ihr Veilchen und ihr Aurikeln, nur ihr habt es gesehen, nur ihr habt ein bleiches, *sanftes* Gesicht gesehen, ein sorgenvolles Gesicht.

Eine Freundschaft wird geschlossen
Geschrieben am 1. Mai 1884
Zwei Seelen, ein Herz

Es war an dem Sonntag. Sonntag – Sonnenwetter – Gottesdienst – Heidekraut – und die beiden im Heidekraut. Das war der Tag, an dem ich Anathon richtig fand; das war der Tag, an dem er mich richtig fand. In Sonntagskleidern gingen wir aus der Stadt . . .

Es mochten wohl vier oder vielleicht fünf Sonntage seit jenem Tag vergangen sein, als wir denselben Weg gegangen waren, ohne einander zu kennen, ohne „Freunde auf Leben und Tod" zu sein. Aber es war vor allem die Stunde, da wir oben im Heidekraut lagen, die so denkwürdig ist, daß wir uns lange an sie erinnern werden, eine Stunde von so reinem Genuß, wie die Erde sie hervorbringen kann, eine Stunde mit froherem, reinerem Nachklang als Konzerte, Bälle und was du willst. Das war damals, als du, Anathon, dein tiefstes, innigstes Gefühl darlegtest, deine Liebe zu deiner Mutter, eine Deutung, die ich, wie du dich erinnerst, nicht vergessen habe und die ich schwerlich vergessen werde; denn die Deutung bestand nicht in einem Wortschwall. Das war damals, als du mir Gefühle und Gedanken offenbartest, die du keinem anderen offenbart hattest – deshalb konnte ich endlich die lang ersehnten Worte sagen: „Ich bin dein *Freund*." Und die Sonne schien so mild auf uns beide herab, die wir an diesem Morgen einen stillschweigenden Freundschaftspakt schlossen, und es war so herrlich zu leben, und wir sagten so liebe, so innige Worte zueinander.

Es war an einem späteren Abend, ich erinnere mich an sehr wenig, ich weiß nur noch, daß wir unsere Vorstellungen von Gott und dem Himmel austauschten; aber an eines erinnere ich mich doch, an eine Sache, die ich nicht vergessen werde, das war die Besiegelung der Freundschaft, die mir jede Spur von Zweifel nahm. Er entwickelte seine Vorstellungen von einem Freund, er erzählte, wie er sich sein Leben lang einen

Freund gewünscht, sich nach einem Freund gesehnt habe, da frage ich, um jeden Schatten eines Zweifels wegzufegen: „Glaubst du, daß du jemals so einen finden wirst?" Da wandte er hastig den Kopf zu meiner Seite und sah mir mit einem freimütigen, einem so innerlich frohen Blick ins Gesicht und rief im Brustton der Überzeugung: „Ich habe doch einen gefunden!" Da hätte ich mich versucht fühlen können, meinen Arm um seinen Hals zu legen und zu sagen: Niemals werde ich dich verraten, niemals wirst du mich verraten. Aber es traten nur Freudentränen in meine Augen. Ich bin nicht italienischer Abstammung, sonst hätte ich vielleicht getan, was ich erwähnt habe.

Stavangerbild

[28.8.1886, Zeitung der Jugendgruppe]

Da nicht alle Menschen aus Stavanger stammen – was vielleicht von großem Nutzen für die Erde ist -, ja, die meisten nicht von dort sind, dürfte es angebracht sein zu berichten, daß Stavanger mit blankem Eis eine ebenso angenehme Abnormität ist wie Stavanger ohne Heringe eine normale Unannehmlichkeit ist.

Nun, darum geht es nicht, niemand soll glauben, daß das Eis auf dem Bredevand blank war; nein, aber ein paar Stücke davon waren blank, was, wie man sagen muß, in Stavanger eine ziemlich große Abnormität ist.

So war denn dieses absonderliche Faktum eingetreten, etwas, was seit Menschengedenken nicht geschehen war, daß man die „Feinen" auf dem Bredevand sah. Daraus kann nur einer der folgenden Schlüsse gezogen werden: entweder, daß sie nicht mehr „fein" waren oder daß die alte unbefleckte Stadt Stavanger nach den vielen harten Prüfungen, die ihr von unserem Herrgott auferlegt worden waren, endlich voller

Demut eine demokratische Gesinnung angenommen hatte oder auch, daß es plötzlich fashionable geworden war, auf das Bredevand zu gehen, nämlich seit es für Kinder fünf Øre und für Erwachsene zehn Øre kostete und ein Mann, vielleicht auch noch ein zweiter, dadurch sein tägliches Brot hatte. Es muß nämlich bemerkt werden, daß die Leute aus Stavanger Philanthropen sind, fast bis zum äußersten. Das ist die Stadt, von der die Missionsbewegung ausging, dort ist das Waisenhaus, dort hat das Magdalenaheim gestanden usw., usw.

Nun ja, die „Feinen" waren sehr mutig geworden, man sah sie in Scharen zum Bredevand ziehen. Die ganze Stadt strahlte vor Freude und Lächeln.

Dort unten beugten sie sich vor, glitten sacht und nobel vorwärts, wärmten ihre Hände in den Müffchen und ließen sich ihre Schlittschuhe von den drei bis vier jungen Herren anschnallen, die es in dieser alten Stadt gab. –

Es war der schöne Tag, den man Sonntag genannt hat. Besonders am Vormittag war es angenehm. Die „Feinen" amüsierten sich ausgezeichnet, nicht einen einzigen Menschen, der unfashionable gewesen wäre, gab es auf dem See, sie konnten in vollen Zügen genießen. Oh, wie still und schön war es, man mußte fast an einen Salon denken, wo man keinen Laut hört, wo jeder Schritt von den dicken Teppichen gedämpft wird.

Aber da war besonders einer, der großartige Sachen machte – er war aus Südostnorwegen, und dort hat man zuweilen Eis. Er sprang und drehte sich, war bald vor dem einen, bald vor dem anderen. Oh, das war so elegant. –

Der Tag neigte sich. Da kamen einige, die überhaupt nicht „fein" waren; sie verfügten zwar über äußeren Glanz, aber . . . Das waren Handlungsgehilfen mit ihren Mätressen. –

Es begann unangenehm zu werden. Einige „Feine" verzogen sich. Solche halbseidenen Damen und Herren sind sehr frech, sie sind viel schlimmer als die „wirklich einfachen Leute". –

Denn die „wirklich Einfachen", die gingen dort oben am Ufer und seufzten und schielten, sie verfluchten die „Feinen", aber hinaus auf das Eis wagten sie sich nicht. Sie gingen nach Hause – und kamen wieder hinunter – die „Feinen" waren immer noch da. Wehmütig blickten sie über das Bredevand, auf das sie früher immer ein Recht gehabt hatten; aufrührerische Gedanken begannen sich bereits in ihrem Innern zu regen. –

Aber dort draußen wurde es unangenehmer und unangenehmer; immer mehr „Halbseidene" kamen, sie waren so frech.

„Daß man auch so einen niedrigen Eintrittspreis hat!" –

Jetzt kamen sogar „ziemlich einfache Leute". Denn jetzt faßten die „Einfachen" Mut, sie konnten sich nicht länger zurückhalten. Man sah nun nach und nach sowohl „Einfache", „sehr Einfache" und „sehr, sehr Einfache". –

In aller Eile waren die „Feinen" geflohen. –

Ich hatte mich auch hinausgewagt, ich stand da mit den Händen in den Taschen, auf echte Stavanger-Manier. Die „Einfachen" hatten jetzt ihre Furcht ziemlich überwunden, sie drehten sich und tanzten, sie sangen „Sein alter Vater" und „Tragt Bellesen zu Grabe". Ich konnte nicht anders, ich mußte mich diesen altmodischen, sentimentalen Betrachtungen anheimgeben, wie herrlich es gewesen wäre, wenn der „Feine" dem „Einfachen" die Hand gegeben und wenn sie gemeinsam gelacht hätten. Aber dann wäre die Erde gewiß nicht länger die Erde oder jedenfalls Stavanger nicht länger Stavanger gewesen, an jenem Tag, da der „Einfache" keine Angst vor dem „Feinen", der „Feine" keine Angst vor dem „Einfachen" gehabt hätte. –

Und doch schien es ein so kleiner Schritt zu sein, daß der „Feine" und der „Einfache" sich so ab und zu dort draußen auf dem Eis in freier Luft träfen. –

Oft habe ich dort gestanden und mich an ihrer Freude ergötzt. Sie hatten Freude, fand ich, rein und unverfälscht, frisch und vollblütig. Klare Luft, Liebe und Gesang! Niemand fand es seltsam, wenn der Bursche das Mädchen in seine starken Arme nahm oder das Mädchen den Burschen umarmte, nichts war seltsam, alles war offen. –

Oft hätte ich Lust gehabt, mich unter sie zu stürzen, aber was würde das helfen, wir würden für immer Fremde sein, dazu haben wir uns gemacht, das wollen wir gewiß auch am liebsten, dort ist nicht unser Platz und außerdem: über uns steht die Reflexion; Behagen und Genuß sind also mit Fragen vermischt. –

Oder wenn ich mich an die andere Gesellschaft wenden würde, an die „Feinen", so wissen doch alle, daß dort keine Freude herrscht, keine Liebe – wenn ein wenig davon existiert, oh, dann ist es so verschleiert und von Regeln umstellt, vom Staub der Etikette und von Gott weiß was. Wenn da Liebe ist, so ist sie so geheimgehalten, daß sie für die ehrliche Natur abscheulich wird. An solchen Abenden wie diesem kann man sich in eine alte romantische Zeit hineinträumen, in der man inkognito herumzieht und das Volksleben studiert, für Leute singt und spielt, wie ein Minnesänger oder so ähnlich.

Tagebuchblatt
März 1886

Es ist herrlich, die großen reichen Bücher zu lesen – so als würde man sie gleichsam erleben und erschaffen –, seine Fehler und seine Sehnsüchte wiederzufinden, sich im Zusammenhang mit dem Ganzen und im Verhältnis zu sich selbst zu sehen. Es ist seltsam, dem Rauschen des Windes und dem Tosen der Wellen zu lauschen, es ist seltsam, draußen im Heidekraut oder auf dem Berg zu liegen und in den klaren, blauen, unendlichen Himmel zu schauen – zu fühlen, wie die Wärme den Körper durchströmt. Und all die kleinen Blumenmärchen in Wald und Flur zu betrachten, das Leben und die Entwicklung der Tiere im Zusammenhang mit seiner eigenen zu sehen, über den Nutzen und die Bestimmung aller Elemente nachzusinnen und über die Bedeutung der

Zahlen. Die Gesichter der Menschen zu betrachten – den Ausdruck ihrer Gefühle, Charaktere -, ihrer Klugheit zu lauschen oder ebenso ihrer Dummheit.

Es ist schön, bei den Märchenschätzen der Erinnerung zu verweilen, ihre magische Farbenpracht zu schauen, ihr gedämpfes sanftes Licht – und es ist hinreißend, der seltsamen Flucht der Hoffnung hinauf in blendende Lichtregionen und hinab in friedlich stille Täler zu folgen. – Zu hören, wie die Ströme der Musik die Hoffnung auf ihren Wogen tragen, durch sie mit dem Wahrnehmungsvermögen des Ohres die vertrauten Bilder der Erinnerung auszumachen, voller Wehmut hinausgetragen zu werden nach dem Unbekannten, das vor der mitfolgenden Sehnsucht flüchtet und flüchtet, die tiefsten, innersten Saiten seines Herzens plötzlich im suchenden Ton der Melodie schwingen zu fühlen, zu fühlen, wie Probleme im brausenden Ton erhellt werden, den Faden zu erspähen, der dein Herz und dein Gefühl an das der Nation und das der Nation an das der Menschheit und das der Menschheit an die große, vereinte Schar von Wesen bindet, an das ganze weite Naturreich.

All dies durchdachte ich, eine einsame Lerche jubelte und sang es in meiner Brust, und doch blieb da solch sonderbare Sehnsucht zurück, eine ungestillte Sehnsucht, eine Saite, die noch nicht vibrierte, eine Kraft, die sich noch nicht entfaltet hatte, die aber dabeisein, blutvoll und mit Lebenslust durch Adern und Nerven pulsieren wollte.

Ich wandte mich von all dem ab, von diesen großen Märchen, die ich nicht erleben würde, von diesen schmachtenden Tönen, deren Fragen ich nicht fassen konnte – und hinter allem erspähte ich eine helle, weiße Farbe, die schöner war als alle die anderen Farben in der Natur, die mich erfreut und nach denen ich mich gesehnt hatte, es war nicht das Weiß der Sonne, nicht das Weiß der Blume, sondern es war ein Weiß, das die Saite tief in meinem Herzen zum Schwingen brachte, es war ein Weiß, das die Sehnsucht ausfüllen und das Vorausgegangene erklären würde – und das Herrlichste daran war, daß ich diese wunderbare Farbe als verwandt mit meinem eigenen Wesen empfand, es war diese Farbe, die ich unbewußt in allen strahlenden Farben von Wald und Flur vermißt hatte, im unbestimmten Blau des Himmels, in dem überwältigend klaren, *makellosen* Licht der Sonnenstrahlen. Es war Leben und Blut, Leben von meinem eigenen Leben, Blut von meinem eigenen Blut. Und dieses Gefühl war seine Entsprechung; ein Gefühl von weichem Stoff, nicht fest wie Erdgebundenes, kein Spiel der Lüfte wie Wolken, sondern etwas Wogendes, und es umschloß das Lebendige, Weiße, Geäderte dort drinnen – das Herz.

Ein Dank
15. Mai 1887, Stavanger

Ich will mich nur für ein Wort bedanken, das du gesagt hast – ich finde, ich muß es tun, ich kann mich nicht enthalten. Nur ein Wort.

Es wuchs ein seltsames, schwermütiges Kind auf, mißverstanden von denen, die es umgaben, und von den Lehrern, in Dunkelheit und krankhaften Sehnsüchten lebend, es träumte von Liebe, wie ein träumerisches Kind von dem phantasieren kann, was es nicht kennt. – Ein böses, trotziges Kind!

Tat unerhörte Dinge in der Schule, wurde zum Rektor zitiert – zu Steen –, und er sagte *ein Wort*, er (das ist hier nicht vergessen) – und das böse, trotzige, verstockte Kind, es weinte!

Lebte nun dahin, das seltsame, einsame Kind, voller Sehnsucht nach etwas, was es geben sollte, worüber es gelesen hatte und wovon sein Gefühl ihm sagte, daß es existieren müsse, daß die Menschen gut und empfänglich und entgegenkommend seien.

Und da kam auch später einmal ein Junge mit hellbraunen Augen und sagte das Wort, und das Herz des trotzigen, schwermütigen Jungen klopfte und gab sich hin voller Dank – und vergaß es nicht.

Er wuchs heran, der sonderbare, trotzige Junge, wurde spöttisch, satirisch, bitter, wurde, was das Kind versprochen hatte, war unmöglich zu den Leuten, mit denen er umging; „man weiß gar nicht, wie man ihn nehmen soll", wurde gesagt. Er war so anders als andere, unbegreiflich, nichts war gut genug für ihn.

Dann kam das Schmetterlingsmädchen, und da erklang es wieder, das Wort, rein, deutlich – deutlich ausgesprochen, dieser niedliche Vokal in der letzten Silbe, oh, er konnte stundenlang dasitzen und warten und ernst sein, und niemand wußte, worauf er wartete, auch sie nicht, dann kam das kleine Wort, das, was er früher von zwei anderen gehört hatte – und jeder Abend, an dem er es vernahm, war wie ein Lohn – und sie bekam zum Dank einen Blick, den sie nicht verstand, oder er senkte den Kopf wie eine Jungfrau, die liebkost wird.

- So war es hier eines Abends, er begleitete eine Dame, es war mächtig erregend, da kam vom Schmetterling hinter ihm das Wort, mit offenem, herzergreifendem Vokal in der letzten Silbe. – Der trotzige, sonderbare, satirische Mensch – bevor er einschlief, fragte er sich, was ihn an diesem Abend so glücklich gemacht habe, was war das, was so alt und vertraut geklungen hatte, was war das, was die schönsten Träume hervorbringen konnte, und da klang in den Ohren des bitteren Jungen, bevor er einschlief – sanft, ganz deutlich – das Wort: *Sigbjørn*.

Eine Antwort
18. Mai 1887, Stavanger

Am 18. Mai fragen so viele: „Wie hast du dich gestern amüsiert?" Und man antwortet pflichtschuldigst: „Oh, ich habe mich grauenvoll gelangweilt, das war ein Hasten und Jagen – und dann war da so ein Staub". So lauten fast alle Antworten auf enttäuschte Erwartungen. – Und ich antworte ebenfalls so, wenn mich jemand fragt, aber die Antwort entspricht nicht meiner Meinung.

Dennoch, die reine Freude war der Tag auch für mich nicht, ich hatte so gut wie keinen 17. Mai.

Ich ließ diesen Tag kommen – ohne Hoffnungen oder Erwartungen, denn er würde ja ohnehin kommen -, so kam er, und ich ließ sie schießen, flaggen, blühen, spielen, duften, lachen, weinen, riechen, tanzen, ließ sie um mich herum leben - ließ das alles über mich strömen. So habe ich den Tag des Jahres erlebt, den die norwegische Nation zu ihrem Tag des Lichts erwählt hat – ich habe ihn erlebt wie eine Blume. –

Gemeinsam mit den anderen fuhr ich morgens hinaus auf den See, das Wasser war blank und still, und norwegische Bergglieder rollten an weißen Booten vorbei, die in dem heimischen Sport um den Preis kämpften – norwegische Bergglieder rollten zwischen Booten dahin, voll von buntgekleideten Leuten – , Leute, überall Leute mit hellen Hüten und Maischleifen, solchen roten, blauen und weißen Bändern, die sich so gut ausnehmen, wenn alle sie tragen – ich lag im Boot und legte keinen Wert darauf, diesen Tag gemeinsam mit anderen zu erleben, es war nicht mein Bedürfnis, ich lag da zusammen mit den anderen und spürte die Maienluft und daß ich leben und wachsen konnte, wenn auch kein Mensch in der weiten Welt mit mir in Einklang war, wie die Dichter sagen – was mich anging, so unternahm ich keinerlei Anstrengungen, um munter oder witzig oder froh zu sein – ebensowenig wie es die Blume tut, die Blume empfängt nur und gibt, ohne davon zu wissen – so meine ich. – Und ich saß doch da und bebte vor Gefühl, ich bebte im Glauben – aber warum sollte ein anderer davon wissen –, und ich selbst gab es nicht preis.

Vielleicht war das Freude – danach will ich nicht fragen, warum danach fragen, vielleicht um aus dem Paradies vertrieben zu werden. – Es war ebenso Freude, als ich am Abend am Baum stand und die Lippen bebten, das war ebenso Freude für mich – warum nicht? Warum die Gefühle, die den Menschen voranbringen, in Freude und Kummer einteilen, wenn doch das, was man Unglück nennt, so viel größer, edler ist, so viel weiter trägt.

Oh, ich weiß darum und bin niemals bitter, denn alles hat seinen Sinn.

Ich bin es selbst, von dem ich erzähle, ich ging inmitten der Masse und sah nichts oder sah alles und dachte nichts, machte alles mit, aber hätte es auch sein lassen können, denn dort, wo keine Flaggen waren, da standen Blumen.

So konnte ich an dem lichtflirrenden Nachmittag mit einer Dame in heller Jacke hinausgehen und fühlen, daß ich kein Gewissen habe und nur alles aufnehme, was um mich herum aufzunehmen ist. – Und wir lagen im Gras. – Und ich dachte an nichts.

Alles ringsum lacht.

Da stehe ich am Abend, dem dunklen Frühlingsabend, der von künstlichem Licht erfüllt ist, alle gehen um mich herum; aber wären es Tausende und aber Tausende, so fühlte ich mich doch allein.

Was kümmert es mich, daß andere Menschen ihr Gefühlsleben verschließen – werde ich schlechter davon, weil andere nicht ihrem bebenden, heiligen Gedanken gehorchen –, nein, laßt mich nur stehen – das ist doch das herrlichste auf der Erde, daß man in einem Meer aus glühender Schönheit stehen und leiden kann.

Ich meine, klarer ausgedrückt, daß ich für meinen Teil keinen Finger krumm machen werde, wenn ein Mensch vor der Wahrheitspflicht der Schönheit zurückweicht - das kann *mich* nicht hemmen – daran ist nichts zu ändern, es gibt sowohl kranke als auch gesunde Zweige, das erfüllt mich nur mit Trauer, sanfter, unendlich sanfter und verzehrender Trauer.

Nein, denn das ist es, was ich kann, das Leben und die Menschen lieben, so wie sie sind, leicht und licht werden, wenn das Leichte und Lichte bei ihnen und bei mir hervortritt, schwermütig und empfindsam werden, wenn das Gefesselte, Unfreie bei ihnen zutage kommt.

Das ist das Leben der Blume, die da so froh und freundlich steht, wenn alles still, hell ist, die sich neigt und starken Duft verströmt, wenn das, was sie umgibt, auf ihren empfänglichen Organismus drückt.

Tagebuchblatt
1889

Liege hier auf Holsteins prächtigem Rasen und schaue in das Himmelreich. Die Engel, die Sonnenstrahlen, tanzen Gavotte um die Sonne, Gottes Thron.

Eine Windmühle auf dem Hügel. Hinauf schwebt das schwere, breite Flügelblatt, hinab gleitet das schwere, breite Flügelblatt, gelassen, auf dänische Weise!

Da kommt jemand. Eine Frau oder ein Mann oder ein Mädchen oder - sehr gut möglich - ein Junge. Zweifellos ein Junge. Doch nicht.

Eine Frau. Ich würde gern wissen, ob sie eine gepökelte Schweinebacke im Korb hat? Und eine Flasche Himbeersaft? Etwas muß sie haben. Mit einem leeren Korb herumziehen? - da bin ich ziemlich sicher, daß sie das nicht tut. Denk nur, wenn sie Kringel hätte!

Wie sie jetzt da als Relief vor dem Blau steht, muß sie einen Roman erlebt haben.

Sie ist gegangen.

Nun verweilt außer mir kein denkendes, intelligentes Wesen in der Landschaft.

Und dann hatte sie wohl einen Mann und ein Himmelbett und ein Reis hinter dem Spiegel und einen kleinen, gelockten Friedrich Wilhelm, mit hellblauen Augen, Patschhändchen, einem reizenden molligen Ärschlein.

Eine Sternschnuppe. Langsam von der Höhe des berühmten Gewölbes, – das unser Herrgott baute, bevor Amerika entdeckt wurde – hinunter –, zur Mauer gleitend, mit der er seine fixe Idee befestigte, zieht sie sich mit einer resoluten Verbeugung zurück.

Verschwunden. Das Land ist eine lange, gewölbte Silhouette, der Busen einer schwarzgekleideten Mutter, sich hebend und senkend, dampfend. Warmer, feuchter Atem steigt von Mutter Erde auf.

Sie gebiert.

Sie gebiert mir einen Sohn.

Locken, schmale Riste, Beinchen und ein Kinn und eine kleine Nase - Stupsnase? - Liegt er nicht gar da und kitzelt mich, der kleine süße Schelm patscht mit dem kleinen, niedlichen Händchen über meine Hamletfratze! –

Es war der Nachwind, der kam, Holsteins dunkelgrüner Rasen, der mich küßte. Ich muß weitergehen. Wie wird wohl die *nächste* Stadt heißen?

Heiligabend in Amerika
26. Dezember 1894

Unser Zimmer war leer und ungemütlich wie ein Flur. Kein Laut oder Zeichen aus irgendeiner Himmelsrichtung, nicht mal die Spur einer Überraschung. Nur die Lokomotive fuhr da unten im Dunkel durch das öde Baugelände und bimmelte, als wollte sie den Jüngsten Tag einläuten.

Ich legte die Hände auf den Rücken und wanderte – vom Fenster zur Tür und von der Tür zum Fenster. Und wenn ich müde davon war, machte Fredrik weiter.

Schließlich war es nicht mehr auszuhalten. Dazu ein derartiges infernalisches amerikanisches Schweigen, die Lokomotive bimmelte amerikanisch, die Gasflamme brauste amerikanisch, und zuweilen stiegen von unten amerikanische Lachsalven herauf.

Nein, das war *nicht* auszuhalten. Und plötzlich blieb Fredrik mitten im Zimmer stehen, holte zu einer großen Bewegung aus, als wollte er mich kurz und klein schlagen, stemmte beide Hände in den Seiten, spuckte es aus: „Verdammt noch mal!"

Mehr sagte er nicht. Er setzte sich resolut hin und schwieg und starrte verloren zu Boden.

„Verdammt noch mal!" Das klang inmitten all dieses Amerikanischen wie eine Melodie von Nordråk, das roch nach gelaugtem Stockfisch und Vorratshaus.

Wenn wir doch trotzdem in Stimmung kommen könnten!

Wir holten eine Flasche Wein hervor, die wir für den Anlaß aufbewahrt hatten, wir zündeten die Lampe neben dem Gaslicht an, um es festlich werden zu lassen.

Dann feierten wir den Heiligabend. Eine wehmütige Resignation ergriff uns, ein Zorn auf alles und ein Bedürfnis, fröhlich zu sein, wir auch.

„Jetzt gehen noch einige Nachzügler zu ‚Dopheide' hinein."

Ich ging auf Zehenspitzen durch das Zimmer und wiegte mich, stellte mir vor, ich wäre zum Weihnachtstanzvergnügen auf dem Hof irgendeines Lehnsmannes: draußen verschneite Fichten und drinnen Menschen in Ferienstimmung, norwegische Mädchen mit Augen voller Wärme, blond wie die Polarnacht im Frühling.

„Jetzt öffnen sie die Pakete", sagte Fredrik, und wir erinnerten uns an alle die illustrierten Weihnachtshefte und die Weihnachtskarten mit rotwangigen Kristianiamädchen und Skiern und Nansen und Johannes Brun. Und wir rätselten, was für eine Teufelei Ibsen wohl dieses Mal ausgeheckt hatte.

Schließlich begannen wir die alten Weihnachtslieder zu singen. Und es wimmelte um uns herum von Kinderköpfen, Mutteraugen und trippelnden Füßen.
Die Lokomotive jagte da draußen durch das Dunkel und bimmelte, die Lokomotive und das Gas sangen unaufhörlich ihr Lied, endlos wie die Wiegenlieder der Eingeborenen. Aber wir waren weit fort, gemeinsam mit all den anderen Leuten beim Familienfest.

In der Kirche das Kapuzinerklosters versammeln sich jedes Mal in der Heiligen Nacht alle Landflüchtigen. Jene, die von Armut, Hunger, Namenlosigkeit aus den Krähwinkeln im alten Land gejagt worden waren, alle jene versammeln sich dort zu einem großen Heer – auf Knien. Da sind Polen, Italiener, Böhmen, Iren – Leute mit schwarzem und mit hellem Haar, mit feurigen und mit erloschenen Augen, mit kummervoller Stirn oder mit neuem Lebensmut, eine neue auserwählte Nation ohne Titel und Orden. Unzählige Lichter sind überall angezündet, in Nischen, in Ecken, auf Säulensockeln, unter Madonnenbildern. Und Tausende verbergen ihr Gesicht in den Händen, während die Gedanken heimreisen zu Müttern, Söhnen, Schwestern, Freunden. Aber durch das Ganze schlingen sich lateinische Litaneien, und hoch oben von der Orgel kommt die Antwort der Frauen.
Um Mitternacht wird es totenstill in der betenden Menge, drei schwere, langsame Schläge verkünden die Erlösung – es ist wie ein kräftiger Schlag des Herzens der ganzen Welt.

Fredrik hatte sich hingelegt, schlief aber nicht. Er lag da und dachte nach. Lag wohl da und sehnte sich.
Zuweilen kann es gewiß schmerzhaft sein für einen so jungen Burschen, der in die Welt hinauszieht, bevor er erwachsen ist, und doch niemals vergessen kann. Irgendwann einmal, wenn er Zeit hat, an einem Feiertagsabend oder einem Sonntag, kommt die Sehnsucht nach einem Kreis von bekannten Gesichtern auf – Mutter, Freunde –, in dessen Mitte man lachen, man selbst sein und seine Gedanken mitteilen

kann. Und er wacht auf und schüttelt es von sich ab. Es geht nicht an, die Sehnsucht in sich hineinzulassen.

Es kam mir in den Sinn, daß ich hingehen, mich auf den Bettrand setzen und Fredrik über das Haar streichen sollte. Wenn ich es nur fertigbrächte!

Ja, ich mußte es versuchen. Ich stahl mich leise dorthin, saß da und drückte den Kopfkissenbezug und brachte es nicht fertig. Ich saß da und sah mich in dem kalten, fremden Zimmer um. Es wurde so anders, als es sonst war, so lebendig. Es war, als würden Adam und Eva das „Paradise lost" verlassen, elend und furchtsam, mit langen, schmalen Gesichtern.

Hier vergessen sein! Nie mehr Sommernächte voller Gesang im Boot – zusammen mit Menschen, für die des Lebens Gold etwas anderes als Geld ist? Ich saß da und träumte mich hinaus auf die Weltkarte, der breite Pinselstrich unseres Herrn in Grün, wo viermastrige Kometen mit Schweifen aus Kohlenrauch aufeinander zujagen; ich stahl mich im Nebel durch den Kanal, ich machte vage die Nase mit all den Kerben aus, ich konnte fast die Bjørnsonschen R-Laute unterhalb des Jotunheimgebirges vernehmen, hörte es von all den kleinen, weißen Kirchen läuten, die alle die verzauberten Söhne und Töchter aus dem großen, vergoldeten Yankeesklavenhaufen riefen.

Pst! Was war das? Armer Junge! Jetzt hatte er gewiß doch die Sehnsucht in sich hineingelassen.

Tagebuchblatt
Milwaukee, Juli 1891

Nordamerikas dunkle Nacht hüllt den „lake" und die Stadt ein. Die Elektrischen schlafen. Nur ein paar Schritte nähern sich aus weiter Ferne. Ein paar Schritte. Ein Mensch. Ein Schicksal.

Sie kommen näher. Er lauscht. Jetzt sind sie bei Nummer einhundertzwei, jetzt sind sie bei Nummer vierundneunzig.

Er hebt seinen Kopf, strengt sich an, um das Dunkel in dem kleinen Zimmer zu durchdringen. Sie sind zu zweit in dem Bett, der andere ist sein Bruder. Er schläft.

So gibt es nur mich und dieses Schicksal da draußen. Ein Mensch, den ich niemals sehen werde – vielleicht.

Schritte, Schritte, im Violoncello! Kommen und gehen und verhallen, gehen über alle Instrumente, verhallen auf dem Rand der Trommel.

Ich will dich greifen, Nacht! Ein Jungfernhäutchen zerbarst, eine Mutter gebar: Weit da drinnen im Dunkel liegen zwei, und jeder atmet den Atem des anderen, Brust wölbt sich an Brust; weit dort drinnen liegt ein Grauhaariger auf einem Strohlager und stirbt; ich sehe, wie seine Augen brechen. Weit, weit draußen in einem dunklen Stall steht ein erschöpftes Pferd und seufzt.

Da sind Geigen, da sind noch keine Flöten, aber da ist ein ständiges schwaches Trommeln.

So begleiten Gedanken die Töne in seinem heißen Hirn, er atmet stark, wie im Takt, als wollte er die Nacht einatmen.

Es ist, als tönte die Wollust des Dunkels über seine Glieder, er beginnt zu zittern und springt auf. Das weiße Hemd flattert gespenstisch durch das Dunkel. Er stützt die Ellenbogen auf die Fensterbank und legt den Kopf in die Hände. Wie wundersam schön ist es zu frieren. Die Locken sind schwitzig. Die Augen glänzen so stark. Da draußen herrscht Schweigen, keine Schritte, alles schläft. Die Bäume schlafen so friedlich auf dem Rasen. Was ist hinter all dem? Wer bist du, unergründliche Menschenseele?

Alles ist fort, alle die vertrauten Augen, die freundlich lächelten, wenn sie mich erblickten, der Muttersprache Klang.

Monte Carlo
März 1899, Paris

Monte Carlo!
Monte Carlo mit Palmen und Zypressen! Unter dem elektrischen Licht steigen sie vom Strand auf, wo das Mittelmeer zärtlich in der Dämmerung rollt, steigen sie in prachtvollen Terrassen zum Kasino empor, wo das „Gold" rollt, bald zärtlich, bald in Leidenschaft.

Monte Carlo mit den feinsten Hotels der Welt und der kostbarsten Seide der Welt! Monte Carlo mit dem Rivierahotel, ein Eden in Stein, eine Feuergirlande, die ins Meer hinaus reicht, eine Aladinsgrotte im warmen Dunkel.

Monte Carlo, wo Lumpen verpönt sind, wo Fürsten sich mit Fälschern treffen, wo der Glanz von Prinzessinnen verblaßt gegenüber dem der Abenteuerköniginnen aus Wien, aus Karlsbad, aus Hunderten von schwülen, verschwiegenen Kämmerchen in Europa.

Da tritt man auf die Erde wie auf die teuersten Perserteppiche. Gefallsüchtig küssen weiße Damenschuhe die Terrasse, und die Herrenschuhe sind gelb und grün, denn hier gibt es keinen Winter.

Ist irgendwo auf der Welt die Luft so wie hier? Man schwebt, man ist berauscht ohne Wein, man fühlt, wie die Wange sich rötet. Ist die Luft irgendwo anders so leicht, so hell und doch von Duft getragen? Vom Mittelmeer kam sie, schmiegte sich an Rosen und Orangen vorbei. Ein winzig kleiner Tropfen Parfüm tut gut, dachte sie, stahl sich über Glacéhandschuhe und in Spitzen hinein.

Das große Café atmet die heißen Rhythmen des Zigeunerorchesters. Die süßen Töne des Kontinents, die von Ort zu Ort flogen, von Varieté zu Varieté, sie nahmen ein wenig von Wien, ein wenig von Budapest, von München, von Paris mit sich, sie wogten über gepuderte Busen, erstarben auf rotgemalten Lippen.

Und die Fürsten und die Lords und die Abenteurer – heute Millionäre, morgen auf dem Mont de Piété –, sie speisen das Beefsteak mit silbernen Gabeln, das Beefsteak zu zehn Kronen und die Kartoffeln zu zwei Kronen. Die Bank ist nahe, die Schatzkiste.

Die leidenschaftlichen Rhythmen des Zigeunerorchesters liebkosen die interessante Wange des weißhaarigen Syphilitikers, während die beringte, makellose Hand seiner Dame leidenschaftlich die Goldstücke in der hinteren Rocktasche preßt, im Takt des Csárdás, im Takt des Boleros.

Als sie hinausgehen, folgt ihnen mit zehn Schritten Abstand – in der sanften Dämmerung – ein junger Herr in Gamaschen, folgt ihnen und starrt, starrt – auf die Tasche der Dame.

Die Kellner verbeugen sich. Mit unbewegtem Gesicht. Sie haben viel gesehen. Aber mit aller Diskretion. Und sie neigen ihren Kopf, ihre Pergamentrolle gleich höflich vor dem Grafen aus altem Geschlecht, vor dem Spekulanten, vor dem Fälscher – gleich tief vor der Prinzessin, vor der Kokotte. Denn wo ist der Unterschied? Hat der Kellner nicht recht? Wo ist der Unterschied?

Aber inmitten all dieses Goldes, inmitten all dieser weißen Schlipse, der Seide und der teuren Steaks gehen die in rote Jacken gekleideten Zigeuner mit ihrem Silberteller – und betteln.

Die weißen Mauern des Kasinos leuchten. Da drinnen ist es! Da drinnen sind die grünen Altäre, auf denen das Feuer niemals erlischt, das Goldfeuer. Pst! Stille am Tempel! Silence!

Nur das Geld muß klingen! Keine großen Bewegungen! Keine leidenschaftlichen Mienen! Nur Augen, Augen, Augen, die dem Gold folgen, Gold, Gold!

Und beginnt das Herz eines Mannes oder einer Frau zu klopfen, beginnen ihre Hände zu zittern, dann komme du, mein Tempeldiener, und verneige dich und führe diesen Mann oder diese Frau aus meinen Sälen!

So befiehlt es der Gott des Tempels.

Und wünscht dieser Mann oder diese Frau mir das Leben zu opfern, das heiße Blut, dann tue er oder sie dieses in Stille, mit aller Diskretion und am liebsten außerhalb dieser meiner Säle, im Vorhof!"

So befiehlt es der Gott des Tempels.

Sieh die rastlosen Hände! Hände, die allen Nationen angehören, allen Temperamenten, die wohlgepflegten, die sammetweichen, die adligen langen, schmalen, die nervösen mageren, blaugeäderten, die fleischigen Frauenhände mit Diamanten auf dem weißen Fett. Hör die stille Messe! Den Harfenklang der Goldstücke, das Wispern der Kleider, das Trommeln der Manschetten. Spürst du diesen Äther, der durch die Säle wogt, spürst du ihn? Giftig leicht, wie der Atem eines Tabernakels, der ohne Feuer verzehrt.

Doch sieh! Dort, zwischen den Händen, zwischen den grünen Altären! Siehst du es nicht? Es wächst. Es hebt sich höher und höher. Es starrt auf die Hände mit Feueraugen.

Es wächst, es wächst, über das Dach hinunter, über Monte Carlo, über den Golf –, den wunderbaren –, hinaus über Europa, über Amerika. Und starrt und starrt . . .

Mammon . . .

Das Mittelmeer kennt ihn.

Das Mittelmeer liegt unten in der Dämmerung und flüstert den Zypressen zu: Ich kenne ihn. Ich habe ihn schon früher gesehen.

Ich sah ihn vor tausend Jahren in Syrien, ich sah ihn einst in Alexandria. In Athen sah ich ihn auch. Er stirbt und ersteht an neuer Stelle wieder.

Ich trug blinkende Speere von Rom nach Karthago, ich brachte Purpur und Sammet nach Venedig, Flotten aus Genua verbergen meinen Strand. Ich trug Paulus über meine Wogen. Er hatte eine Papierrolle unter dem Arm.

Ja, ich habe mächtige Reiche zerfallen und Tempel stürzen sehen, Tempel auf Tempel. Auch das Reich dort oben wird zerfallen, auch der Tempel dort auf dem Vorgebirge wird stürzen. Und es wird wieder still sein an meinen Ufern. Und wir werden wieder für uns allein sein, ich und ihr – Palmen, Zypressen, Orangen!

Pst! Ein Leuchten! Eine Lokomotive. Der letzte Zug erster Klasse nach Nizza. Fürsten und Huren. Seide und Diamanten. Runzeln unter Schminke. Welkes Lächeln. Gesenkte Köpfe. Todmüde Augen. Perücken.

[Letzte Skizze. Vom Krankenbett]

Das Meer lag hinter uns, der kleine Fjord bot sich dar wie ein stummer, langer, spiegelblanker Kuß. Ein Zittern durchlief mich. Wie damals fühlte ich die Sonnenstrahlen dort unten beben, sich im sanften Tanz wiegen, von Kräuselung zu Kräuselung, über den warmen Rücken der Heide, von Bülte zu Bülte.

Viele, viele Jahre hatte ich die weite, schöne Welt durchstreift. Jetzt war ich nach Hause gekommen, in die Gegend meiner Kindheit.

Am Strand dort unten hatte ich im ersten heißen Beben des Herzens die schlummernden Blumen der Sommernacht geküßt.

Und jetzt lagen sie da, das Heidekraut und der Strand und der Fjord!

Das gab es noch! Und es war wie früher!

Ja, es war wie früher! Nach Schönheit dürstend, mehr und mehr, war ich von Berg zu Berg gestiegen. Jetzt hatte mein Herz ausgerast. Und in meiner Seele war es sehr still geworden.

Mit ruhigen Augen sah ich auf die einsame Landschaft dort unten. Und es war wie früher! Nichts von dem anderen war schöner gewesen.

Essays

Etwas über Sozialismus

Man hat mich gebeten, eine Diskussion über den Sozialismus einzuleiten. Das wäre mir lieb gewesen, wenn ich mich dafür als sachkundig empfunden hätte; aber nun muß ich freilich eingestehen, daß ich von den großen Bewegungen keine so wenig studiert habe wie diese Richtung. Aber solche Dinge liegen ja gleichsam in der Luft und in der Zeit, so daß man doch wohl etwas darüber sagen kann; ich will jedenfalls versuchen darzulegen, was der Sozialismus nicht ist. Denn der Sozialismus ist ebensoweit davon entfernt, das Gespenst zu sein, das die Leute in ihm sehen, wie es alle die anderen an die Nächstenliebe gebundenen Gedanken sind, diese Gedanken, die man schon im Neuen Testament finden kann.

Denn jeder neue Gedanke, alles Unbekannte ist doch verschwommen und ungeheuer abschreckend, solange man sich nicht damit bekanntgemacht hat.

Ich werde also versuchen darzulegen, was der Sozialismus *nicht* ist; er ist *nicht* die Richtung, die alles teilen will, ganz und gar nicht; das kann möglicherweise seine historische Bedeutung sein.

Laßt uns einen Blick auf die Zeit werfen, die imstande war, einen solchen Gedanken wie den Sozialismus hervorzubringen, eine Idee, die zweifellos von einzelnen, weitblickenden Denkern wie Jesus Christus, wie Plato hervorgebracht werden kann, auf die der gemeine Mann aber nie kommen würde.

Es war die Zeit, da der Morgen zu dem Tag graute, der uns jetzt umgibt, der seither von drückender Windstille begleitet war und nun von starken Strömungen erfüllt ist. Dieses Morgengrauen war die Französische Revolution, dieser große Weltumsturz, der das Volk lehrte, daß es existierte. Wer würde jetzt nicht lächeln, wenn man käme und uns erzählte, daß der Bauer und der Arbeiter etwa mit dem Vieh gleichgesetzt würden, und doch ist es die Französische Revolution, die diese Lehre in Europas Bewußtsein gebracht hat, es ist dieser Umsturz, der Frankreich Ströme von Blut und danach lange, lange Ermattung gekostet hat, während Europa die Medizin löffelweise einnahm und langsam daran genesen ist.

Ströme von Blut – das war nötig, um diese Nacht der Barbarei zu überwinden, die Jahrhunderte lang auf Europa gelastet hatte.

Das war die Zeit der neuen Gedanken – das Volk erhob sich, rieb sich die Augen und sagte: Ja, es ist wahr, wir sind doch Menschen – es ist wahr - wir sind doch von Geburt gleich – es ist wahr – warum sollen wir dann nicht gleiche Rechte haben. Dann ging es, wie es immer geht, man ging zu weit, man glaubte, man könnte alles auf einmal ausrichten –; aber das ging nicht – ich meine, niemand sollte über die Revolution den Kopf schütteln; ist einer Christ, so sollte er nur sagen, daß wir das meiste von unserem sozialen Fortschritt, unserer persönlichen Freiheit, sanktioniert durch Gesetze, ohne sie nicht hätten. Du kannst rechts sein, du kannst gemäßigt sein, du kannst links, konservativ oder radikal sein, Republikaner oder Royalist – ganz gleich, du mußt erkennen, daß du viel von dem Freiheitlichen in deiner Denkweise, mehr als dir bewußt ist, jener stürmischen Zeit schuldest.

In dieser Zeit wurde der Sozialismus geboren - und der Kommunismus.

Der Kommunismus sagt: Vor Gott sind wir alle gleich; das, was es im Land gibt, gehört allen zu gleichen Teilen; deshalb soll der Staat alles besitzen, aber es gerecht mit allen seinen Mitgliedern teilen.

Das ist der Kommunismus, aber nicht der Sozialismus, wie man es so oft behauptet hat.

Der Sozialismus hat indessen das Unmoralische im Prinzip des Kommunismus entdeckt; denn es ist doch offensichtlich so, daß alle Menschen in einem Land das gleiche Recht auf das Eigentum haben – derjenige, der sich sein Leben lang gemüht hat, und derjenige, der sein Leben lang auf der faulen Haut gelegen hat – das ist doch sinnlos.

Der Sozialismus sagt also: Der Staat besitzt alles; jeder, der arbeitet, hat das Recht auf Eigentum, je mehr einer arbeitet, desto mehr Lohn verdient er – der Arbeiter hat größeres Recht auf die Millionen als ein Mann, der sie von seinem Vater bekommen und sein ganzes Leben auf dem Sofa gelegen hat.

Der Sozialismus lehnt also die Berechtigung des Erbes ab, und außerdem sagt er: Der Staat soll alles besitzen, aber allen seinen Mitgliedern eine geeignete Arbeit zuweisen und sie gerecht entlohnen.

Wer will leugnen, daß das meiste in dieser Lehre auf einer großen Wahrheit beruht.

Beide diese Richtungen leiten sich aus den nagelneuen Gedanken her, die von der Französischen Revolution hervorgebracht worden sind, jenen Gedanken, die in komprimierter Form z. B. von Jesus Christus und von mehr freisinnigen Denkern im Verlauf des Mittelalters ausgesprochen wurden, jenen Gedanken, die jedoch, *weil sie so wahr* sind, siebenhundert Jahre brauchten, um Allgemeingut zu werden, und die noch lange, lange Zeit brauchen werden, bis man sie anwendet.

Ich will versuchen, die Voraussetzungen des Sozialismus darzulegen. Was unser kleines Land betrifft, so weiß ich eigentlich nicht, ob der Sozialismus hier etwas zu suchen hat; ich glaube, wir können den Sozialismus in aller Ruhe diskutieren, denn da er hier eigentlich nicht benötigt wird, so braucht er gewiß auch nicht gefürchtet zu werden. Aber es gibt etwas, das Großstädte heißt, und sie sind es, denen der jetzige Sozialismus gilt.

Großstädte – was ist das eigentlich? – Ja, man kann wohl mit gutem Recht ganz kurz sagen: Das sind Orte, wo es wenige reiche Menschen, aber eine Menge, oh, so eine Menge armer, elender Schlucker gibt; eine Masse, die Arbeit hat, aber auch eine Masse, die keine Arbeit hat; das sind Orte, wo über die Hälfte der Stadt aus Häusern besteht, in denen Verschläge sind, deren schmutzige Wände nie von einem Sonnenstreifen erhellt werden und in denen die Kinder niemals fröhlich sind, weil sie nichts anderes kennen als Hunger; Häuser, deren Bewohner keinen anderen Gedanken hervorbringen als den an das Essen, das sie nicht bekommen, oder an die berauschenden Getränke; wo niemals ein Gotteswort, niemals ein Wort über jenseitigen Lohn für das Leiden einen Stein zum Bauwerk fügt.

Das ist keine übertriebene Schilderung, denn ganz im Gegenteil sind das nur die oberflächlichen groben Züge; ihr solltet die Einzelheiten kennen - die traurigen Abende, wenn die Mütter zu Hause sitzen und auf ihn warten, der in die Trinkerhöhle geht, während die Kinder nach Brot schreien und die Herren der Arbeit den Frauen, die so weit erwachsen sind, daß sie benutzt werden können, die Ehre nehmen.

Ich würde gern wissen, liebe Freunde, was gefährlicher ist, der Sozialismus oder diese nagende, diese dunkle Armut auf Erden. Wenn sie ein wenig ins Wanken gebracht würden, diese vereinzelten reichen Lümmel, ob das wohl gefährlicher wäre als diese Tausenden von Behausungen, wo Krankheit ein täglicher Gast ist, wo kein Laster unbekannt ist, wo die Frauen ihre Ehre verkaufen müssen, um leben zu können, während die Männer trinken, um zu vergessen, daß sie leben.

Ich erzähle dieses, um zu hören, ob jemand sagen wird, daß der Sozialismus gefährlich sei – keiner kann leugnen, daß das, was ich erzählt habe, wahr ist, aber möglicherweise wird man sagen – der Sozialismus sei ebenso gefährlich.

Wer wird sich wundern, und wer wird den ersten Stein werfen, wenn ein Mann, nachdem er mit seiner schwangeren Frau und mit seinen Kindern auf die Straße geworfen worden ist, weil er die Miete nicht bezahlen konnte, obwohl er sich geschunden und gemüht hat, sich geschunden und gemüht – mit gebeugtem Rücken, daß der Schweiß rann, und für geringen Arbeitslohn –, wer wird den ersten Stein auf ihn werfen, wenn er da draußen nach dem großen Haus schielt und sein Herz sich mit Haß füllt, mit brennendem Haß auf die Reichen. Vergeßt nicht, er steht dort auf der Straße mit Familie, mit der schwangeren Frau und den Kindern. Wo soll er hin?

Das ist kein übertriebenes Beispiel, denn ich habe es selbst gesehen – und das in Norwegens größter Stadt – in diesem kleinen Land.

Das ist die Frucht von der Lehre des Sozialismus, sagen die Leute – und dann stellt man sich die Sozialisten als ein paar Teufel mit richtigen Hörnern und Pferdefüßen vor –, aber ich möchte *wissen*, ob es nicht an der *Zeit* war, daß die Arbeiter erfuhren, daß sie Menschen sind, die für ihre redliche und ehrliche Arbeit Lohn verdienen – und daß sie selbst nach Verbesserung riefen. Nein, nein, für die Reichen war es vielleicht zu früh, denn es ist ja am besten, in sicheren Verhältnissen zu leben und in dem Schweiß der vielen zu schwelgen - aber vergiß nicht, und hämmere es dir ein: für die vielen Arbeiter war es an der Zeit!

Das sind Voraussetzungen des Sozialismus; Sozialismus und Arbeit sind zwei Wörter, die nicht getrennt werden können. Was der Sozialist von heute speziell will, weiß ich nicht, aber das weiß er vielleicht selbst nicht; die große Hauptlinie ist indessen der gerechte, wahre Gedanke, daß die Arbeit bezahlt und die soziale Stellung der Arbeiter angehoben werden muß. Darin hat er recht; über die Mittel dürfte es geteilte Auffassungen geben; wenn er ursprünglich wollte, daß der Staat die Arbeit und den Lohn zuteilen solle, so ist das vielleicht unpraktisch, und wenn man sagt, daß das Erbe ungerecht sei und deshalb dem Staat zufallen müsse, dann kann dieses aus juristischer und praktischer Sicht bezweifelt werden, aber eines ist gewiß, daß die Bestrebungen der Sozialisten der wahren, edlen Menschenliebe entsprungen sind, die auch die Negersklaverei abgeschafft hat und die die Frauensklaverei abschaffen will und die Sklaverei, die durch die berauschenden Getränke entsteht.

Es ist vor allem Europa, das überbevölkert ist, jedenfalls die großen Städte; es ist wenig Nahrung vorhanden, deshalb entsteht eine schreckliche Armut, gefolgt von Laster, Krankheit, Hunger und entsetzlicher Unsittlichkeit. Die Bestrebungen, die unternommen werden, um dieses furchtbare Dunkel zu erhellen, dürfen nicht gefährlich genannt werden. Sie können für einzelne gefährlich sein, aber sie befreien, jedenfalls ein wenig, die vielen; sie können Sprengstoff für die einzelnen, großen Häuser sein, aber sie sind Lichtstrahlen für die schmutzigen, besudelten Hütten.

Und doch ist es hier äußerst schwierig, die Mittel zu wählen, man riskiert, das Kapital zu zerstören, und das würde den vielen Hungrigen wenig nützen, sie bloß enttäuschen, sie nur in eine neue große, große Finsternis führen; die Mittel müssen deshalb genau durchdacht werden; schrittweise voranzugehen ist am besten, gegen die großen anderen Bürden anzukämpfen ist ebenso notwendig. Die Sozialisten sind nicht untätig gewesen, und vor allem hat sich das in England ausgewirkt, wo die Arbeiter selbst beteiligt waren; wie ich neulich in einer Zeitung las, soll sich ihre Lage in England ganz unglaublich verbessert haben.

Ich sagte, daß die Sozialisten in Norwegen nicht gefürchtet werden müßten – und doch glaube ich, daß der Sozialismus als aufbauendes Prinzip auch hier auf dem rechten Platz sein würde – ein Sozialismus, der dafür arbeitet, daß die Stellung der arbeitenden Klassen sicherer und sicherer wird, so daß wir nicht die schrecklichen Zustände bekommen, wie sie sich in Frankreich und England gezeigt haben, so daß der Arbeiter im Bewußtsein des Volkes als der dastehen kann, der er ist – ein Edelmann, ebensogut wie jeder andere, so daß er nicht in Unwissenheit und Verachtung versinken muß, die ihm gewiß auch noch hier im Lande beschieden sind, so daß er nicht von seinem geringen Lohn hohen Zoll auf seine Waren bezahlen muß usw. usw. Was die Verhältnisse auf dem Lande angeht, so bin ich der festen Überzeugung, daß der Häusler, vor allem in Südostnorwegen, sehr dringend einen befreienden Sozialismus braucht.

Der Sozialismus hat zuerst in Schweden, danach in Norwegen eine Frucht getragen, die großartig ist: Wir haben jetzt in Kristiania an der Universität eine Einrichtung, der sowohl die Linke als auch die Rechte warm ihre Zustimmung gegeben hat, das ist die „Arbeiterakademie", wo Professoren Vorträge halten und wo die Arbeiter mehr Kenntnis von dem bekommen, was sie eigentlich tun und was sie sind, die den Arbeitern etwas mit auf den Weg geben wollen, so daß sie wenigstens, wenn sie schon in Not und Elend leben, einen freieren Blick auf das Dasein und das Leben gewinnen.

Kinder und Kunst

Fünf kleine Mädchen in einer Reihe auf einem Balken.

An ihren Augen, Händen, an ihrer Haltung kann ich sehen, daß das Kirchboot kommt, wie es sich nähert, da um die Landzunge biegt, wie es um seinen Bug schäumt, jetzt ist es an der Anlegestelle.

Eine Kleine steht auf. Was sie sieht, davon erzählen ihre Arme. Der rechte gerade an die Seite gepreßt, der linke erstaunt über den Augen angewinkelt. Die anderen sitzen. Eine mit unter dem Kleid gespreizten Beinen, die Hände über Kreuz. Die Haltung der Hände, der Finger – sie warten! Oh, da sind die graziösesten Variationen über das Thema! Eine mit gekreuzten Handgelenken – der Rücken weit zurückgelehnt, die Füße geschlossen. Oder die dort, mit dem Grashalm im Mund!

Wie mörderisch trocken sind doch meine Worte, wo dieses so voller Kunst ist, die kleinen Hüte, das Stiefelchen, das mit dem Absatz klack-klack gegen die Steine am Strand schlägt.

Bewegungen von Kindern sind wie bunte Gedankenbilder, Bewegungen von Kindern sind wie ein bezaubernder Roman in Versen über alles, was geschieht – mit überraschenden Übergängen und zarten Nuancen.

Die kleine fünfjährige Städterin mit dem kurzen plissierten Kleidchen, das um die allerliebsten rotbestrumpfen Waden flattert, oder der fünfjährige Fischerjunge, halb Seestiefel, halb Südwester, das sind lebendige kleine Verse, die tanzen.

Wenn wir eine Kunst hätten, eine hochentwickelte Pantomime, die das Zufällige einfangen könnte, Kette und Glied des Zufälligen, die Übergänge, das Spiel der Stellungen, den seltsamen Wellengang der Linien.

Was ist der Fries? Eine Reihe von Punkten. Ein erstarrter Halt für die verrinnenden Augenblicke.

Im Konzertsaal warten wir atemlos auf den nächsten Tropfen, den nächsten Klang, unsere Seele versucht sich zu verschlingen, zu teilen, zu beugen wie die Klangfiguren. Und wenn die Symphonie zu Ende ist, dann erinnern wir uns höchstens punktuell, wir erinnern uns nicht an das rhythmische Wogen, das unsere Seele erlebte, nicht an das Schwingen von einem zum anderen.

In dem komplizierten Spiel der Natur gibt es ein solches musikalisches Reich außerhalb der Kunst, die Kunst des Titellosen, der Übergänge, die Kunst der Schöpfungsakte. Das ist da, wo die Kreuzwege aufeinanderstoßen, das ist da, wo wir entdecken, daß die „Kunst" viele Seiten hat, sie ist „Abstraktion" des Lebens in seiner Gesamtheit, Versteinerung von Gottes Atem, eine Serie „schöner Künste".

Die Malerei kann nicht das Leben der Farben wiedergeben, nicht den Farbwechsel eines Sommerabends zwischen sechs und zwölf, der Farben Geburt, Kindheit, Verlobung, Hochzeit, Verblassen und Tod.

. . . Jetzt sind alle Kinder dicht beieinander. Der Hund, der auf dem Stein stand und Ausschau hielt, ist verschwunden. Das Kirchboot liegt leer da unten.

Ich kann in den Augen eines der Kleinen lesen, daß ich mich für einen sehr ernsten jungen Mann halte.

Glaube
(Ein Bruchstück)

Vierzigtausend Mann umringten Tage und Nächte viertausend, und schließlich wurden die viertausend müde. Zehn Mann knebelten einen. Das nennt man in der Kriegssprache Sieg. Und nach den Regeln des Krieges haben nun die vielen, welche die wenigen fesseln konnten, das Recht, über sie zu schalten und zu walten. Und das für seine Moral so bekannte England, das sich vor einigen Monaten über Frankreichs Rechtlosigkeit empörte, schwelgt jetzt in dem Gedanken, ein neues Elsaß, ein neues Südjütland schaffen zu können.

Vierzigtausend Europäer knebelten viertausend Rassenbrüder. Eine neue Sünde ist auf der Bluttafel der Menschheit verzeichnet, der Dampf des Bluts von Tausenden Unschuldigen steigt wieder zum Himmel. Ein selig berauschender Duft für das „zivilisierte" kaukasische Gewissen.

Seit vielen Jahrhunderten sind sich die gebildetsten Geister darüber im klaren, daß der Krieg zwischen Menschenbrüdern Wahnsinn ist. In unseren Tagen gibt es nicht einen einzigen Menschen, der ihn nicht für ein Joch, ein Unglück, eine Sünde, eine Schande halten würde. In Norwegens Storting sind sich in dieser Sache ausnahmsweise einmal alle Parteien einig. Der Preuße Wilhelm ist Friedensfreund, der Panslawe in Rußland sendet ein neues Evangelium aus. Aber ein halbes Jahr nach Haag meinen dieselben Kaukasier, einen der elendsten, erbärmlichsten Massenmorde der Geschichte in Szene setzen zu müssen. Eine der Nationen ist der Büttel. Die anderen sehen zu. Das ist das, was man ein europäisches Konzert nennt.

In Deutschland triefen alle Zeitungen vor Mitgefühl für das kleine Volk, in Frankreich tost das chevalereske Blut, die Russen sind außer sich vor Kummer und Zorn, Amerika faßt feierliche Parlamentsbeschlüsse, um seine Sympathie zu bekunden. Die ganze zivilisierte Welt, bis hin zum englischen Volk, wünscht diese Bluttat nicht, wünscht sie ganz und gar nicht. Aber sie geschieht.

Jeder Mensch für sich genommen, jeder Mann, von den Frauen gar nicht zu reden, empfindet diesen Krieg als schmutzig, überhaupt jeden Krieg als sinnlos. Diese Sache hat nicht einmal mehr Glanz. Kriegsgenies und Kriegstaten imponieren nicht länger. Aber die Taten des Friedens. Unsere Zeit mit ihrem gewaltigen Potential an Arbeit versteht es, Geister und Handlungen hervorzubringen, die uns in völlig anderer Weise packen.

Man kann durch ganz Europa von Mann zu Mann gehen und fragen, man kann direkt zu denen gehen, die mit der Sache zu tun haben, wie Offiziere und Diplomaten - es gibt keinen unter ihnen, der eine besondere Bewunderung oder Sympathie für den Krieg hätte, und es gibt absolut niemanden, der ihn *will*, keine Menschenseele.

Und doch gibt es ihn weiterhin. In ganz Europa ist kein Hund, der ihn will, und doch gibt es ihn weiterhin! Wieder und wieder hat man diesen seltsamen Anblick: Bauern verlassen ihre Felder, Kaufleute ihre Banken, scharen sich um bebrillte Offiziere, stürzen sich aufeinander, als wären sie toll.

Es schwindelt einem.

Wahrend in der ganzen Welt der Lebenskampf, der Kampf für die Produktion und Zivilisation mit zähem, geduldigem Ernst, ja oft sogar mit Begeisterung geführt wird - was sieht man da, wenn man ganz tief eindringt, dort, wo die Fäden der Volksschicksale geknüpft werden? Jongleurkünste. Mit feierlichen Mienen und in Gala, aufgrund der Wichtigkeit der Sache, führen die „Großpolitiker" die phantastischsten astrologischen Rechenaufgaben mit den phantastischsten Dezimalen aus. „Die europäischen Konstellationen", „das europäische Konzert", Allianz hier und Allianz da, Kaiser Wilhelm in Havre, Felix Faure in Petersburg, Sarah Bernhardt in Berlin - irrt man, oder ist es die reine Idiotie, ja das reine Delirium, das dort ganz oben oder ganz tief drinnen herrscht? Ist man selbst verrückt geworden, oder ist das Menschengeschlecht verrückt geworden?

Europa ist ein einziges großes Pulverfaß; Torpedo auf Torpedo, Kanone auf Kanone, Budget auf Budget, bis hinauf nach Finnmarken, all das, um die Menschen daran zu hindern, den Frieden zu brechen! Und, für sich genommen, gibt es nicht einen einzigen Menschen, der daran denkt, ihn zu brechen. Die Leute haben heutzutage anderes zu tun.

Die letzte Neuheit ist Wilhelms Flottenplan. Er ist einer gehärteten religiösen Liebe zu demselben Frieden entsprungen. „Simplicissimus" zeigt ihn als ein Fahrzeug, dessen Kiel eine Säge ist. Die Säge zerteilt den Rücken des zu Boden geworfenen Volkes, und das Blut spritzt. So wird nämlich diese Liebe von denen empfunden, für die der Staat da ist.

Wahrlich, wenn es hoch über den Köpfen der Menschen Wesen gibt, die dasitzen und ihnen zuschauen, dann könnten sie wohl sagen: eine seltsame Kreatur, dieser *Homo sapiens*.

Ein besonders asketisch veranlagtes Geschlecht, könnten sie wohl hinzufügen.

Warum gibt es den Krieg noch?

Wenn jeder einzelne Europäer in seinem Herzen gegen ihn ist!

Haben denn die Menschen keine Macht über ihre eigenen Handlungen?

Ich sitze zum Beispiel in einer Gesellschaft und spreche mit einem Diplomaten. Er entwickelt mit Enthusiasmus, wie sinnlos der Krieg eigentlich sei und was es für einen großartigen Zuwachs an Geld, Fähigkeiten und Kräften für die nützliche menschliche Zusammenarbeit gäbe, wenn er nicht existierte. Einige Tage später erfahre ich, daß er sich sehr eifrig für neue umfangreiche Aufrüstung oder sogar für einen neuen Kolonialkrieg eingesetzt habe. Ich gehe zu ihm und frage erstaunt, wie das eine mit dem anderen zusammenhänge. Er zuckt die Achseln und sieht mich mit einem Lächeln an, das nicht ohne eine Spur Verachtung ist: Utopist! Da weiß ich, daß ich verloren bin. Ich bin untauglich für praktische, nützliche Arbeit. Ich hätte in „dem europäischen Konzert" nichts zu sagen gehabt!

Gehe ich in das norwegische Storting, wenn die Zustimmung zum Frieden auf der Tagesordnung steht, dann sehe ich bei einem Teil der Herren das gleiche Achselzucken und das gleiche Lächeln: Das ist eine gute Sache. Wir stimmen dafür. Wir können nicht anders. Aber was bildet ihr euch ein?

Und sie haben recht: die Menschen haben keine Macht über ihre eigenen Handlungen!

Es ist etwas zwischen die Menschen und ihren freien Willen getreten, die Kombinationen, der Staat. Die gelehrten Großpolitiker können so lange dasitzen, wie sie wollen, und ihre komplizierten Gleichungen mit Allianzen und mit Kaisern und mit Rothschilds aufstellen. Sie stimmen niemals. Das ist wie mit den Wahrscheinlichkeitsberechnungen bei den Rennen. Da ist immer ein Zufall – und ganz winzig kann das sein, was schließlich vom Himmel in die große Waagschale fällt.

Einstmals waren die Staaten vielleicht etwas Einfaches, etwas Durchsichtiges, das man steuern und mit dem man rechnen konnte. Jetzt jedenfalls sind sie gleichsam sinnreich zusammengesetzte Maschinen, die aus eigener Kraft fungieren. Keine menschliche Hand, nicht einmal eine kaiserliche, kann ihren Lauf stoppen, denn sie sind mächtiger als die Menschen, sie sind gewissermaßen etwas Übermenschliches hier auf der Welt. Wie die Tiere in der Offenbarung stehen sie dort mit ihren grinsenden Zahnrädern, und wehe dem, der ihnen zu nahe kommt! Sie haben weder Gedanken noch Willen noch Herz, sie schlucken nur, was ihnen zwischen die Zahnräder kommt, Seele auf Seele, ja Seelen und Körper zu Millionen.

Und die Menschen sind in einer großen Illusion befangen, die mit jedem Tag dicker und fetter wird. Sie gehen umher und glauben, daß sie mächtig seien, daß sie es seien, die alles steuern, daß ihre Minister und andere auserwählte Hände die Dinge und deren Lauf lenken. Der Staat, das ist das große

Meisterstück der Menschen auf Erden! Der Staat, das ist ihre genialste Erfindung!

Was für eine Rolle spielt es doch, dieses Wort, dieser Begriff! Er hat sich in das innerste Seelenleben des Volkes gedrängt. Unbewußt oder bewußt formt sich das Privatleben des einzelnen nach dem Muster, das der große Organismus vorgibt. Sogar der moralische Maßstab wird von ihm hergeleitet.

Ein seltsames Sammelsurium, um moralische Maßstäbe davon herzuleiten! Töte nicht, sagt das Gesetz. Stehle nicht, sagt es. Und im selben Augenblick tötet der Staat *en masse*, stiehlt er Energie, ganze Landteile!

Hunderte von Jahren sind vergangen, seit die besten Männer begannen, auf diesen wahnsinnigen Widerspruch aufmerksam zu machen. Es hat sich nichts verändert. Der Staat hört nicht. Er ist eine tote Maschine, die nur rollt, weiter und weiter rollt über die Leichen. Und die Menschen müssen ihr folgen, jeder für sich, und die Kurbeln drehen und die Riemen schmieren, damit die Maschine sie nicht selbst zermalmt.

Für einen kultivierten Menschen am Ausgang des Jahrhunderts, dreihundert Jahre nach Giordano Bruno, ist es belebend und stärkend, sich einen Überblick über das Streben der Staaten zu verschaffen.

Finnland, Südjütland, Elsaß, Armenien, Transvaal!

Wie, wenn der einzelne gezwungen wäre, im Namen des Menschengeschlechts Scham zu fühlen!

Aber wird das nicht bald höchste Notwendigkeit sein, für das Glück der Menschheit, wenn nicht für anderes?

Edvard Munch
Ein Versuch

Damals, als ich das erste Mal ein paar Bilder von Munch sah, begann ich die Existenzberechtigung der Malerei zu begreifen. Ich war aus einer Kleinstadt gekommen, hatte nie gute Ölgemälde gesehen. Auf der ersten Herbstausstellung war es gewiß. Da waren Landschaften, grüne Äcker, altmodisches Düsseldorfer Grün und neumodisches Pariser Grün, da waren Bäume und graue Steine, Meer und blaue Wellen.

Ich begriff, daß es der Natur ähnelte. Ich konnte nur nicht begreifen, warum es da hing. Mir schien sogar, daß das, was ich selbst gesehen hatte, schöner war.

Und vom dem, was ich selbst gesehen hatte, fand ich etwas bei Munch. Die Farbe, die zitterte und lebte, sich jede Sekunde verwandelte, die Steine, denen mein Auge die seltsamsten Formen gab, das Mädchen am Strand, dessen Kleid kein Kleid war, sondern eine Symphonie in Weiß, und dessen Haar zu einem flatternden Goldband wurde.

Munch ist Dichter in *Farbe*. Er hat gelernt zu sehen, was man mit Farben in der Kunst erreichen kann. Später habe ich gelernt, die anderen zu verstehen, deren Mittel vielfältiger und stärker mit Reflexion verwoben sind.

Ich glaube, er hat eine einzigartige Fähigkeit, ein Gedicht nur in Farben zu schaffen, mit den einfachsten Konturen, ohne jedes andere Hilfsmittel. Das Bild „Auf dem Totenlager" zeigt nur zwei Farben, die gegeneinander gesetzt sind: das Bläuliche des Totenbettes, das Hellgrün des Frühlings. Aber es vermag einen doch zu ergreifen, wie eine jener alten Volksweisen, die vom Tod künden, deren Kehrreim aber den Frühling preist.

Er ist vor allem der *Lyriker* in Farben. Er fühlt Farben, und er fühlt in Farben. Er sieht nicht nur *sie*. Er sieht Trauer und Schreie und Grübeln und Welken. Er sieht nicht Gelb und Rot und Blau und Violett.

Er singt wie der Lyriker frei heraus, läßt die Farben nach ihren eigenen Gesetzen rinnen, als Wellen und Kleckse, begrenzt sie nicht. Und wie der Lyriker ist er oft der Musik nahe. Er hat Gemälde geschaffen, die wie Symphonien keinen Titel benötigen und auch keinen haben dürfen. Das Bild „Der Schrei" sollte keinen Titel tragen. Dieses Wort aus der Welt der Laute verwischt nur.

Munch ist Individualist. Er repräsentiert keine Richtung. Seine Kunst ist in hohem Maße vom Stempel der Individualität, einem eigenen Stil geprägt. Es ist dieser Stil, der so viel Aufregung auslöst. Man fühlt sich nicht verpflichtet, ihm entgegenzukommen, ihn für sich selbst sprechen zu lassen.

Er wäre auch ganz sinnlos, ein solcher Stil, wenn sein Ausdruck zufällig wäre. Aber das ist er nicht. Er ist von der Suche nach Harmonie zwischen der Eigenart der Umwelt und der des eigenen Gemüts bestimmt und von der Suche nach neuen, unentdeckten Schönheiten in allem, was ihm unter die Augen kommt.

Besonders die wellenartigen Farbmassen haben sich stets bei ihm hervordrängen wollen. Die Ursache dafür lag von Anfang an in der erwähnten Tendenz, der Farbe ihren eigenen Lauf zu lassen. Das ist später bewußt angewandt worden – er sieht in Wellenlinien; so sieht er den Strand sich längs des Meeres winden, er sieht die Zweige der Bäume in Wellen, er sieht Frauenhaar und Frauenkörper in Wellen. Wie der Musiker hat er gewisse Rhythmen, aber wie er hat er auch gewisse Akkorde - ein paar tiefe blaue Töne, in denen er gern ausruht und die den Grund seines Gemüts spiegeln.

All dies hat er in seinem Selbstporträt gesammelt und vermischt und mehr ein Seelengemälde geschaffen als eine Gesichtscharakteristik, eher ein Werk von wundersam tiefer Schönheit als ein wahres Porträt. Im Verschmelzen der Technik mit dem darzustellenden Inhalt ist es genial. Das Feinste, das, was das geschmeidige Wort zu sagen sich weigert, das sagen diese Farben, die vom leidenden und schönheitsanbetenden Gemüt in einer Zeichensprache künden, von der man nicht glauben sollte, daß sie imstande ist, derartiges zu deuten. Man kann nicht umhin, an andere Selbstporträts zu denken, zum Beispiel an die von Rembrandt, gerade weil auch sie das Innere wiedergeben, indem der Künstler seine ganz spezifischen Gestaltungsmittel verwendet, sie vermitteln das gleiche in ganz verschiedener Sprache – mit Schatten, wo hier die Farbe vertieft wird, Konturen betont werden.

Sie vermitteln dasselbe und doch nicht dasselbe. Denn die Lebensweise hat sich verändert und damit die Art zu fühlen und zu beobachten, man schöpft aus anderen Quellen des Leids und der Freude, es sind andere Umwelten, und in seinem tiefsten Grund ist es vielleicht das, was die Sprache verwandelt.

Als Munch zu malen begann, hatte sich der Impressionismus durchgesetzt. Er hat ihn intensiv mitgelebt – er lag sozusagen seinem Naturell nahe –, und wie sehr er auch versucht hat, seine Kunst zu etwas Eigenem zu machen, ist er doch immer zugleich Impressionist.

Hans Jæger hat seine Wirkung auf ihn ausgeübt. Munch hat ihn gemalt. Denn er war es, der der Zeit ihre Lichtbrechung gab, das Besondere, das Revolutionäre.

In jenen Tagen muß es viel für ein Malerauge gegeben haben – Zusammenkünfte zu nächtlicher Stunde – bei seltsamer Beleuchtung, in vielerlei Cafés –, Lippen, die trotzige Worte ausstießen, ohne Schranken und ohne Furcht, oft ungestüm und mit norwegischer Brutalität – riesige Schlagschatten von Elend, von Machtlosigkeit und Verkommenheit – Seelen, die sich überdehnen, die das Große, das Pralle und das Eigenartige sein wollen, es aber nicht vermögen. Und als Mittelpunkt unter allen Gesichtern dieser Jæger, dessen Logik scharf war wie eine Sense und kalt wie ein Eishauch, der aber doch dafür gebrannt haben muß, daß all das Menschliche ans Licht kommen und sich nach allen Seiten so reich und voll wie möglich entfalten sollte.

Munch ist einer von denen, die ihre Eindrücke aus erster Hand empfangen, vom Leben selbst, und deren Kunst unmittelbar durch diese Lebenseindrücke geformt wird. Der dekorativen Richtung steht er fern, dekorative Elemente finden sich bei ihm nur, wenn die Außenwelt in seinen Augen eine gewisse Architektonik annimmt, wie zum Beispiel die lotrechten Baumstämme am See. Noch ferner steht er der präraffaelitischen Richtung. Es ist ihm zuwider, zu alten Zeiten zurückzukehren, in denen die Kunst geblüht hat, um Schönheit zu schaffen.

Aus dem Leben selbst, wie es nun ist, muß man schöpfen und aus dem Temperament, mit dem man es sieht und fühlt. Das Leben stürmt auf ihn ein. Die Malerkunst soll ebenso wie die anderen Künste davon erzählen, wie es sich in seiner ganzen Schwere, in seinem Schmerz und seiner tiefen Schönheit zeigt.

Sie soll in uns von neuem das erzittern lassen, was uns am tiefsten bewegt. Jeder Künstler, sei er Dichter, Maler oder Komponist, setzt wohl vor allem seine Ehre darein, Mitmensch zu sein, an dem Leben der anderen teilzuhaben und es wie sie zu betrachten. Das Leben ist tausendfältig, es hat viele Bereiche, jeder kann wohl nicht alle durchleben. Aber diejenigen, die er durchlebt, will er wiedergeben. Setzen ihm die überlieferten Mittel seiner Kunst hierbei Grenzen, da wird er versuchen, die Grenzen zu verschieben.

Das können nur diejenigen, die für eine spezielle Kunstart geboren sind. Denn sie empfangen die Lebenseindrücke mehr als wir anderen durch den speziellen Sinn, der für ihre Kunst bestimmend ist. Wenn Munch in seiner Kindheit einmal einen Toten gesehen hat, dann denke ich mir, daß er in dem Augenblick vor allem die Farbe des Lakens gesehen hat. Wenn er dann zehn Jahre später an den Tod denkt, dann sieht er wieder die Farbe des Lakens vor sich, wie in jenem Augenblick.

Überall auf seinen Gemälden ist der Mensch zugegen, der Mensch, der fühlt, liebt, leidet - bis hin zu dem Menschen als Gesellschaftstier. Es gab eine Zeit, da er es nicht lassen konnte, in seine Landschaften einen Kopf, ein Gesicht oder etwas

Ähnliches zu stellen. Das sollte den Menschen symbolisieren, der sich selbst in einer ganz bestimmten Stimmung befand oder aus sich selbst heraus der Landschaft diese oder jene Stimmung verlieh.

Auf seinem wundervollen Sternenbild gibt es einen Buckel, der eigentlich ein Baum ist. Ich konnte nie richtig etwas damit anfangen, konnte ihn nie recht mit meiner Stimmung verschmelzen. Dann entdeckte ich dasselbe Motiv als Radierung. Er hatte da zwei Köpfe hinzugefügt, Mann und Weib, groß und wuchtig und seltsam stehen sie da und decken den ganzen Sternenhimmel. Da paßte der Buckel hinein. Ich begann ihn sogar zu mögen. Erinnerte mich, wie ich nachts umhergegangen war und Bäume und Steine und Heuschober zu Unglaublichem geworden waren, Farben hatte ich mehr geahnt als gesehen, hatte die Natur mehr gefühlt als recht gewußt, wie sie war.

Aber auch wenn kein Menschenauge zur Erklärung da ist, spürt man den Drang des Künstlers, das Bild zu fassen, während das Herz noch frisch dahinter schlägt, ehe die Reflexionen erwacht sind und die Dinge die scharfen, objektiven Umrisse der Realität angenommen haben.

Das ist das, was man als das Unausgeführte der Gemälde bezeichnet. Zuweilen sind sie wohl auch Skizzen. Aber häufiger vermitteln sie so entschieden und so unwiderstehlich ein Gefühlsbild, daß es ebensoviel Arbeit und Nachdenken gekostet haben muß, dieses festzuhalten und all das zu abstrahieren, was auf andere Seiten unserer Empfänglichkeit eingewirkt hätte, wie es kosten würde, ein Bild „auszuführen".

Er wählt seine Motive auch vorzugsweise dort, wo das Gefühl in seiner ganzen Stärke hervorbricht – Liebe, Tod, Krankheit.

Für mich ist sein Madonnenbild der Inbegriff seiner Kunst. Es ist die irdische Madonna, das Weib, das in Schmerzen gebiert. Ich glaube, man muß zur russischen Literatur greifen, um eine so religiöse Auffassung des Weibes zu finden, eine derartige Verherrlichung der Schönheit des Schmerzes. Das, was auf dem Grund des Lebens liegt, ist für unsere Augen nicht klar, weder in Form, Farbe noch Idee. Das werdende Leben hat sich in geheimnisvolle Schönheit und Schrecken gehüllt, die nicht von zehn menschlichen Sinnen definiert werden könnten, die aber ein großer Lyriker anbeten kann. Die Sehnsucht, das Menschliche heraus- und emporzuheben, erneut zu vergrößern, was unser tägliches Streben vermindert hat, es in seiner ursprünglichen Rätselhaftigkeit zu zeigen, das wird hier zum Höchsten, wird Religiosität.

Das, was Munch sieht, ist das Weib als solches, das in seiner Gebärmutter das größte Wunder der Erde trägt. Er kommt wieder und wieder darauf zurück. Er versucht den Augenblick, da das Gefühl davon in ihr selbst erwacht, in all seinem Grauen darzustellen, er malt den kalten, schwarzen Schatten kräftig auf die Wand, um uns teilhaben zu lassen.

Niemals malt er, wie die Franzosen, das Weib für sich, weiß und rund. Es gehört für ihn in den Zusammenhang seiner Bilder. Er malt eher die Liebe als das Weib – den Kuß, der aus dem Dunkel hervortritt, das Paar, das von der Liebe vor der großen Natur ernst und angstvoll wird.

Munchs erste Gemälde sind noch regelrechter Impressionismus. Sie sind auch mehr ausgeführt als die meisten seiner späteren Werke. Sie sind schöner. Sie haben etwas Reines, Zartes und Seelenvolles, das den späteren fehlt.

Dann machte sich das heftige Bedürfnis geltend, das Ich stärker und vielseitiger zum Ausdruck zu bringen. Auch das Leben drängte sich mehr und mehr auf. Es sprengte jede Form. Es *mußte* jede Form sprengen - und doch sollte es Form haben. Nicht nur vom Tod und dem, was verbleicht, sollte erzählt werden, sondern auch von dem, was ihm vorausgeht und sich hinter ihm verbirgt, von der Bewegung, dem Spiel, dem Gefühl. Es kommt mehr Tempo in die Bilder, es brodelt mehr in ihnen, sie haben bessere Farben und schärfere Kontraste. Und aus einer Menge von allen möglichen Versuchen, zuweilen mißglückten, aber immer interessanten, heben sich drei, vier, fünf *Werke* heraus.

Aber während des Strebens in diesen Jahren gibt es vielleicht Seiten seiner Persönlichkeit, die brachgelegen haben. Munch hat mehr als Gefühl, er hat auch *Geist*. Seine Porträts beweisen das.

Doch er ist nicht *geistreich*, er hat nicht die Art Phantasie, die aus sich selbst heraus neue Welten dichtet, neue Kombinationen und Märchen. Er hat eine reproduktive Phantasie. Er ist rezeptiv. Sein Verdienst ist es, daß er intensiv unter der Macht des Lebens leiden kann. Er gestaltet es nicht um.

Ist seine Phantasie reich, wo es um Farben geht, so ist sie arm im Hervorbringen neuer Linien. Aber die Linien, die *da sind*, die sieht er wie kein anderer. Und es ist gleichsam, als förderte er aus allem zusammen, aus dem ganzen Dasein mit all seinen Formen und all seinem Chaos *eine* Linie zutage, nach der er ständig Ausschau gehalten hat und die er schöner und schöner zu winden versucht. Ist das die Linie seines innersten Ich? Oder ist es so, daß sie aus der Begegnung seiner Seele mit dem Grundriß der Umwelt entsteht.

Wenn alle Seiten seiner Persönlichkeit verschmelzen, Geist, Gefühl, Schönheitsverehrung, dann wird Munch in seine dritte und letzte Entwicklungsperiode eintreten. Das kann lange dauern, sehr lange. Es kann geschehen, ehe es jemand ahnt.

Möge er Ruhe finden, sich zu sammeln!

Nach der Rembrandt-Ausstellung

„Voor 6 stuivers kan man een portret van Rembrandt koopen, zooals de kunstkoopers en de liefhebbers kunnen getuigen." - Für 6 Stuiver kann man ein Porträt von Rembrandt kaufen, wie Kunstkäufer und Kunstliebhaber bezeugen können."

So schreibt ein Zeitgenosse Rembrandts über den Maler, als dieser Holland sein unvergänglichstes Denkmal setzte.

1888 wurde ein ganz anspruchsloses kleines Porträt von ihm aus jener Zeit für 400.000 frs. verkauft. Das Herz wird einem schwer, wenn man diese wenigen trockenen Informationen liest. Es liegt etwas unsagbar Wehmütiges in den durch sie geweckten Gedanken.

Muß es denn so sein, daß ein Suchen nach dem Größten oder Tiefsten einen Menschen mit dem Bann belegt, ihn ausschließt von der Erde, von der Zeit, von den Mitmenschen.

Rembrandt ist ja der gefeierte Maler gewesen, seine Porträts sind mit den höchsten Preisen der Zeit bezahlt worden, sein Ruf war weit gedrungen.

Aber nachdem er sich in die geheimnisvollen Welten der Farben- und Lichtkunst vertieft hat, verläßt ihn das irdische Glück, er verliert seine Diamanten, er verliert seine Saskia, er verliert alles, was ihn an das irdische Leben bindet.

Und als er das Innerste gefunden hat, das Lichträtsel, das den Augen der Nachfahren ein neues Reich eröffnet - da ist er einsam und von allen verlassen. Sein letztgeborener Sohn, Titus, ist tot, seine Haushälterin stirbt, sie, die zum Lohn dafür, daß sie alles für einen Apostel geopfert hatte, vom Amsterdamer Sittenprotokoll als Hure bezeichnet worden war.

Man erinnert sich an einen anderen außergewöhnlichen Menschen, der ebenfalls einen niederländischen Namen trägt. Beethoven. Er verliert das Verständnis seiner Zeitgenossen, er verliert selbst das Gehör. Und er schafft Sonaten und Quartette aus einer Licht- und Schattenwelt, die wohl kaum schon ganz für uns andere erschlossen ist.

Wenn es so ist, daß das Schöne in seiner ganzen Tiefe nur unter Entbehrung und im Kampf mit dem geboren wird, was uns Menschen sonst lieb und wert ist, ja im Kampf mit dem Menschenleben und der Gesellschaft selbst, wie richtig ist er da im Grunde, der kindliche Drang, den großen Künstler religiös zu verehren, als Heiligen, als Märtyrer!

Wenn ich vor diesen Gemälden aus Rembrandts letzten Jahren stehe, wird mir fast angst. Ich sehne mich nach Pieter de Hooghs hellen, heiteren Stuben mit der breiten, lächelnden Sonnenfläche auf der hellen, freundlichen, reinen Wand, ein Saffianschuh mitten auf dem Fußboden, die glückliche Hausfrau in der roten, hermelinverbrämten Jacke. Oder nach dem Delfter Vermeer, der – wie kein Dichter – in seiner Delfter Stube das Idyll aller Fensterbankblumen der Welt versammelt hat, die beschauliche Schönheit der Sonntagssonne – so fein, so anmutig wie einige von Jacobsens Versen. Es liegt ein froher Ton darin, daß dort der Stuhl, da das Spinett steht – er hat in der ganzen Welt eine bezaubernd schöne Bedeutung, der kleine Brief, mit dem das Mädchen ankommt!

Gegenüber Rembrandt durchrieselt mich nicht diese behagliche Fröhlichkeit. Ein Gefühl der Unruhe vor etwas Großem, das zu durchdringen ich mich nicht imstande sehe. Ich ertappe mich bei dem Wunsch, daß ich niemals den Versuch gemacht hätte, Kunst zu verstehen. Was zum Teufel geht es mich eigentlich an, all dieses Braun, alle diese schweren Schatten, alle diese Gesichter von alten Juden, die vor zweihundertfünfzig Jahren in Amsterdam gelebt haben.

Mehrere Tage später tauchen dann im Hirn hinter den Augen ein Farbentaumel und Strahlengewirr auf. Eine neue Unruhe meldet sich. Eine Art von Gewissensbissen. Irgendein Porträt von Rembrandt. Da war etwas, etwas, das man unbedingt sehen, wissen mußte. Geheimnisse. Kostbare Vertraulichkeiten, denen ich keine Aufmerksamkeit geschenkt hatte.

Es sieht so aus, als müßte ich zu ihm zurück, wenn es auch erst in vielen Jahren wäre. Selbst wenn es sich bei dem einen oder anderen Fürsten in Galizien befände, verborgen in seiner Privatgalerie ...

In einem einzigen dieser Gemälde sammelt Rembrandt alle Quellen. Die Farben Hunderter von Malern schlummern in einem Bild. Man sieht sie am besten, wenn man ihnen den Rücken gewandt hat, ja, wie gesagt, nach vielen Tagen, wenn all das, was darinnen lag, Zeit gehabt hat, neu geboren zu werden. Das tiefe Braun kommt im Dunkel der Nacht wieder und wird zu dem, was am heftigsten glüht und brennt. In den tiefen Schatten waren Sonne und Morgen und Röte verborgen.

Man will zurück. Will sehen, ob man es jetzt nicht direkt auf der Leinwand sehen kann. Man will eine Menge Dinge sehen, von denen man nun weiß, daß sie da sind, die man aber nicht gleich sah.

Rembrandt zieht an. Das Braun ist wie das Auge des Draugs. Es steckt Zauberei darin.

Rembrandt packt uns Nordländer beim erstenmal, wenn wir ihm begegnen. Es ist etwas an ihm, das uns nahe ist. Seine Art, Christus als einen Alltagsmenschen zu sehen, spricht uns an, seine Luft und sein Licht wecken unser Grübeln.

Aber wenn wir dann zu den Italienern kommen, ihrer Farbenfülle, der Freude, den schön geschwungenen Linien und der Harmonie der Umgebung, dann berauscht uns der Wein des Südens. Rembrandt wird grau. Die holländische, „meisterhafte" Genauigkeit, die tiefe, unerbittliche Charakteristik werden trocken.

Wir ziehen beinahe die anderen Holländer vor. Wir haben Freude daran, alle Einzelheiten auf den Jan Steenschen Orgien herauszufinden, wir werden von Nicolas Maes' ernsthaft schönen Alltagsgeschichten zu Tränen gerührt.

Rembrandts seltsames Licht leuchtet uns entgegen. Wir verharren, versuchen den Schlüssel zu finden, die Tonart. Wir sind nicht ganz gepackt. Wir empfinden nicht dasselbe wie beim erstenmal, als wir ihn sahen.

Rembrandt ist vielleicht von allen Malern am schwierigsten zu verstehen, zu erkennen.

Es ist ja keineswegs so, daß das, was früher einmal für die Menschen unverständlich war, im Laufe der Zeit leicht faßbar würde. Und wenn es noch so lange läge.

Was die Leute auf Gemälden gern suchen und bewundern, ist zum Beispiel die Mannigfaltigkeit der Komposition. Es entzückt sie, überall auf dem Bild kleine Geschichten zu lesen. Der Kunstkenner ist erfreut, wenn er sieht, wie geschickt das eine oder andere Detail um der Symmetrie willen oder als Farbkontrast angeordnet ist.

Rembrandt suchte und fand die majestätische Einfachheit der Komposition, ihre Kraft und Gewalt. Keiner hat es besser als er verstanden, Beiwerk anzubringen. Aber das tritt zurück. Auf dem Gemälde „Die Anatomievorlesung des Doktors Jean Deyman" sieht man nur den Professor, den Mediziner, die Leiche. Weniger kann es nicht sein. Aber man vergißt es nie: Trotz des Zahns der Zeit, trotz Patina und Zerstörungen ist es, als stiegen Menschen von vor zweihundert Jahren – Menschen, die sich nicht von uns unterscheiden – aus dem Bild. Und mehr als das. Das ganze Leben.

Für Rembrandt reduzierte sich schließlich alles, ebenso wie für den großen Dramatiker, auf die Menschen. Auf ihren Gesichtern stand die Weltgeschichte zu lesen, Schöpfung und Tod, alles, was das Leben schreibt. Um sie weben Licht und Schatten das große, ewige, seltsame Gedicht, das atmet, das alles weiß, alles begleitet, das mit dem Kämpfenden, dem Siegenden und dem Verletzten steigt und sinkt.

Das lehrt uns die Rembrandtausstellung. Und wir fühlen, wie er kämpft und alle Grenzen zu sprengen versucht - den Rahmen der Kunst durchbricht, wie die Kritiker zu sagen pflegen. Kein Farbton hat ihm Fülle genug. Keine Perspektive ist tief genug. Er strebt dorthin, wo die größten Dichter, Philosophen und Wissenschaftler einander begegnen, dorthin, wo die Quellen des Menschengeistes sind.

Und am Ende sehen wir - wenn nicht schon vorher -, daß in dem Braun des Sechzigjährigen die reichste Skala ist, wenn auch voller Leid und Tragik. Als das irdische Glück ihm den Rücken gekehrt hatte, fand er dessen innerste Herrlichkeit, dessen üppigste Farben und dessen fruchtbarstes Licht.

Er, der Bettler gemalt hat wie kein anderer, und Seide und Diamanten geliebt hat wie kein anderer.

Ein Glorienschein umgibt Rembrandts Leben.

Er reiste nicht wie die meisten anderen, war nicht in Italien, nicht an Höfen. Er kam kaum über die Grenzen seines Landes hinaus. Er hatte seinerzeit Gelegenheit, in den Salons zu verkehren. Er tat es nicht. Er blieb da draußen in Amsterdams Ghetto. Ein Zeitgenosse warf ihm vor, daß seine Bilder auf ärmlichen Umgang hindeuten!

Die weite Welt versammelte er in seinem Heim. Gemälde und Kupferstiche aus Italien, Trachten aus dem Orient, Tiere des Südens, Atlas und Edelsteine von den Höfen.

Zwischen diesen Dingen ging er umher, ordnete sie und liebte sie. Wie seine Phantasie sich tummelte! Für den Einsamen war das Ferne größer als für diejenigen, die beim Tanz mittaten!

Er mußte keinen Königinnen schmeicheln – Maria von Medici kam selbst nach Amsterdam, und Rembrandt war es nicht einmal beschieden, einen Auftrag zu erhalten. Aber er macht Saskia zur Königin, behängt sie mit Seide, Gold und Perlen.

Dann geht er in Konkurs. Alles wird verkauft. Bei einer Auktion.

Er erhält keine Aufträge. Alles wird zu Studien. Natur, Gesichter aus dem Judenviertel, Studien und abermals Studien.

Er wurde nicht ausgezeichnet. Er wurde nicht Professor. Oder Akademiemitglied. Er hatte keine Zeit, um auf Lorbeeren zurückzublicken. Er suchte und suchte bis in den Tod.

Wenn ich eines von Rembrandts Werken aus den letzten Jahren nennen sollte, welches würde es sein? Jedes von ihnen ist eine Welt. Von den größten und mächtigsten geht ein Zauber aus, den man nicht schildern kann. Wenn gerade Tiefe und Anziehungskraft es sind, die ergreifen, können Worte ja nicht helfen. Es ist der Ruf in der Anatomievorlesung, die Lyrik. Keine subjektive Lyrik, wie die von Ribera – das Gewaltige ist, daß das Leben selbst ruft. Aber die Pracht in „Esther vor der Begegnung mit Ahasver", das ist die Pracht, die durch Herz und Blut gegangen ist. Es sind die Farben aus Rembrandts Seele, die über der Leinwand ausgegossen sind.

Wenn ich jetzt zwei Bilder auswähle, dann deshalb, weil sie Rembrandts Besonderheit als Dichter Ausdruck verleihen.

Die „Frau, die sich die Nägel schneidet" (bei Rudolf Kann in Paris) ist „Realismus" in seiner größten, edelsten Form. So wie diese alte Frau dasitzt, ist sie zu einem Märchen geworden. Sie ist vielleicht arm. Wir denken nicht daran. Denn jeder Teil von ihr spielt eine Rolle. Nicht, daß wir wissen wollten, wer sie ist. Wir kennen sie. Das ist es ja gerade, daß wir Tausende wie sie gesehen haben.

Aber niemals so. Sie wird von keinem Glorienschein umgeben, sie ist nicht geschönt. Sie ist auch nicht tragisch gemacht. Im Gegenteil. Und doch ist sie in das Reich des Schönen erhoben worden! Wie sie dasitzt, gebadet in dem schönsten Licht, wie aus Millionen Himmelsrichtungen.

Für uns öffnet sich etwas. Wir kehren mit größeren Augen auf die Straße und zu den Menschen zurück. Vielleicht ist auch uns ein wenig von der Fähigkeit gegeben worden, das Ewige zu sehen, dort, wo wir es sonst nicht gewahr werden. Die revolutionäre Gerechtigkeit des Künstlers hat uns angerührt.

Mit „Homer, einem Schreiber diktierend" (bei dem vielen Skandinaviern bekannten Kunsthistoriker Dr. Bielius im Haag) ist es genau umgekehrt. Er wird ja sonst in der Apotheose dargestellt, getragen von der Sage. Hier ist er mitten in unserem Leben. Und doch könnte der Homer der Sage nicht so groß, die Stirnwölbung nicht so göttlich sein. Er strahlt eine schwermütige Klugheit aus, da ist die starke und zugleich so weiche, ja schmerzliche Resignation, die demjenigen zu eigen sein muß, der - im Geiste oder im Leben - Menschen hat kämpfen und fallen, das Große hat in Staub versinken sehen, es ist die wundersame Weisheit des Greises.

Und man fragt sich am Ende, ob es eine größere Schönheit gibt als Züge und Linien, gezeichnet vom Leben, von der Seele und dem Innern, vom Charakter.

Doch es sind Sagen um diesen Homer. Die dunklen Tiefen, aus denen er auftaucht, die warmen, schweren Töne, das sind die Sagen.

Ich glaube nicht, daß ich bei einem großen Dichter eine schönere, reichere Auffassung von einem anderen großen Dichter gesehen habe. Ist das so, weil ich Germane bin? Weil mir das nahe ist?

Die Ich-Form in der Literatur

Herr Dr. Edvard Brandes hat in einer Kritik von Hamsuns letztem Buch die Ich-Form verurteilt. Es gibt nichts, was ein Künstler weniger gern tut, als die Kunst zu verteidigen, die seine eigene ist oder die ihm mit seiner eigenen verwandt zu sein scheint. Das verletzt den Künstlerstolz. Er scheut sich, das zu verteidigen, das ihm so notwendig und unwiderlegbar erscheint wie der Regen, der vom Himmel fällt, oder der Duft der Blume.

Indessen hat Unterzeichnender lange den Wunsch gehegt, das Schweigen der Dichter gegenüber dem Strom von Schimpfworten zu brechen, die von den Kritikern auf die „Ich-Form" herabgehagelt sind. Es ist Mode geworden unter den Kritikern, jede Rezension mit einem Bannstrahl gegen die „Ich-Form" zu beginnen, ganz gleich, ob das mit dem Vorliegenden etwas zu tun hat oder nicht. Ein Kritiker betrachtet sich selbst als einen besseren Menschen, wenn er die fast schon verschlissene Phrase von den „modernen" Dichtern, die in ihren kleinen Sorgen schwelgen usw., zu Papier gebracht hat. Das ist populär geworden. So populär, daß man glauben sollte, ein so anspruchsvoller Mann wie Dr. Edvard Brandes würde Abstand davon nehmen.

Dr. E. Brandes schreibt seine Bemerkungen in einer völlig absoluten Weise. Er berichtet, als könnte er mit unumstößlicher Sicherheit mitteilen, daß die Ich-Form leicht sei, daß sie dem Schreibenden die Arbeit in außergewöhnlichem Maße erleichtere. Daß die Ich-Form außerdem den strengen Linien der Kunst fernbleibe, wird freilich nicht so direkt gesagt, aber es wird gesagt, daß sie eine Tendenz dazu habe.

Nun fügt es sich so seltsam, daß derjenige, der dieses schreibt, es geradezu als zwingend empfindet, genau das Gegenteil von diesen Dingen zu behaupten. Aber da eine Behauptung einen jungen Mann und werdenden Schriftsteller ebenso schlecht kleidet wie sie einem Dr. Edvard Brandes wohl ansteht, kann ich nur sagen, daß ich ein wenig Erfahrung in der vorliegenden Frage habe und daß sich das für mich ganz und gar entgegengesetzt darstellt. Ich habe Dramatik geschrieben, sowohl bevor als auch nachdem ich die Ich-Form erprobt hatte, und ich habe den Eindruck, daß die Ich-Form unsagbar schwierig ist. Gerade weil es so kompliziert ist, die Linien mit dem Wort einzufangen, die strengen oder sanften Linien, die sich dem Blick darbieten, gerade weil die Ich-Form mit allen Nuancen spielt. Aber die Nuancen werden doch erst im Schatten der Linien sichtbar.

Dr. Edvard Brandes sagt einen Satz, der nach meinem Dafürhalten eines Mannes *seiner* Gesinnungsart unwürdig ist. Es ist eine Art Wortspiel: Wenn es doch diese Ich-Form nicht gäbe, wenn doch die Menschen ihr *Ich* aus den Büchern heraushalten könnten!

Herr Edvard Brandes weiß nämlich sehr genau, daß das Pronomen nicht das Entscheidende ist; *Er* ist häufiger ein transponiertes Ich, ein falsches *Er*, als daß das *Ich* das Ich des Schriftstellers ist. Neben der dramatischen gebe es keine stärker objektivierende Form. Ich halte die Ich-Form für noch stärker objektivierend.

Die dramatische Form versucht Menschen in ihrem äußeren Erscheinungsbild darzustellen, in großen Umrissen. Die Ich-Form ist aus dem Drang geboren, dem Menschen oder dem Gemütszustand, den man vor Augen hat, ganz auf den Grund zu kommen. Edvard Brandes sollte wissen, was es kostet zu entscheiden, ob dieses oder jenes das richtige Wort ist. Und glaubt Herr Brandes, daß man es nicht fühlen würde, wenn das Wort unecht wäre, falsch klänge. Keine andere Form verlangt so große Einfühlsamkeit. Die Er-Form verdeckt, in sie kann man wie in einen Sack von seinem eigenen Ich tun, von dem, was man gesehen hat, von dem, was man dichtet – die Ich-Form verlangt dagegen eine metallische Klarheit des Stoffes, eine Legierung verträgt sie nicht. Dadurch entsteht gewiß oft Monotonie – und das ist der *alte* Einwand gegen die Ich-Form, der richtige, vom Volk herausgefunden und nicht von den Kritikern.

Die Ich-Form ist auch aus dem Bedürfnis entstanden, mehr in die Tiefe zu gehen. Das Drama bietet Charaktere in ihrer äußeren Widerspiegelung, der Roman kombiniert, verwebt Personen, Ereignisse. Die Ich-Form will das, was dazwischen und hinter all dem liegt. Insofern ist sie ein Monolog. Aber sie ist mehr.

Sie ist eine selbständige Kunstform. Ich kann gut verstehen, daß Herr Edvard Brandes sie als absurd, ungenießbar empfindet. Sie steht seinem Naturell fern.

Aber in der Ich-Form können Dinge gesagt werden, die zuvor ungesagt blieben; die wie ein Blitz bei denen einschlagen, die lesen, bei denen, für die die Dichter schreiben. Wenn sie für die Kritiker schrieben, würde die Kunst – ach – nur wie Blumen ohne Duft sein. Das große unbekannte Publikum ist es, für das der Künstler arbeitet, der Schauspieler spielt, es ist göttlich streng in seiner Naivität, gütig in seinem Drang, ein Echo hervorzubringen.

Die Ich-Form hat, wie keine andere Form reiner Dichtung, die Fähigkeit, ein Echo hervorzubringen (im Gegensatz zum

Drama, das meines Erachtens außerhalb der Dichtung steht - als eine Kunst für sich, die die Musik des Wortes und die wechselnde Ausdrucksfähigkeit des Körpers zu Hilfe genommen hat). Sie geht von einem Bild als reiner Halluzination aus, und es müßte seltsam zugehen, wenn nicht seine Intensität die Mitmenschen zuweilen dazu veranlassen würde, mitzubeben und zu lauschen, dem zu lauschen, was der Dichter will. Denn wie bei jedem Künstler ist das Anliegen des Dichters nicht das Werk an sich, sondern das unendlich Größere, Tiefere, Schönere, das das Werk hervorbringen soll.

Die Zeitungsfreude

Kennst du sie?

Man ist im Ausland. Man hat seit Monaten keine Zeitung von zu Hause gesehen. Man kommt zum Beispiel nach Berlin. Findet ein Hotel und kleidet sich blitzschnell um. Man hat nur einen Gedanken: „Bauer"!

Unter den Linden! „Café Bauer!" Norwegische Zeitungen! „Norwegische Zeitungen!" ruft man stolz. Aber die Stimme bebt, man hat Herzklopfen wie ein junges Mädchen. Da sind sie. „Verdens Gang", „Morgenbladet". Man wiegt sie mit einer naiven Freude in der Hand.

Verschlingt jedes Wort. Man liest zwischen den Zeilen. Man liest die Annoncen. Man liest die Marktpreise. Sie duften nach Kristianias Zentrum. „Vor-Frelser"-Kirche taucht aus den Buchstaben empor. Die Kutscher, die Laufburschen.

Briefe geleiten einen in die heimatlichen Stuben. Die Zeitungen bringen einen direkt mitten in die Stadt, in die Straßen, zwischen alle, die man kennt, und alle, die man nicht kennt, von denen man aber weiß, und das ist so angenehm in einem kleinen Gemeinwesen, daß man ihnen nach Jahren schließlich begegnen wird. Das öffentliche Leben (in den kleinen Ländern hat es nicht zuletzt mit einem selbst zu tun) wird von den Zeitungen heraufbeschworen. Die kleinen Kämpfe des Heimatlandes – groß genug, wenn nur du dabei bist – gehen mit ein in das unaufhörliche Suchen der Menschheit nach Kultur, nach immer reicheren Lebensformen. Stärker als sonst rauschen sie um einen auf. Draußen in dem fremden Café, zwischen den dienernden Kellnern und dem internationalen Publikum, da kann es geschehen, daß man dasitzt und ganz sentimental wird – das, was zu Hause alltäglich ist, das wird groß, das wird wieder so groß, wie es in Wirklichkeit ist, das, worüber man vergessen hat, die Nase zu rümpfen, das wird niederträchtig, ja, niederträchtig!

Ideen wimmeln hervor. All das, was getan werden könnte! All das, was man in Angriff nehmen könnte! All das, was sie, von zu Haus aus, nicht richtig überblicken können!

Indessen... Für die erfahrenen Zeitungsfeinschmecker, jene, die einmal die Zeitungsfreude empfunden haben und sie seitdem nicht mehr verlieren, für die ist „Bauer" nur eine plebejische Abart der richtigen Wiener Cafés. In denen herrscht eine vornehme Stille! Nicht dieses vielstimmige Geklirr. Nicht dieses Rein und Raus von rauschenden internationalen Rockschößen.

Kennst du sie, diese kleinen behaglichen, feinen Kapellen für den neuen Gott des Jahrhunderts? Zu Hause hat man sie noch nicht. Es sind die seltenen Blüten einer alten Kultur.

Nur große, weiße Zeitungen mit Gesichtern dahinter. Eine feierliche Stille. Nur die Seiten, die gewendet werden, still, diskret. Nur Kaffeetassen, die klirren, so gedämpft wie möglich. Die Kellner gehen wie auf Filzsohlen.

Man hält die Papierrolle vor das Gesicht. Alles andere verschwindet. Die Nachrichten stürzen auf einen zu. Der Kaffee kommt geräuschlos. Man hört es nicht. Man hört nichts mehr, nicht einmal die Straßenbahnen. Ab und zu kann man wohl die Zeitung zur Seite schlagen und erstaunt feststellen, daß all das da ist... Ja selbst wenn man von Ärgernissen umgeben ist, Geldsorgen, anderen Sorgen, all dem, was das

Weltsystem in Gang gesetzt hat, um die armen Menschenameisen zu verbessern und zu veredeln – selbst wenn man sich wie eine Laus hereingestohlen hat, weil es nur zu einer Tasse Kaffee plus Trinkgeld reichte –, man hält die große Papierrolle vors Gesicht, man sieht weder nach rechts noch nach links, und es vergehen nicht viele Minuten, bis die kleinen Ärgernisse verduftet sind; die Welt, die große Welt ist das Orchester, die Länder führen ihre Symphonien auf – man ist in Rennes, Dreyfus steht da, das abgemagerte Gesicht läßt einen an viele seltsame Dinge denken, um ihn herum hört man Hunderte rastloser Stenographen kratzen, sie schießen Blitze in alle Himmelsrichtungen, die Advokaten gestikulieren, die Gesichter glühen . . . , plötzlich sieht man sich an die Südspitze der Erde versetzt, das Mittelalter taucht von neuem auf - die Angehörigen der südafrikanischen Bantustämme auf der einen Seite und die Engländer auf der anderen, die breitrückigen Bauern stehlen sich für ihre Freiheit an den Zäunen entlang - ja, wenn sie auf Knien kriechen, sich wie Würmer winden, sich durch Morast arbeiten müßten, einmal wird der Kleine vielleicht den Großen vernichten, einmal wird man es in den Ländern vielleicht noch sehen und fühlen, daß die Wichtigtuerei der Großen in den Herzwurzeln bebt, daß es nicht das Größte ist, mit großen Zahlen zu rechnen, nicht das Ziel des Erdenlebens, sich voller Selbstgefühl Großmacht zu nennen . . ., es wimmelt von Nachrichten, man sitzt mit seiner Tasse Kaffee da und ist überall dabei, überall auf beiden Halbkugeln, ringsum spielt der Weltkampf sein blutiges, sein göttlich kokettes Spiel, er kommt einem ganz nahe, er rast von den schwarzen Lettern auf einen zu, von den schwarzen Lettern, die in der fieberheißen Hast der Zeit auf das billige Papier geworfen sind.

In den Sagen wird von Frauen erzählt, die von Hof zu Hof gingen und Neuigkeiten erzählten. Sie waren gewiß eine Art Bettlerinnen, aber auf den einsamen Höfen wurden sie mit offenen Armen empfangen und bekamen gleich etwas Warmes in den Leib. Und dann lösten sich die Zungen. Sie brachten Kunde von dem, was ringsum auf den anderen Höfen geschehen war, von Ehen, die geschlossen werden sollten, Gutskäufen, Skandalen, von dem, was Weitgereiste über andere Länder und andere Sitten berichtet hatten. Sie waren eine feste Institution, die Frauen. Sie waren die Zeitungen jener Zeit. Sie waren der Keim der „Presse" unserer Zeit.

Welch ein Unterschied! Im Abstand von Monaten kamen ein paar arme Weiblein mit einigen wenigen sparsamen Nachrichten aus benachbarten Bezirken angehumpelt. Und nun! Es braust aus der ganzen Welt in unsere Stube. Während wir hundert Meilen entfernt der ersten öffentlichen Rede eines englischen Parlamentsabgeordneten lauschen, die von einem Streik in Brüssel begleitet wird, erschauern wir bei einem Attentat in Italien. Es strömt aus Drähten in der Luft und aus Kabeln im Meer, und die Ströme werden zu Millionen Menschenhirnen geleitet, die im selben Augenblick in dem gleichen Gedanken, der auch unser eigener ist, aufklingen. Und die Reiche unseres Geistes dehnen sich aus, erweitern ihre Grenzen, mehr und mehr mit jedem Tag, unsere Antipoden rücken unserem Sinn und unserem Herzen ebenso nahe wie unsere Dorfnachbarn, bald haben vielleicht alle diese Leitungen und diese Lettern alle Menschen zu einer Ganzheit verknüpft, zu dem, was einst ein phantastischer Traum war, ein Traum von Schwärmern.

„Menschen sind soziale Tiere". Ihr Bedürfnis zu wissen, was um sie herum vorgeht, das Gefühl, mit dabeizusein und die Erde, auf der sie leben, zu kennen, ist ein Naturtrieb. Der ärmste Arbeiter spart an seinem Bier und seinem Tabak. Eine Zeitung muß er haben. Ein Fenster hinaus zu den Mitmenschen und zur Welt.

Die Nachrichtenübermittlerinnen aus den Sagen sind von Lettern, Telegraf und Eisenbahnen in eine Flut von seltsamen Papieren verwandelt worden, Tageszeitungen, illustrierte Wochenblätter, Zeitschriften, Witzblätter, der Shakespearesche Narr im modernen Gewand.

Eine Flut von Pol zu Pol, auf der die Zeit und die Menschen dahinsegeln und in der sie sich spiegeln.

Und diese prosaischen Lettern auf dem billigen Papier, die sind zu einem neuen Genuß unter den menschlichen Genüssen geworden, zu einem ganz eigentümlichen, bebenden Genuß.

Welches Buch, welches Theaterstück kann solche über den Rücken rieselnde Schauer hervorrufen wie die Dramen, die draußen in der wirklichen Welt gespielt werden, die in diesem Augenblick aufgeführt werden – da sind Schauspieler, deren Namen in das Buch des Weltgerichts eingetragen werden und um die mit echten Tränen gelitten wird, die von Gedanken beben, die Länder stürzen! Welcher Monte-Christo-Roman kann phantastischer sein als manches „Faktum" von zwei Zeilen, das durch Hunderte Meilen Draht flog!

Eine einzelne Zeitungsnummer mag vielleicht langweilig sein – hat man gelernt, der Musik der Lettern zu lauschen, wird das nie der Fall sein –, aber wenn man sie zu einem Chor sammelt, die englischen, die französischen, die deutschen, die der verschiedenen Länder! Wenn man gelernt hat, das Dröhnen des großen Kampfes zu hören, den Prozeß, das Verschmelzen! Die ewig alten Gegensätze zwischen Alt und Neu, zwischen Hoch und Niedrig, zwischen Rechts und Links, der Streit um den Sinn des Lebens, für die Gesellschaft, für den Einzelnen - es rollt dahin in wechselnden Rhythmen, in gewichtigen Leitartikeln, in blitzschnellen, blutroten Depeschen, es formt sich in den unterschiedlichen Temperamenten der Völker, gellende Schreie ertönen dazwischen, Hunger, Streik, Schafott, Familien schließen sich ein und erwarten vom Kohlebecken den Tod, das Anarchistenmesser hat aufgeblitzt, Grubenarbeiter stimmen für Streik. Es wird abgestimmt und abgestimmt, es tropft und tropft von Resolutionen, und die Tropfen höhlen den Stein, den alten Grundstein – was soll daraus werden?

Und weiter rollt es. Stetig rollt es Tag für Tag, zu Harfentönen von Streik und Hunger und Resolutionen. Aber dann kann eine Zeit kommen, in der es zu brodeln beginnt, in der die Lettern Feuer fangen, sie werden zu Leben und Blut, es bebt hinter den „Artikeln", es ist, als folgte ihnen ein roter Streifen. Wird es explodieren?

Explodieren oder nicht, es rollt weiter. Es ist ein atemberaubendes Durcheinander. Nur eine einzige Zeitungsnummer, was für ein absonderliches Sammelsurium! In der einen Spalte glüht eine Idee, in der nächsten stürzt eine Brücke zusammen. Eine Butterfabrik drängt sich zwischen einen Bericht über die Situation auf den Inseln im Stillen Ozean und eine kleine Notiz über einen Bazillus, der entdeckt wurde, vielleicht eine neue Triebkraft. Daß er nach zwanzigjähriger Tag- und Nachtarbeit eines Mannes entdeckt wurde, darüber berichtet die Notiz nichts, dafür ist keine Zeit. Das fügt unsere Phantasie selbst hinzu.

Aber wer dem Wirrwarr von Tag zu Tag folgt, der kann vielleicht sehen, daß daraus allmählich etwas geboren wird, neue Anschauungen, neue Lebensanschauungen, ja, neue Weltanschauungen. Es ertönt ein Signal von einer wegbereitenden Zeitung, es steht ein merkwürdiger Artikel in der Frühlingsnummer einer Zeitschrift. Es klingt wie eine Sage. Aber dann taucht es erneut auf, an anderer Stelle, es taucht zu beiden Seiten des Ozeans auf, ohne daß man voneinander wüßte. Eines schönen Tages sind plötzlich alle Zeitschriften voll davon, es bricht wie ein Strom hervor, es erscheint in den Leitartikeln, es stiehlt sich bis in das fernste Dorf, es „liegt in der Luft".

All das zu einem Gesamtbild zusammenzufassen, aus der Vogelperspektive, es vor sich zu ordnen, Linien und Zusammenhänge zu finden, die Walstatt der Welt mit ihrem tausendstimmigen Getümmel von Kampf, von Leid und Freude und von Menschenköpfen aufzuzeichnen, von Tag zu Tag dem Wechsel auf dieser Walstatt mit Hilfe der kleinen schwarzen Lettern zu folgen - das ist es, was die tiefe „Zeitungsfreude" ausmacht.

Das ist ein Genuß. Wenn die anderen Genüsse vergangen sind, diejenigen, die das junge Zellgewebe aufzehren, das zum Verzehr bestimmt ist, dann bleibt uns dieser noch. Mit ihm wird der Weißhaarige nicht länger Leere empfinden.

Wer in Frankreich war, als das Dreyfusdrama gespielt wurde, wird gewiß nie vergessen, was für eine seltsame Sache Zeitungen sind.

Auf den Boulevards war es ruhig und still, ja idyllisch. Der Luxembourg-Boulevard lag da in seinem herbstlichen Schmetterlingsfrieden, das ewig junge Leben wurde wie immer gelebt, die Blumenmädchen boten ihre Sträußchen feil, die Kamelots ihr Spielzeug, man wäre nicht auf den Gedanken gekommen, daß sich eine Teufelsinsel in Frankreichs Besitz befindet. Dann klangen die Zeitungsnamen den Boulevard hinunter, und die Zeitungsverkäufer kamen mit den frischen, noch feuchten Blättern. Plötzlich sah man ein Gewimmel von nervösen Händen! Das war alles. Und wer nicht wußte, was dahintersteckte, der bemerkte es wohl kaum.

Aber wenn man dann die Zeitung in der Hand hielt, dann fühlte man, was es mit den nervösen Händen auf sich hatte, unter dem lächelnden Frieden und der Ruhe fühlte man das Rollen des Erdballs stärker als sonst, fühlte den Gedanken in sich beben, daß das Jahrhundert jetzt sein großes Drama aufführe. Man konnte still in einer Ecke sitzen und daran teilhaben, zusehen, wie sich die Ereignisse verketteten und Menschen vernichteten, während andere verzweifelt mit Macht und Gewalt Tausende von Händen emporreckten, um den Ereignissen Einhalt zu gebieten. Und aus all dem und in all dem der Gedanke, die Frage, die Wahrheit – glänzend blankgeschliffen –, sie war, sie ist hinter Menschennebeln, hinter Verwirrung, hinter Gefasel, hinter der ganzen Mannigfaltigkeit menschlicher Machinationen. Man sieht sie nicht, sie reist inkognito, aber sie ist da, sie wartet, die Scharen von Ich's, von Ministern und Volksführern, von eigenen Willen, sie durchlaufen ihre Bahn und versinken, aber sie, die blankgeschliffene, sie ist bis zum Schluß da, und hin und wieder glänzt sie auf hinter dem Nebel, dem Menschennebel.

All das war in den verwirrenden Lettern. Oft konnte man die Gefühle der Völker, die unterdrückten, die von den Staatsmaschinerien zurückgedrängten, gleich einem schweren roten Rauch über die Erde wallen sehen. Und zuweilen konnte man so etwas wie eine geballte Faust, eine strahlende Faust sehen. Ja, wenn man sie sich vornahm, all diese verschiedenen auf Leben und Tod kämpfenden „Organe" mit den großen, schwarzen Überschriften, die weit die Straße hinunter leuchteten und dabei versuchten, einander zu erschlagen, dann war es, als sähe man in diesem ganzen Gewimmel von Lettern der Menschheit verwirrtes Hirn arbeiten, kochen, brausen, während ihr Herz in seinen Wurzeln bebte. Kein Krieg mit Speeren und Kanonen war so tödlich und fruchtbar wie dieser Krieg der Lettern. Und es gab sogar ein paar Augenblicke, in denen es war, als würde die Erde in die Atmosphäre emporgehoben, und es war, als fühlte man, daß alles noch lebt und daß alles arbeitet und daß alles für etwas da ist und daß es unter den Sternen etwas gibt, das Sieg heißt.

Einen dieser Augenblicke werde ich gewiß nie in meinem Leben vergessen. Wir saßen in strahlender Sonne auf dem Boulevard. Es sah aus, als schliefe alles oder hielte Mittagsruhe, die Geschäfte, die Straßenbahnen, die Häuser. In träger Lebensfreude saßen die fröhlichen Mädchen und jungen Männer und tranken ihren Kaffee oder Absinth. Dann brachte man eine Zeitung mit einer neuen Überschrift und einem neuen Namen: „Henry". Ein paar Zeilen in einer Zeitung an dem verschlafenen Sommernachmittag. Es bebte in uns. Das war das neue Faktum. Damals war es nur ein Vielleicht. Aber es bebte in uns.

Wer dies im Zusammenhang erlebt hat, wird niemals in irgendeinem Theater dieses Beben wiederfinden. Den Augenblick an dem strahlenden Sommernachmittag auf dem Boulevard, als das neue Faktum kam, den werde ich nie vergessen.

[Norwegische Natur]

Wer allein in der norwegischen Hochebene herumgestreift ist und mit dem Geist des Berges gesprochen hat, wer gegen Abend allein an den Gebirgsseen gesessen und dem Schrei der Seetaucher gelauscht hat, wer allein auf Lista oder Jæren während eines Gewitters am Meeresufer gelegen hat, der vergißt es nie. Es gibt im Norwegischen ein Wort dafür: bergta - vom Berg verzaubert werden. Die norwegische Natur verzaubert. Die norwegische Natur hinterläßt in Gemüt und Erinnerung eines Menschen eine tiefe, tiefe Spur.

Uns, die wir hinaus in die Fremde ziehen, passiert es so oft, daß wir in den blitzenden Restaurants sitzen und plötzlich wie abwesend sind. Da ist ein Ton von unseren Gebirgstouren angeklungen. Und während wir zwischen Menschen der alten Kulturen auf Boulevards spazieren, kann es geschehen, daß wir den Schrei der Seetaucher zu hören glauben - tief in uns.

Das ist die norwegische Natur, die für uns Norweger gezaubert hat. Unser Charakter hat Grundzüge, die sich aus der Natur des Landes herleiten, und wenn wir ihr begegnen, erklingen diese Saiten. Kein Tourist wird ihn wohl empfunden haben – diesen fast göttlichen Einfluß, den die Natur des Landes auf uns ausübt.

Wir können auch die Schönheit anderer Gegenden genießen, aber sie bringt nicht dieses Gefühl hervor, als begegnete man seinem eigenen Ich – das andere wirkt auf uns wie Ornamentik.

Die norwegische Natur braucht keine Ornamentik. Auf diesen großen Linien, diesen gewaltigen Farben würden kleine Verschönerungen wie ein Lächeln auf Gottes Antlitz sein.

Daß wir Norweger, jedenfalls diejenigen unter uns, die wir einmal von der Natur verzaubert wurden, gegenüber Kunst so hochmütig sind, das steht damit in Zusammenhang. Jemand, der Nächte im Angesicht des Hallingskarv zugebracht hat, wird von einer Berliner Theaterdekoration nicht sehr beeindruckt sein, und wer ein Seljordsmädchen in der traditionellen blitzenden Sonntagstracht vor dem Hintergrund von Gebirge und See im sonnigen Tal sah, dem kann es leider oft passieren, daß ihn das Kostüm einer Dame langweilt, das im Parkett dieses Murmeln der Bewunderung hervorbringt.

Ja, es ist etwas von einem Lord in jedem guten Norweger. So sollte es sein. Es sollte einem leicht fallen, arm zu sein, wenn man ein solches Land besitzt . . .

(Unvollendet]

Briefe

An Ingeborg Weeke

[August 1897]

Liebes Fräulein Ingeborg Weeke!

Es sind beinahe zwei Wochen vergangen, seit ich Ihnen meinen Brief sandte. Ein zweites Mal bin ich im Hotel gewesen und habe nach Post gefragt. Muß ich Ihnen schildern, was man fühlt, wenn man nach Hause geht, nachdem man erfahren hat, daß nichts da ist. Sie sollten die Einsamkeit in einem fremden Land kennen! Sie haben mir versprochen zu schreiben, und Sie wissen, der einzige Mensch, mit dem ich so reden kann, sind Sie. Sie haben mir wehgetan. Aber Sie sind ja auf dem Lande, unter Freunden, welche dieselbe Sprache sprechen und denen Sie Ihre Gedanken anvertrauen können, so daß die Tage schnell vergehen, und vielleicht haben Sie auch geschrieben, nur daß ich es nicht bekommen habe. Oder ist mein Brief nicht angekommen? Ich weiß es nicht. Ich weiß nichts.

Oder hat mein Brief Sie erzürnt? Habe ich darin etwas geschrieben, das Sie böse gemacht hat? Das habe ich nicht gewollt, das weiß ich. Oder haben Sie etwas über mich gehört, das Ihre Meinung über mich verändert hat? Dann sollten Sie es mir selber erzählen. Oftmals wird man mißverstanden. Und die peinlichen Gedanken, daß man vielleicht mißverstanden wurde, kommen einem immer im Ausland, wenn man allein ist.

Schreiben Sie mir! Ich habe die ganze Zeit, seitdem ich abgereist bin, an einer so schweren Melancholie gelitten, und Sie wissen, daß Ihr kluges Kindergemüt diesen kindlichen Weisen wärmt. Wenn ich doch mit Ihnen reden könnte, wie wir es viele Male getan haben, wenn ich Ihnen doch so wie damals vorlesen könnte, was ich Tag für Tag geschrieben habe. Wie schön war das! Und wie wenig hält man es fest, während es *dauert*! Oder ist es vielleicht die größte, feinste, reinste Freude, die Dinge, so wie *Sie* es tun, hinterher noch einmal zu durchleben, befreit von dem zitternden Schmerz, der mit allem innerlichen, hingebungsvollen Leben verbunden ist.

Ja, wenn ich doch mit Ihnen reden könnte! Ich bin hier täglich mit so vielen Menschen zusammen und doch so einsam. Ich glaube, ich sollte besser sein! Aber das glaubt man immer! Man glaubt immer, daß man das nächste Mal, wenn man beieinander ist, besser ist!

Ich war mehrmals heftig, und doch, wenn ich die Heftigkeit erklären dürfte, verletzen könnte diese Sie nicht, vielleicht aber erwärmen.

Soll ich etwas darüber erzählen, wie die Tage vergehen? Dienstag war ich mit vielen Deutschen zusammen. Jetzt mit Tschechen. Gestern abend war ich in einem Atelier, hoch oben, die Moldau dort unten, schwarz mit Lichterperlen, die Hradschinschlösser wie Schatten dort oben im Dunkel - ein langer Tisch mit Böhmen – eine mir ganz neue, wild klingende Sprache – das Abendessen später, mit einigen der Herren – ich spielte norwegische Melodien (zum ersten Mal seit langem eine Geige in meiner Hand, meine Nägel waren zu lang geworden – mußte sie schneiden) – die Tschechen sangen schwermütige, slowakische Lieder – Maler, Dichter, Kritiker. Nun, das klingt romantisch, aber das alles sind Bilder, und das ist nicht das Leben.

Es ist notwendig, Ihnen dieses für alle Fälle zu schreiben, denn meine Adresse hat sich verändert. Wenn Sie mir schreiben wollen, dann lautet meine Adresse jetzt: Frau Hajek, Havliçek Str. II - Kgl. Weinberge, Prag. Ich habe damit gewartet, Sie zu unterrichten, denn ich hatte lange gehofft, daß ich von Ihnen hören würde.

Wenn ich das nächste Mal schreibe - vielleicht schon in ein paar Tagen -, sende ich Ihnen den Brief anonym, wie damals im Frühjahr, und mit der gleichen Unterschrift „Helga", da Sie ja keine Briefe in Ihrem Elternhaus empfangen dürfen.

Mit herzlichem Gruß
Ihr Freund

[Kopenhagen 1897]
Freitag, 23. Juli, Mitternacht

Liebe Ingeborg!

Wenn ich mich nur an all das erinnern könnte, was ich gedacht habe, seit Du abgereist bist. Ich habe Gedanken und Gefühle gehabt, die ich zuvor nicht gekannt habe, eine Wehmut, die ich nicht erklären kann, eine leise Trauer darüber, daß ich nicht gut zu Dir war. Viele Gedanken, an die ich mich jetzt nicht erinnere, die kommen und gehen. Jetzt, da die Zimmer leer sind und Du nicht mehr da bist, da verstehe ich nicht, wie die Zeit vergehen konnte, ohne daß wir beide lauter jubelten – ich schaue mich um, und ich weiß, daß wir uns hier nicht wieder begegnen werden – und das ist so seltsam.

Wenn ich jetzt zurückblicke – dann enden doch alle meine Selbstvorwürfe, all mein Selbstzerfleischen, oh, Du kannst es glauben – Du sollst es wissen –, ich habe viel getrauert – aber sie enden doch darin: Gab es auch in dem Verhältnis zwischen Dir und mir eine unausgesprochene Melancholie – so war da *dennoch* etwas, das sich später für Dich gewiß als eigenartig, schön darstellen wird – wie eine schöne Landschaft, betrachtet durch eine Träne.

Du mußt mir vergeben, daß ich in der letzten Zeit mehrmals heftig zu Dir gewesen bin – das geschah bestimmt nicht, weil ich Dich weniger gern gehabt hätte, im Gegenteil – und daß ich sogar bei unserem letzten Zusammensein heftig war. Aber wenn Du wüßtest, wie tief ich bereue, dann würdest Du mir gewiß schnell vergeben. Und ich glaube auch, Du kannst verstehen, woraus diese Heftigkeit entstanden ist.

– – Ja, ich bin mir heute abend so sicher, daß nun im nachhinein viel Gutes daraus kommen wird, daß wir zusammen gewesen sind, ich glaube, bei Dir wird sich viel ruhige Zufriedenheit einstellen, und Du wirst mir keine Vorwürfe machen. Ich weiß es, und Du weißt es, wenn ich nicht die Vergangenheit gehabt hätte, dann wäre alles anders gewesen – – und für *Dich* wird dieses vielleicht später tiefer, anhaltender, wenn auch vielleicht weniger jauchzend im Augenblick sein.

Und über *eine* Sache haben wir Grund uns zu freuen: Vielleicht hat es eine aufreibende Skepsis in unserem Verhältnis gegeben, aber *kein falscher Ton* ist da gewesen, keine verlogene Freude, kein ruheloser Kummer.

Und eventuell wird es Dich freuen zu erfahren, daß ich viel gelernt habe. Mir scheint, ich bin besser geworden durch unser Zusammensein. Mir scheint, ich bin ehrlicher gegenüber mir selbst geworden und insgesamt souveräner. Beachte nicht mein Aufbrausen: es bedeutet nichts, meistens ist es reine Nervosität.

– – Ja, ich habe viel mehr gedacht und Dir sagen wollen. Vielleicht fällt es mir später ein.

Aber laß mich Dir eine Sache sagen, die mir heute abend eingefallen ist. Wenn mein Wunsch und meine Bitte etwas nützen können, dann möchte ich Dich bitten, Dich im Ernst auf das zu konzentrieren, mit dem Du Dich beschäftigst, auf die Musik, sie liebzugewinnen, sie kennenzulernen, zu Konzerten zu gehen und Dich in sie einzuleben.

Ich fühle, daß es mich sehr freuen würde, wenn ich mich mit Dir bei unserem nächsten Wiedersehen über Musik unterhalten könnte, oder noch besser, mit Dir Musik gleichermaßen intensiv empfinden könnte.

Ja, nun küsse ich Dich zur guten Nacht, meine liebe, liebe Ingeborg!

Donnerstag, 29. Juli
Aussig a/d Elbe, Böhmen
Hotel zum Goldenen Schiffe

Ich hatte geglaubt, daß ich jeden Tag schreiben würde! Aber Du solltest wissen, wie müde man wird! Und wie sich alle Reisebeschwerlichkeiten auf einen legen. Erst heute habe ich wieder ein wenig Ruhe.

Ich sitze alleine in diesem Hotel – wie letztesmal, als ich fortfuhr, habe ich mit kaum einem Menschen gesprochen - ja, noch weniger als damals. Doch habe ich es diesmal als weniger trist empfunden, da die Reise viel angenehmer ausfiel.

Ich will Dir von allem erzählen, was ich erlebt habe, seitdem ich abgereist bin: Donnerstagabend, nachdem Du gefahren warst, wollte ich nicht allein sein und ging zu Stefan Sinding, dem ich ein Buch von Thomas Krag bringen sollte. Den stillen Sommerabend habe ich mit ihm dort gemeinsam verbracht.

Freitagabend, bevor ich diesen Brief begann, war ich im Tivoli, um Musik zu hören.

Freitag und Sonnabend war ich im Begriff, mich darüber verrückt zu grübeln, wohin ich reisen sollte. Du weißt, daß ich Lust hatte, ins Gebirge zu kommen. Heimzufahren nach Norwegen, dazu hatte ich nicht die rechte Lust. Ich fand heraus, daß die böhmischen Berge die schönsten sind. Zwischen ihnen und Visby mußte ich mit entscheiden. Sonnabend wollte ich abreisen, konnte mich nicht entschließen - da erfuhr ich, daß Helge Rode in der Stadt ist. Ich fand ihn. Wir verbrachten den Abend auf Wivels Balkon, tranken Rheinwein. Sonntagmorgen reiste ich halb bewußtlos *nach Süden* - ich überließ es völlig dem Zufall.

Ich glaube, am Ende war es der Gedanke an Dich, der mich am ehesten davon abhielt, daß ich mich weiter von Dir entfernte, der Gedanke daran, daß *Du* traurig darüber sein würdest!

Aber ich wußte wohl, hätte ich mich jetzt nicht losgerissen, wäre ich nie nach Süden gekommen – und so lange das nicht getan war, würde es mein Gewissen belasten. So reiste ich halb von Sinnen – kam abends in Berlin an – dachte die ganze Zeit an Dich.

Montag fuhr ich nach Dresden. Dienstag ging ich in die Gemäldegalerie, danach in die große Kunstausstellung, wo ich einen Vortrag über den Farbensinn hielt - (den Tag davor hatte Karl Gjellerup einen Vortrag über dänische Kunst gehalten) –, danach fuhr ich, zwischen Bergen, die Elbe hinunter – verbrachte die Nacht in einer kleinen Stadt – setzte am nächsten Tag die Reise zwischen den Bergen fort -- es gibt sehr wenig zu erzählen, ich glaube allmählich, daß man stumpf wird, wenn man allein reist, die Eindrücke überwältigen einen, man kommt nicht von ihnen los, schließlich wird man unempfänglich – die Müdigkeit wird belastender – ja, oftmals dachte ich daran, wenn *Du* doch dabei wärst! Besonders gestern abend hier oben im Gebirge. Ich machte einen Spaziergang – es war dunkel –, ich fand die große Brücke, die über die Elbe führt – ein Mann rief mich an – ich sollte bezahlen. Von hier sah ich hoch oben im Dunkel ein erleuchtetes Schloß, und die Blasmusik, die ich [...] gehört hatte, kam von dort. Es war nach neun Uhr, aber ich lief in der Stockfinsternis die steilen Hänge hinauf, und bald war ich da oben. Ich bekam ein Glas [...] Bier, setzte mich hin, fühlte mich wohl. In einem solchen Augenblick hat man endlich Zeit, um zu träumen und sich zu sehnen. Die Lichter längs der Elbe, längs aller Eisenbahnlinien wanderten dort unten im Dunkel, bis sie darin verschwanden – nicht aufgrund der Entfernung, denn Entfernung konnte man nicht wahrnehmen. Ich wünschte mir, daß ich nicht allein dort hinunter sehen müßte. – So steil war es, daß ich, der Norweger, erschauerte und nicht ganz am Rand sitzen wollte.

Heute regnet es unaufhörlich. Ich habe mich nicht zum Abreisen entschließen können, und außerdem weiß ich nicht, wohin ich fahren soll. Ich hatte an eine Wanderung im Erzgebirge gedacht, um mich auch irgendwo ruhig niederzulassen – aber wo? Ich bin ja fremd.

Ein solcher Tag in einem Hotel ist seltsam. Es hat etwas von einem Gefängnis. Und diese Kellner, die das einzige sind, was man zu sehen bekommt – das ist kein besonders erbaulicher Anblick. – Soll es nun tagelang regnen? – Na dann!

- - Wie gesagt, während der Reise hat man buchstäblich weder Ruhe noch Zeit, sich zu sehnen. An dem Tage, da ich mich noch in Kopenhagen aufhielt, war es so seltsam. Eine sanfte Trauer, die ich vorher nicht gekannt habe, ist über mich gekommen - dieser Gedanke, daß man reist und neuen Dingen begegnet, der bereitete mir und bereitet mir immer noch Kummer! Es ist *so unumgänglich*, daß ich mich, nachdem einige Zeit vergangen ist, weniger nach Dir sehne und *Du* Dich weniger nach mir sehnst. Etwas Neues ist gekommen. Er ist so traurig, dieser Gedanke. Und doch habe ich immer noch die hetzende Unrast in mir – ich kann nicht lange verweilen –, ich habe eine Pilgrimsnatur – ich muß hinaus – ich muß wandern.

Aber *der* Gedanke, daß wir einander nicht wiedersehen sollten, ist meiner Meinung nach so sinnlos. Ich weiß, daß *ich* Dir mehr zugetan bin, *viel* mehr - wirklicher, echter als früher. Der unangenehme Gedanke, diese *sehr* schmerzliche Frage wurde in mir geweckt, als Du erwähntest, daß jemand gesagt habe, Du stündest gewiß unter einem schlechten Einfluß, die Meinung: er ist wohl dennoch nicht edel genug für sie! – Sie haben mich sehr geschmerzt, *jene* zitierten Worte – weil ich früher mich selbst so oft gefragt habe: Ob ich edel und gut und zärtlich genug zu Dir sei!

Aber ich habe oft daran gedacht, daß es nun schön werden wird, seitdem wir getrennt sind – daß es so werden wird wie mit dem Veilchenparfum, das ich bekam – es war ein wenig schwer und wohl auch streng im ersten Augenblick –, wenn es verdunstete, wurde es zu Veilchen! Wer sagt, daß Du, weil Du das Veilchen bist – das blaue – nicht den harten Regen verträgst?

- Ja, ich glaube, daß Du an mich voller Güte denken wirst und daß das, was wir gemeinsam hatten, zu einem Parfum wird, was gut zu Dir paßt. Wenn alle Gärung aufgehört hat, wirst Du wieder das Veilchen sein, nur reicher, stärker, und wenn ich Dich wiedersehe, so glaube ich ganz sicher, daß ich in Deinen Augen frohe Ruhe und zarten Traum finden werde.[...]

München,
Freitag, d. 27. August [1897]

Ich träumte so schön heute nacht. Ich träumte, daß etwas Schweres, eingewickelt in ein Stück Papier, von dem Baum herabfiel, unter dem ich im Traum saß. Aber das Papier war ein Brief von Dir, in dem Du erklärtest, warum Du nicht geschrieben hattest, und das Schwere, das war ein Stück Schokolade, das Du mir schicktest, um mich zu trösten! [...] Und wie grausam, falls etwas dazwischengekommen ist, da es gerade beginnen sollte! Habe ich das wirklich verschuldet? War meine Rede so dunkel? Waren meine Augen so? Und meine Hände? Und meine Stimme?

Ja, wie grausam ist es, daß wir nicht beieinander sind! Warum bin ich immer auf Reisen?

Warum muß ich immer von dem flüchten, was ich besitze!

Oder besitze ich Dich nicht, Ingeborg? War das Ganze eine große Lüge? Und das muß es ja gewesen sein – eine gräßliche Lüge –, falls Du mich verlassen konntest, während Du vielleicht mein Kind in Dir trägst.

Liebe, wenn Du das getan hast, was ich befürchte – dann hast Du mich nie gekannt, dann hast Du nicht gewußt, wer ich bin, dann hast Du nicht gewußt, wie wert ich es bin, geliebt zu werden!

- - Während die Zeit vergeht und ich nichts weiter von Dir höre, steht das Bild vor mir, daß Du für mich skizziert hast, und die Genauigkeit, mit der Du es gemalt hast, wird *grausam*. Liebe, was würdest Du meinen, wenn der erste Brief, den Du bekämst, eine genaue Schilderung davon enthielte, wie ich mich mit einer anderen Frau aufführe, der erste Brief, und dann nichts mehr! Was würdest Du dabei empfinden? Was glaubst Du, wie man das empfindet, wenn man weit fort ist, im Ausland. [...]

Oder wer bist Du? Bist Du denn eine *ganz* andere, als ich geglaubt habe? Ich glaubte, Du wärest gut! - - - [...]

[Oktober 1897]
Dienstagabend

Liebste!
Nachdem ich Deinen Brief erhalten habe, den ich küsse und küsse, kann ich nicht umhin, Dir gleich zu schreiben und dafür zu danken und Dich um Verzeihung zu bitten, weil ich zuweilen so heftig und ungestüm bin. Oh, schicktest Du mir nur solche Briefe, dann solltest Du sehen, wie gut ich werden und wie stark und innig ich Dich lieben würde. Und wenn Du so jeden zweiten Tag schreibst, dann werde ich neu für Dich sein, jemand, den Du nie gekannt hast und der Dich hoch erheben und Dich größer machen wird. Denn wenn ich liebe und geliebt werde, dann kann ich alles. Gib Dich mir hin, gib Dich mir ganz, und Du wirst sehen, ich werde Dich soviel lehren, ich werde Deine Brust mit etwas erfüllen, das warm und groß zugleich ist, und wir werden zusammen arbeiten, wir beide.

- Ich werde nun erklären, was ich bei dem empfinde, was Du jene Nacht gesagt hast und bei Ähnlichem, was Du früher gesagt hast und nun in Deinem Brief schreibst, daß Du glaubst, Du seist unbeständig. *Und ich will Dich bitten, dieses hier ernsthaft zu lesen.* Auf der einen Seite empfinde ich einen großen Kummer. Ich habe soviel im Leben auszurichten, daß ich keine Ehefrau haben dürfte, auf die ich aufpassen muß, die ich am Arm packen muß, Brutalitäten und diese Dinge. Ich dürfte keine Ehefrau haben, derentwegen ich unruhig sein muß, wenn ich nur ein paar Monate fort bin. In meiner Ehefrau müßte ich das Hohe, Heilige, Treue lieben - ich müßte in meiner Ehefrau meine Arbeit lieben - ich müßte in meiner Ehefrau meine gute und treue Fee haben.

Wenn der Gedanke an die Ehe mich immer so bange gemacht hat, dann gerade deshalb, weil ich mit einem Zuhause so hohe Gedanken verbunden habe. Ich habe so viel gelitten. Ich habe so viel Unglück erfahren. Das „Heim", das Heim, das ich selbst schaffen werde, sollte das wunderbare Märchen sein, es sollte all unser Leid und unseren Schmerz entgelten. Aber dann könnte ich keine Frau in mein Heim nehmen, die dort nicht so sicher wie eine Königin stünde, für die *ich n*icht der einzig Denkbare wäre, ebenso wie *sie* für mich diejenige wäre, in deren Schoß ich die edelste Arbeit der Tage und der Nächte schüttete.

Sieh, wieder weckt Dein Brief Kummer in mir. Deine Worte, daß Du Deiner selbst nicht sicher bist. Ich, Ingeborg, kann nämlich nicht mehr arbeiten, solange mich hier die kleinste Unruhe beherrscht. Und meine Verlobte, meine Ehefrau, sollte mir gerade bei der Arbeit *helfen*, nicht mich daran hindern, so wie *Du* es nun ein halbes Jahr getan hast.

Auf der anderen Seite: Dieselben Dinge, die Du sagst, scheinen mir ebenso deutlich zu zeigen, daß Du gerade eine treue Natur bist, und daß Du recht mit dem hast, was Du einmal geschrieben hast, daß Du der treueste Mensch bist. Mir scheint nicht, daß das, was Dich das letzte Jahr gelehrt hat, Dich an Deiner Treue zweifeln lassen kann, wenn es *wahr* ist, was Du mir selbst erklärt hast.

Liebe, es sind doch zehn Jahre Unterschied zwischen uns, und Du hast mich seinerzeit ganz und gar mißverstanden. War es denn nicht wahr, was Du mir am Nachmittag des letzten Tages, als wir uns trafen, gesagt hast? Daß – wenn auch zum Teil vielleicht unbewußt – alles mit dem Gedanken an mich geschehen ist. [...]

- Geliebte Ingeborg, Du Mollton meiner Brust – Du hast mir versprochen, jeden Tag zu schreiben, aber Du hast weder Freitag noch Sonnabend geschrieben, nur Sonntag. Von nun an darf kein Tag vergehen, an dem Du nicht ein paar Worte geschrieben hast. Falls Du das tust, dann wirst Du erleben, wie glücklich und frisch und gesund und strahlend froh Du wirst. Dank Deines Fleißes. Du wirst sehen, wenn wir beieinander sind, dann werden wir zusammen arbeiten, dann werden wir Harmonielehre studieren, und ich werde Dir die Geschichte der Musik erzählen. Ich bin ja mal ein halber Gelehrter auf dem Gebiet der Musik gewesen. Es gibt nichts, für das man sich so herrlich und rein begeistern kann wie für die Musik, wenn man ein wenig Zugang dazu gefunden hat. Und gemeinsam mit mir wirst Du den finden. Wir werden zusammen Symphonien und Opern hören: Berlin, München und Paris, wir beide! Dann werden wir hinterher in kleinen wunderbaren Restaurants soupieren, wo ein paar Gecken sitzen und mich um meine herrliche Frau beneiden und Dich unverschämt ansehen, so daß Du zu mir sagst: Oh, sei so lieb und befreie mich von den widerlichen Gecken, mein Geliebter! Und wenn wir dann fertig sind und ein gutes Glas Burgunder getrunken haben, dann gehen wir nach Hause, und Du birgst den kleinen, feinen Kopf an meiner Brust, und wir schlafen, zusammen, wir beide, oh, diese weite, weite Welt. Denn dann bin ich frisch und herrlich gesund. Wie ich es schon jetzt bin, wenn nur die tägliche Unruhe fort ist!

Oh, Du dummer Mensch, der zum Beispiel glaubt, daß ich morgens mürrisch bin! Du solltest mich jetzt tagsüber sehen. Ich springe auf und singe wie ein Wilder, obwohl ich nicht so furchtbar glücklich bin. Und ich bin nicht einen Augenblick am Tag mürrisch, ich bin der witzigste Mensch, so für gewöhnlich. Sieh, so bin ich wirklich, Ingeborg. Das Leben hat mich gelehrt, ausgeglichen, einfach, aber furchtbar lustig im Zusammenleben zu sein, sowohl am Tage als auch in der Nacht, sowohl früh als auch spät, sowohl im Frühling als auch im Schnee. [...]

[Kristiania, 4.-5. März 1898]
Freitag

Warum bist Du nicht hier? Hier ist der herrlichste Frühling! Wir sollten in der Pension draußen auf Bygdø wohnen.

- - - Liebste, wenn ich hier wohnte, dann könnte ich bestimmt, zu jeder Zeit, den Theaterkritikerposten bei V. G. erhalten, der mit 150,- Kronen im Monat bezahlt wird, und wäre ich dann erst hier, würde ich leicht etwas anderes bekommen. Insgesamt könnte ich hier praktisch fürs erste 1000,- Kronen im Jahr verdienen und leicht mehr.

- Und – das kannst Du Deinem Vater erzählen - mein Umgang ist der beste, den es hier gibt. Es ist für *mich* überhaupt ein ganz anderes Gefühl, hier zu sein. Im Laufe der Jahre habe ich Bekannte und Freunde in den verschiedensten Kreisen gewonnen – wo ich mich drehe und wende, kommt jemand und begrüßt mich.

- Wenn es nötig ist, kann ich auch ganz schnell Geld durch Vorträge beschaffen. Ths. Krag hat in einem Monat ca. 3000,- verdient – und ich wäre gewiß der bessere Referent. Vielleicht werde ich schon jetzt damit beginnen. Obwohl - das ist etwas, was man nicht oft tun kann, so daß es nicht schadet, wenn ich es nicht sofort mache.

Für den Sommer werden wir mehr als genug an dem Stipendium haben.

Sonnabend

Du kannst glauben, ich arbeite jetzt für die Zukunft! Dadurch, daß ich jemanden habe, der auf mich wartet, komme ich auf Dinge, die mir sonst niemals in den Sinn kommen würden. – Ich überfalle alle die Menschen, die ich auf Gesellschaften treffe – ich habe, seit ich hergekommen bin, an verschiedenen Festessen teilgenommen –, und alle die Menschen sind einflußreiche Leute. Und weißt Du was: Gestern machte man mir Hoffnung auf den Regisseurposten am Bergener Theater ab Januar. Advokat Axel Winge sagte sogar: *Sie werden ihn bekommen.* – Das bedeutet jedenfalls, daß er alles tun wird, damit ich ihn bekomme. Und Advokat Knudtsen, der in der Direktion ist, war derjenige, der mir das vorgeschlagen hat! - Der Posten wird jetzt mit 5000,- Kronen bezahlt, aber dann ist man gleichzeitig Direktor, und das macht jetzt ein alter Theatermann. Aber ich würde jedenfalls sicher insgesamt 4000,- Kronen verdienen können, und das ist mehr als genug in Bergen. – Du weißt natürlich nicht, daß das Bergener Theater in historischer Hinsicht unser erstes Theater ist, das sogenannte Nationaltheater, das Ole Bull gegründet und an dem Henrik Ibsen und Bjørnstjerne B. (Bjørnson) die ersten Regisseure waren.

Aber mache Dir nicht zu früh Hoffnung – und sprich vor allem zu keinem darüber – das wäre nämlich unklug. Aber jedenfalls könnte es Deinem Vater ein wenig imponieren, daß einige der führenden Männer kommen und mir einen derartigen Posten anbieten.

- - Du sprichst darüber, was Frau R. über mich gesagt hat und über die verschiedenen Meinungen. Liebste, Du weißt doch genau, daß diejenigen, die andere Meinungen geäußert haben, Leute sind, dich mich überhaupt nicht kennen. Und was Nilsens angeht, so weißt Du doch, daß sie die gleiche Auffassung hatten. Daß d*ie* sich zwischen uns drängen und Dich mir nehmen wollen und dann obendrein eine andere Meinung über mich verbreiten, daran kann ich ja nichts ändern. Sollte etwas mit *mir* nicht in Ordnung sein, dann gewiß am ehesten *insofern*, daß allzu viele Menschen mich gern haben. Seitdem ich nach Hause kam, bin ich mit Einladungen völlig *überhäuft* worden.

Tausend Dank für Deinen guten Brief! Du mußt jeden zweiten Tag schreiben, willst Du? Oh, ich habe mich gestern so nach Dir gesehnt, als ich zu einem feinen Abendessen eingeladen war. Ich habe so gut gespielt. – Jetzt muß ich zur Eröffnung der Kunstausstellung, zu der man mich eingeladen hat.

- - Liebling, Du! Ich sehne mich, sehne mich, sehne mich! Schreib, daß wir bald vereint sind – dann reise ich hinauf und miete das Haus und komme schon im April mit.

Ich sehne mich so nach Dir. O Gott, warum bist Du nicht hier, so daß ich Dich küssen kann!

Geliebte! -· Du mußt jeden zweiten Tag schreiben. Schau, ich, ich schreibe jeden zweiten Tag.

Schreib mir wenigstens, da Du doch so grausam warst, mich nicht zu begleiten.

[Frühling 1898]

Mein liebster Schatz! Meine Perle!
Ich will schreiben, um zu sagen, daß ich Dich liebe. Aber ach, die Post geht so langsam. Ich wollte es gestern sagen, und ich wollte es heute sagen – aber es erreicht Dich so spät.

Ich freue mich jeden Tag. Ich freue mich über all das, was wir gemeinsam erleben werden, all das, was wir gemeinsam sehen werden. Denn vielleicht werden wir in zwei Jahren reisen. Ich – Du – hörst Du –, das ist, als wäre ich nie zuvor gereist - ich freue mich auf das Reisen –, denk nur, all das, was wir gemeinsam genießen werden, Italiens Sonne, Italiens Meer, Venedig, Venedig. Hand in Hand werden wir durch ganz Europa wandern, ja vielleicht direkt nach Ägypten, Hand in Hand.

Ich freue mich, geliebte kleine Ingeborg, das Leben zu beginnen. Ja, denn nun will ich beginnen zu leben. Ich werde arbeiten, Du wirst sehen! Ich werde regelmäßig arbeiten wie nie zuvor!

Denk – ich, der sich einmal derartig überanstrengt hat – es ist, als hätte ich nie gelesen. Ich freue mich zu den Büchern wie das Kind zum Märchenbuch!

Und *Du, Du* kleine süße, wunderbare Ingeborg, *meine* Ingeborg, Du sollst die ganze Zeit *bei* mir sein! Und wenn ich vom Leben und Denken müde bin, dann sollst Du mich küssen – und ich werde Dich auf meine Knie nehmen und Dein Haar streicheln – und Du sollst in meine Augen sehen – sollst eine seltsame Gedankenwelt sehen, die Du vielleicht nicht verstehst – aber doch küßt, küßt.

Sanft, sanft werden wir einander küssen, so wie wir es *schließlich* gelernt haben. Kannst Du Dich erinnern, als wir im Restaurant in der Fredriksbergallee saßen (das mit den Phonographen), da war ein Kuß – so herrlich, daß kein Wein ein derartiges Aroma haben kann.

Ich weiß schon, auf was ich mich so freue! Gemeinsam, gemeinsam werden wir Musik machen. Wir werden *alle* Dinge durchspielen. Wir werden auch vierhändig Klavier spielen. Und Du wirst mir die Harmonielehre beibringen, die Du beherrschst.

Und einmal, wenn ich Geld habe, dann werde ich Dir ein blaues Sammetkleid kaufen, ein Kleid aus mattem Sammet – und etwas mit Perlen soll daran sein.

Weißt Du, wonach ich mich tagsüber so furchtbar sehne. Dich glücklich zu machen. Du wirst sehen, wie genial ich bin, Sonnenschein über den zu schütten, den ich gern habe.

Und wenn wir gemeinsam knien, schwarz und weiß – das erste Mal, da *Du* mich so fein gekleidet siehst –, kannst Du Dir etwas so Wunderbares denken, Du?

Stell Dir vor, Du, ich glaube, dieser Augenblick wird so viel herrlicher, größer, reiner für uns beide sein, gerade weil wir vorher so zusammen waren. Ich komme nicht mit solchen unruhigen, flammenden Lüsten dorthin. Wie eine harte Meeresfläche von Glück und Beben wird das Ganze sein.

Ich sehne mich so entsetzlich. Und es ist sehr klug, daß wir getrennt sind. Denn wären wir das nicht, dann ließe es sich nicht aushalten, nicht wahr. – Und dann würden wir uns vielleicht erregen – und *nun* soll *das* nie mehr geschehen, bevor Du den Schleier getragen hast, den Brautschleier.

- - Jetzt sind vier Tage vergangen und kein Brief. Wie abstoßend und verletzend, daß Du nie von Dir aus das Bedürfnis zu schreiben hast, daß Du es nur tust, wenn Du dazu gezwungen bist. Diesmal glaubte ich so fest, daß Du selbst Lust bekommen hättest, mich mit einem Brief zu erfreuen. Aber nein!

- - Warum willst Du mich bitter machen.

- -

Ich will Dich inständig um etwas bitten, was Du tun *mußt*. Wir sehen uns ja bald.

Ich will Dich bitten, Ostern nicht hinunter nach Hindholm zu fahren, wenn Du dazu aufgefordert wirst.

Ich möchte ja annehmen, daß Du selbst, wenn Du eine Spur von Gefühl für Reinheit hast, Dich scheuen wirst, an den Ort zu reisen, wo so viel Böses und Häßliches und Unreines geschehen ist.

Du mußt mir in dieser Sache gehorchen.

- - -

Au revoir, Geliebte! Ich küsse Dich und schlage Dich, weil Du schlecht zu mir bist. Ich liebe Dich und hasse Dich. - -

Warum willst Du mich daran hindern, gute und schöne Briefe zu schreiben?

[...]

[April 1898]

[...] - Es ist eine große Aufmunterung für mich gewesen, daß ich zwei Abende draußen bei Erik Lie, Jonas Lies Sohn, eingeladen war, der gerade geheiratet hat. Und weißt Du warum? Weil sie so oft das Gespräch auf Dich bringen (sie kriegen mich übrigens nie dazu, das Ganze zu sagen!), fragen, wie Du bist usw., und raten mir so entsetzlich zu, mich zu verheiraten. Ich bin sicher, bei *den* Menschen würdest Du Dich sofort wohl fühlen, beim ersten Mal.

Dank für den allerliebsten Brief! Du bittest mich, oft zu schreiben – aber Du, Du schlimmes Kind!

Nein, Essen ist dort oben kaum zu bekommen, und ich hatte gedacht, daß wir möglichst nahe an einem Krug wohnen sollten, so daß wir dort speisen können. Und in den Sommermonaten, bis wir wieder auf Reisen gehen, müßten wir uns gewiß dazu bequemen, täglich selbst Staub zu wischen und aufzuräumen. Eine Frau, die von Zeit zu Zeit die Fußböden scheuert, müßte man wohl bekommen können.

Schau, der Maler, der mir über Telemark erzählt hat, hatte gerade einen Korb Rebhühner aus Dänemark mitgebracht, die er dort oben aussetzen will. Er selbst beschäftigt sich aus Freude an der Sache sowohl mit Hühneraufzucht als auch mit Gartenbau.

Aber es ist so, Liebste, daß dort oben *im Haus* kaum die Rede von *irgendeiner* Art Luxus sein kann. Der große Luxus, das wird die große Natur, werden die Sommerabende sein. – Sollten wir den häuslichen Luxus benötigen, wäre es ja besser, eine der möblierten Villen unten an der Küste zu mieten – oder wir müßten vielleicht, nachdem wir getraut worden sind, direkt nach Paris reisen. Äußere Dich dazu in Deinem nächsten Brief! Was meinst Du selbst? Denk daran, daß Du als Dänin Dir die Sache vielleicht angenehmer vorstellst, als sie ist. Ein norwegisches Bauernhaus oben im Gebirgsdorf wird von keinerlei Reichtum in Form von Kissen, Schmuckgegenständen und weichen Sofas beschwert. Wenn wir auch nur ein Tröpfchen Wein haben wollen, dann müssen wir dafür sorgen, ihn mitzunehmen. – Aber andererseits sollte dieses ja gerade das Romantische sein.

- - Liebste, ich habe mich in diesen Tagen so furchtbar gesehnt, daß ich daran gedacht habe, *sofort* hinunterzureisen und Deinen Vater zu veranlassen, sein Einverständnis zu geben, daß wir gleich heiraten. Wir könnten es ja in aller Heimlichkeit tun.

Liebste Ingeborg, wenn ich es nicht mehr aushalten kann, willst Du mir dann die Erlaubnis dazu erteilen?

- - Liebste, Du hast noch nicht die Adresse Deines Vaters geschrieben. Es wäre doch eine Unhöflichkeit, sich jetzt nicht an ihn zu wenden. Nach Deinen späteren Erklärungen wirst Du verstehen, daß ich keine Spur von Bitterkeit gegen ihn hege.

– Ja – also noch einmal – falls Du einen sanften und guten Ehemann haben willst und keine strengen und grausamen Tyrannen, dann mußt Du mir jeden zweiten Tag schreiben, Geliebte.
Dein Zar

Schau, ich schreibe doppelt so *lange* und doppelt so *viele* Briefe wie *Du*.

[April 1898]

Liebe Ingeborg!

Ich lebe sehr einsam. In dem großen Haus hier, wo so wenige Menschen sind, wird einem zuweilen ganz beklommen. Verzeih, daß ich über so etwas spreche: Ich beginne unter der Glut meiner Sinne zu leiden. Ich habe meinen Dir geschworenen Eid gehalten: Dir treu zu sein. Und ich werde das bis zum Schluß tun. Nun habe ich nachts geschlafen, Nacht für Nacht, nachdem ich nach Hause gekommen bin, so geschlafen, wie ich nie geglaubt hätte, noch einmal schlafen zu können. Die Folge ist ein Übermaß an Kraft, die hinauswill! – Du lachst. Du findest es kindlich, daß ich solche Dinge Dir anvertraue, einer Dame. Aber das Verhältnis zwischen Dir und mir *ist* doch so. – Und außerdem ist es nahezu auch alles, was ich zu erzählen habe. Wenn es so um einen bestellt ist, kommt man nämlich in eine eigenartige Stimmung des Schweigens, Schweigen des Gemüts. Es ist, als wäre alles zu Ende. Man hat nichts mehr zu sagen. Es ist, als wäre alles in einem gefesselt. Gestern aber war ich innerlich wie ein wildes Tier. Ich hatte ein Glas Wein getrunken.
   Das wird ein trockener Brief, dies hier. Aber ich habe erklärt, warum. Wärest Du hier, würde ich Dich gewiß zu Tode küssen. Kein Wort käme gewiß aus meinem Mund – aber ich

würde Dich bestimmt fast in Stücke reißen, die Kleider zerfetzen und Dich zerdrücken.

- Es ist gut, daß nur noch ein Monat bleibt. Denn es ist bald nicht mehr auszuhalten. Ich finde es nicht gut, daß ich mir *vorstellen* muß, daß ich Dich in meinen Armen halte und an mich presse. – Bisher habe ich die Gedanken so gut in die Flucht schlagen können. Ich fürchte, daß hier am Tag darauf die Versuchung kommt.

- Es will nicht aufhören zu schneien, und *so* lange kann ich nicht hinauf nach Telemark reisen, wohin ich fahren wollte, um mich nach einem Haus umzusehen.

Danke, daß Du gehorsam warst und meinen Wunsch erfüllt hast, nicht hinunter an diesen widerlichen Ort zu reisen. Ich werde Dich bestimmt einmal dafür belohnen, Du wirst sehen.

- - Nein, ich *kann* heute unmöglich *schreiben*. Ich könnte nur küssen. Ist es nicht entsetzlich, daß man so getrennt sein muß?

Wir hätten Ostern beieinander sein sollen. Wir hätten in verborgenen Winkeln in Restaurants gesessen und langsam Wein getrunken. *Jetzt* würde er gut schmecken, da ich so lange fast wie ein Asket gelebt habe.

Mein rechter Arm würde Deine Taille umschlingen, als wäre sie sein Eigentum, und mit der linken Hand würde ich Deinen Kopf ein wenig zurückbeugen und in Deinen Augen vom Glück lesen. Ich würde dasitzen, lange, lange, und eine blaue Sonne ansehen, eine blaue Sonne in Deinen Augen. Die blaue Sonne des Glücks. Ich würde dasitzen und schauen, bis mein Blick aus Deinen Augen den Tau des Glücks gesogen hätte, der sich gleichsam in der Brust sammelt, denn der wohl feinste Extrakt kommt von mehreren Stellen des Körpers, vom Herzen, von der Taille, von den Lenden - der Tau des Glücks, der ist aus den feinsten Luftströmen der Seele und der Sinne zusammengesetzt.

Nicht reden. Und nur zuweilen das Glas an die Lippen führen – und dann wieder ineinander versinken – ein Sinnenrausch der Augen.

Warum *bist* Du nicht hier? Warum klopfst Du nicht plötzlich an die Tür und kommst herein und eilst hierher und wirfst Dich auf die Knie vor *mir*, Deinem Herrn.

Schreib sofort!

Fröhliche Ostern, meine kleine Perle.

Dein Junge

- - Es ist nicht ausgeschlossen, daß ich das große Stipendium von 2000, - für 2 Jahre bekomme. Aber ich weiß nichts, also sage zu keinem etwas, und hoffe nicht zu schnell darauf!

[Meiningen, 1899]

Liebe Ingeborg!

Jetzt bin ich schon mitten in der Arbeit. Und wie ich arbeiten werde! – Ich bin bei einer Korrespondenz über die vierte Klasse (auf der deutschen Eisenbahn), die ich für sehr gut halte. – Und dann habe ich Konzerte besucht! Gestern abend wieder Beethovens Neunte Sinfonie, und ich war aufgelegt, was dasselbe bedeutet wie mächtige Impulse für mein Buch – ich habe ja so oft daran gedacht, etwas aus Beethovens Neunter als Motto auf das Titelblatt zu setzen. – Ich bin beide Male zu Fuß in die Stadt gegangen und zurück. Ging gestern nach dem Mittag im Sonnenschein durch die herrlichen von Hügeln umgebenen Wiesen, wo einige Beeren sich gelb färben, und durch eine herrliche Akazienallee. Kehrte zurück am dunklen Abend. Heute hörte ich das Quartett, das als Europas bestes gilt, das Joachims Quartett. Und jetzt sitze ich endlich in einem Zimmer und habe Ruhe zum Arbeiten. Ich habe eingeheizt. Und das Zimmer ist gemütlich. Ich glaube, Dir würde es hier gefallen, in dieser kleinen ländlichen Stadt, inmitten dieser sanft gewellten Landschaft. Draußen vor meinen Fenstern sind Blumen in Töpfen, so wie Du es kennst. Zwei herrliche Betten gibt es. Dieses Zimmer zu 75 Pfennigen ist gemütlicher als ein Hotelzimmer zu 1,- Mark. Um das

Haus herum rankt sich Grün, und einige von den Rosen, die es im Sommer ganz umgeben, blühen noch. Der Garten ist voller Kastanien. In dem kleinen Wirtshaus mit der niedrigen Decke, wo es Dir gefallen würde, esse ich, umgeben von Soldaten, Müllern, Arbeitern, auf deren Geplauder ich höre, ohne die Worte zu erfassen. Das wäre wert, einmal in die Literaturgeschichte zu kommen, so wie ich dort sitze, so wie ich dort so oft gesessen habe. Es gibt gewiß keinen anderen außer Holberg, der auf solche Weise gelebt hat. Und niemals kann ich mich selbst so vergessen wie auf diesen einsamen Reisen, wo ich völlig in Anspruch genommen werde von dem Leben ringsum, dem großen und dem kleinen. Es herrscht Stille, herrlich zu genießen – und die Flur prangt mit kleinen blauen Blumen, von der Farbe, die Du als die Modefarbe bezeichnet hast; die Damen sollten auch solche Einschnitte in den Röcken haben wie diese Blume, dann wäre es noch pikanter. – Tagsüber wimmelt es in meinem Kopf von Gedanken, könnte ich sie nur alle, so wie sie kommen, festhalten, aber das kann man wohl leider nicht! – – Einer der Mitwirkenden am Musikfest ist Einar Fordhammer, Tenor, er mußt wohl Däne sein. – Meiningen ist voll von Offizieren. Am ersten Abend, als ich in der Bierstube saß, war ich ganz von ihnen gefangengenommen. Da war ein Major in Zivil, der aussah wie ein Handelsreisender. Jedesmal, wenn sie mit ihm tranken, erhoben sie sich, die Leutnants. – Das wäre etwas für Dich, die schmucken deutschen Leutnants, und wie Du Dich ausnehmen würdest; unter all dem feinen Musikpublikum habe ich nicht eine schöne Dame gesehen.

- - Die ersten Tage, nachdem ich von Dir fortgefahren war, bin ich sehr niedergeschlagen gewesen, aber ich glaube, die Arbeit wird dem Humor wieder aufhelfen.

- Ich habe für alle Fälle an Tyra Bentsen geschrieben, das Geld an *Dich* zu adressieren. Laß mich dann sofort wissen, wieviel es ist, daß wir teilen können.

Jaja, tausend herzliche Grüße
von Deinem ergebenen S. Obstfelder
Adresse Meiningen postlagernd

Briefe an Verwandte, Freunde und Verleger

An die Zeitschriftenredaktion „Samtiden"

Christiania, d. 25. 4. 1892

An die geehrte Redaktion von „Samtiden".

Vor kurzem wurde ich durch einen Brief von Herrn Wilhelm Krag überrascht, in dem er mich inständig ersucht, einige Gedichte zu veröffentlichen, die ich vor ein paar Jahren geschrieben habe und auf die er im Manuskript gestoßen ist. Er bittet mich, es mit ein paar davon in „Samtiden" zu probieren. Ich hatte nicht geglaubt, daß diese Dinge, geschrieben in aller Bescheidenheit, um mich von rhythmischen Raptussen zu befreien, ein breiteres Publikum interessieren könnten; aber da Herr Krag ja auf diesem Gebiet als Experte bezeichnet werden muß, habe ich ein paar dieser versuchten Wortzusammenstellungen niedergeschrieben, und ich darf die geehrte Redaktion höflich bitten, über die Brauchbarkeit der Produkte zu entscheiden. Ich habe eine größere Anzahl geschickt, so daß Gelegenheit wäre, auszuwählen, wie immer die Redaktion sich auch entscheidet, ob sie alle aufnehmen will, ein paar oder keines.

Sollte die Redaktion zu dem Ergebnis kommen, daß sie einige dieser kleinen Sachen verwendet, würde es mich freuen, die entsprechende Nummer zugeschickt zu bekommen; für den Fall meine Adresse:

S. Obstfelder, Studentenheim, Christiania

P.S.: Die eigentümliche Form dieser Gedichte macht vielleicht eine erklärende Überschrift nötig, „Rhythmische Stimmungen, Einfälle" oder so etwas. „Rhythmische Stimmungen" ist gewiß der adäquate Ausdruck für das, was in mir war und was ich geben wollte.

Ehrerbietigst
S. O.

An Herman Obstfelder

[Poststempel: Kopenhagen, September 1893]

Lieber Herman!

Vierter Juni steht auf Deinem Brief. Ja, das ist sehr lange her. Aber mein Landaufenthalt in Støren war so ereignislos, daß ich nichts mitzuteilen hatte, und so einförmig, daß ich das Denken und Schreiben vergaß. Mitte August begab ich mich südwärts und war in Kolbotten bei Garborg, wo ich übernachtete und gut aufgenommen wurde. Ihm gefielen meine Gedichte, er sagte, daß ich unbedingt schreiben müsse und daß es meine *Pflicht* sei, zu versuchen, den Roman zu schreiben, den ich in dem vorausgegangenen Brief erwähnt hatte. Insgesamt sind viele anerkennende Äußerungen gekommen, so hat B. Bjørnson gesagt, „der Mann *ist* Dichter", was ja für mich sehr ermunternd war. Denn es ist mehr als einmal vorgekommen, daß ich auf dem Sprung war, zusammenzupakken und wieder nach Amerika zu gehen.

Ich war zwei-drei Wochen in Kristiania, wohnte dort als Gast bei einem Kameraden, Raidar Müller, einem Mediziner. Es gab viel Kaffeehaus- und Kameradschaftsleben in diesen Tagen, so viel, daß ich dessen überdrüssig wurde. Also fuhr ich nach Kopenhagen, wo dieses hier geschrieben wird. Ich habe mitten in der Stadt in einer verkehrsreichen Straße ein

Zimmer bekommen, hoch oben im Dachgeschoß, und es ist schrecklich laut von den Pferdefuhrwerken. Ich denke deshalb nur daran, wieder wegzukommen und dann vielleicht in eine Kleinstadt auf Seeland, Fünen oder Jütland zu ziehen. Schreiben kann ich in diesem Lärm überhaupt noch nicht, werde es wohl auch nicht können. Kopenhagen ist eine übermäßig lebendige und gut besuchte Stadt, ein reines Paris, und das Tivoli ist ein herrliches Etablissement.-
[...]
Mein Buch befindet sich nun im Druck, die Hälfte ist korrekturgelesen und nahm sich überraschend gut aus, und ich glaube, es müßte Ende Oktober oder jedenfalls Anfang November erscheinen.
[...]

An Herman Obstfelder

[Poststempel: Kopenhagen, 19. 1. 1894]
Lieber Herman!

Wenn ich so lange mit einem Brief gewartet habe, dann nur, um zu sehen, wie das Buch von der Kritik aufgenommen würde. Das hat *alle Erwartung* übertroffen, es ist einfach ein Erfolg geworden. Als erstes, ein paar Tage nachdem das Buch in Kristiania vorlag, erschien die beiliegende Kritik in „Dagbladet", völlig überraschend für diejenigen, die den skeptischen, literaturmüden Mann kennen, der sie geschrieben hat. Noch nie soll er so stark und ohne Vorbehalt gewesen sein. Er hat deshalb auch Freunde verloren, aber selbst ist er stolz darauf, der erste gewesen zu sein. Eines Abends ging ich die Vimmelskaftet entlang (eine der Straßen vom „Strøget"), als Helge Rode mir zurief: Haben Sie die glänzende Kritik Ihres Buches in „Dagbladet" gelesen? - Nein. Ich besaß keinen Schilling. In dieser Situation bin ich hier viele Male gewesen, im Winter. Dann ging ich hinauf ins Bernina (Café Bernina,

Künstlercafé und norwegisches Café hier in der Stadt), rief den Piccolo (einen jungen, sechzehnjährigen Kellner, dem wir den Namen gegeben haben) – ich habe kein Geld (ich sagte das so traurig, so bang), kann ich ein Bier bekommen (wir Norweger bekommen im Bernina ohne weiteres Kredit, aber ich habe das vorher nie genutzt), kann ich das „Dagbladet" sehen. Strahlend kam der Piccolo und zeigte auf die Kritik und erzählte, daß alle Leute sie heute gelesen hätten. Und ich fühlte, wie ich präsentiert wurde, während ich ohne Geld dasaß und unter meinem schrecklichen, langen Namen das erste gedruckte Lob las. Die nächste Kritik war die von Jens Thiis in „Verdens Gang" – ebenso lang, besser geschrieben und mehr interpretierend.

Außer anderen Briefen bekam ich am 23. Dezember einen schönen Brief von Stephan Sinding, unserem größten Bildhauer, der hier wohnt (Bruder des Komponisten), er hätte mich gerne besucht, wisse aber, daß ich ein Mann sei, der in Einsamkeit lebe, Heiligabend bekam ich eine Einladung zum Maler Christian Krohg (der Autor von „Albertine"), bei ihm traf ich Gunnar Heiberg, der mich an einem anderen Abend zu sich bat und sagte, das Seltsame an meinen Gedichten sei, daß er ihrer nicht überdrüssig werde – am Weihnachtstag bekam ich einen Brief von Arne Garborg: Lieber Obstf. Die Gedichte sind wohl seltsam, aber bezaubernd. Ein eigentümliches, glänzendes Debüt. Dank für das Buch. Frischen Mut! Herzlichen Gruß. Meine Frau, die von dem Buch sehr eingenommen ist, bittet mich zu danken. –

Am Silvesterabend enthielt „Tårnet", die symbolistische Zeitschrift, eine kleine Übersicht ihres Redakteurs Johannes Jørgensen über die Weihnachtsliteratur, in der lediglich Sophus Michaëlis (Däne) und ich hervorgehoben wurden, sehr lobend. Am Neujahrsabend eine lange Kritik von Helge Rode in der größten Zeitung des Nordens „Politiken". N. B. sind diese drei Kritiken in den drei bedeutendsten Zeitungen Norwegens und Dänemarks auch sehr lang gewesen, was nicht unwesentlich ist. – Dagegen hat die rechte Presse geschwiegen! Wenn man von Kristoffer Randers' höhnischem

Artikel in „Aftenposten" absieht. Ob eigentlich „Stavanger Amtstidende" klug daran getan hat, zu dem ersten Buch eines Kindes der Stadt gänzlich zu schweigen, wenn sie später vielleicht genötigt sein wird, es zu besprechen – schau, das ist eine Frage. Mich amüsiert es kolossal – wenn man in dem literarisch gebildeten Kopenhagen über anderthalb Spalten von „Politiken" bekommt, dann darf „Stavanger Amtstidende" schweigen.

- - Nun, ich nehme an, daß es die öffentliche Kritik ist, die mich am besten aufgenommen hat. Ich höre zwar, daß sich schon eine begeisterte Gemeinde um das Buch zu bilden beginnt, aber ein Geschäft wird es kaum werden. Doch habe ich schon einen Beweis dafür, daß ich gewiß jeden Verleger, den ich mir wünsche, bekommen kann.

- - Nun, während sich das hier ereignet hat, bin ich sehr traurig gewesen. Zu Anfang gab es ein paar Tage, an denen ich dadurch froh gestimmt war. Aber dann stürzte ich wieder hinunter, so daß mir an dem Tag, da Helge Rodes feine, schöne Kritik erschien, so war, als wäre nichts geschehen.

Indessen reife ich mehr und mehr als Schriftsteller. Ich habe eine Erzählung geschrieben, die mir von allem, was ich verfaßt habe, am meisten Vertrauen gegeben hat. Das ist nicht nur meine Meinung. Ich habe mehrere im Kopf (·- den Stoff für eine erlebe ich speziell in diesen Tagen - aber keinem Menschen werde ich von diesem kleinen amüsanten Idyll erzählen), und mein nächstes Buch zum Frühjahr wird eine Sammlung Erzählungen oder Novelletten sein. [...]

An Herman Obstfelder

[Poststempel: Stockholm, Oktober 1894]

Lieber Herman!

Dank für Deinen Brief! Ich bin jetzt in Stockholm, wo ich mich indessen nicht besonders wohl fühle. Das ist keine Stadt für Künstler. Sie ist zu merkantil. Nie habe ich ein so gleichförmiges Heer von gutgekleideten, modejournalgekleideten Herren gesehen, soigniert bis zur Irritation. Die Stadt ist, wie Du weißt, von Kanälen und Wasser durchzogen, so daß sie herrliche Partien hat – vielleicht, daß ich mich, wenn Frühling oder Sommer gewesen wäre, wohl gefühlt hätte. Ich bin mit ein paar namhaften Leuten zusammengekommen, Fräulein Ellen Key, den Malern Oscar Bjørck und Richard Berg, dem Komponisten Emil Sjøgren (dem besten, den Schweden zur Zeit hat) und anderen. Es gibt hier Vereine, wo man sie alle treffen kann. Lugné Poë, der in der letzten Zeit mehrere norwegische Schauspiele inszeniert hat, besonders von Ibsen, war hier und spielte Rosmersholm – ich fand es nicht gut – es ist auch sowohl in Kristiania als auch in Kopenhagen durchgefallen. Dagegen war die Maëterlinck-Soirée fesselnder. Lugné Poë ist eigentlich Amerikaner und soll von Edgar Poe abstammen, weshalb er sich den Namen Poë zugelegt hat, verständlicherweise, da Poë nun einer der Halbgötter des Symbolismus ist. Der norwegische Maler Edvard Munch ist auch hier gewesen, und seine kunst-revolutionären Bilder sind hier in allen Kreisen sehr diskutiert worden. [...]

„Liv" ist von allen Seiten mit Freude aufgenommen worden. Die meisten finden die Erzählung besser als die Gedichte, und sie ist es vielleicht gewesen, die das Stipendium bewirkt hat. Ich habe gerade aus Deutschland eine Anfrage von jemandem bekommen, der sie übersetzen möchte ...
[...]

An das Ehepaar Garborg

[Stockholm, 4. 2., Skepperegatan 11]

Herr und Frau Garborg!

Ich glaube, ich habe fast jeden Tag daran gedacht, einen Brief an Sie zu schreiben, um mich für die warme Herzlichkeit zu bedanken, mit der Sie mich beide ohne weiteres aufgenommen haben, und um möglicherweise etwas über mich selbst zu erzählen. Ich war im vergangenen Sommer an verschiedenen Orten im Gudbrandstal – ja, zuerst ein paar Tage mit Munthe in Kongsvinger und dann auf der Hochschule von Elverum, wo die Dekadenz wieder aufgenommen wurde und wo man sich darüber wunderte, daß ein Dekadenter so abgerissen und ein Mensch mit deutschem Namen so norwegisch sein kann (ich glaube wirklich, ich muß einen anderen Namen annehmen, habe immer den Namen gehaßt). Dann wurde ich von einer Frauensperson nach Stockholm gelockt, wo ich seit Oktober bin. Der richtige Ort! Es gibt jedoch verschiedenes zu beobachten, und umgekehrt sind die wenigen literarisch Interessierten froh darüber gewesen, daß ein norwegischer Literat für eine Weile in Stockholm wohnen wollte. Wenn man Gustaf Geijerstam und Ellen Key ausnimmt, so sind die Dichter hier gleichsam von einem ganz anderen Typ. Sie sind nicht so wie die zu Hause. Sie haben es so eilig, Gedichte zu schreiben und Bilder zu malen. Und sie leben alle in Stockholm und pflegen gesellschaftlichen Umgang. – Ja, ich kann meine Eindrücke in einem Brief nicht bestimmen. Tavaststjerna sieht beinahe am sympathischsten aus, aber er ist taub, Tor Hedberg ist sympathisch und trokken, Heidenstam hat viel von der typisch schwedischen Steifheit, er hat das „Stattliche", auch das leicht Frivole und macht einen entsetzlich gebrochenen und unharmonischen Eindruck.

Geijerstam wohnt so stimmungsvoll draußen auf dem Lande bei Haga, von dem Bellmann singt. Er hat eine dunkle, muntere und nette Frau, und er hat mich dringend gebeten zu grüßen. Ebenso Ellen Key.

- - Ansonsten empfindet man die geistige Atmosphäre als scheußlich, und die Schweden machen auf norwegische Künstler keinen angenehmen Eindruck. Bei den Frauen ist das anders.

[...]

Jetzt, da ich Prosa schreiben will, spüre ich, wie schlecht dieses norwegische Beamtendänisch ist. Alle Wörter für Nuancen fehlen. Immer wieder vermisse ich K. Knudsens „Norwegisch und Unnorwegisch", um einen Dialektausdruck zu finden, den man umbilden kann, aber auch das stößt ab. Kincks Sprache scheint mir oftmals so eigenartig fremd, es sind mehr Sprachproben als ein Stil. Aber ich verstehe sein Bemühen gut. Alle die Wörter auf „be" sind häßlich, es ist fast unmöglich, sie immer zu ersetzen. Man stelle sich vor, daß ich für alle die englischen Ausdrücke des Denkens und Betrachtens nur ein oder zwei Wörter zur Verfügung habe, denken und grübeln.

- Es scheint, als hätte „Verdens Gang" neuerdings etwas gegen mich. Nach der Edvard-Munch-Ausstellung habe ich einen Artikel dazu geschickt. Ich habe kein Wort gehört und nicht einmal den Artikel zurückgesandt gekommen. Zu Weihnachten schickte ich eine Skizze über das Weihnachtsheimweh der Emigranten, sie erschien in „Politiken" – nicht in „Verdens Gang". Auf diese Weise wird man zum „Morgenbladet" *getrieben*. Ein bißchen muß man ja zwischendurch verdienen. Ich trage mich übrigens mit dem Gedanken, mir in Japan einen Hauslehrerposten zu suchen.

[...]

Es ist ein widerliches Leben, dieses Dichterleben, und ich verspüre ein starkes Bedürfnis nach einer anderen Beschäftigung. Die freien Stunden, in denen man herumgeht und sich sammelt und auflädt und seinen Stoff vorbereitet, sind so unangenehm, daß man sich wie die elendste Laus der Welt fühlt. Als ich gestern an einer Eislaufbahn vorüberging, wo sich die Frohen und Gesunden paarweise und einzeln tummelten, dachte ich, daß solche melancholischen Dichter wie ich im Grund nicht soviel Nutzen tun wie ein Paar Schlittschuhe. Ich habe in diesen Tagen das Beste geschrieben, was ich bisher gemacht habe, meine ich; ich glaube, ich habe einzelne Abschnitte geschaffen, in denen die dänisch-norwegische Sprache sowohl originell als auch auf eine subtilere Weise gehandhabt wird als für gewöhnlich zu Hause üblich – und doch, das scheint so wenig zu sein, wenn man durch die Straßen geht und die Frische, den Jubel und den Kummer des arbeitenden Lebens um sich spürt. Man hat ja Stunden, da es einem großartig erscheint, müßig zu sein, da man zu verstehen meint, daß der Müßiggang des Dichters die Augen öffnet, die Dinge umschöpft, die Lebensweise des Menschengeschlechts in einem neuen Licht erscheinen läßt, in dem es sich selbst nicht sehen kann, da es sich mitten darin befindet. Aber das sind so seltene Stunden.

Den Roman, von dem ich erzählte, habe ich mehrmals begonnen, aber noch fehlt mir Mut oder Kraft, ihn ernsthaft in Angriff zu nehmen. Ich müßte in etwas glücklicheren Verhältnissen sein, sowohl pekuniär als auch sonst. Außerdem ist es wohl gut, daß ich erst noch meinen Stil ausbilde, und deshalb habe ich mir vorgenommen, zum Frühjahr eine kleine Sammlung Erzählungen herauszugeben, nur zwei, drei. Hiermit will ich schließen und Ihnen beiden für die Zeit danken, da ich bei Ihnen war – und herzlich grüßen, sollten andere von denen, die ich getroffen habe und die interessiert sein könnten, anwesend sein, darf ich vielleicht auch ihnen meinen Gruß senden.
Ihr ergebener
S. Obstfelder

An das Ehepaar Lundegård

[Berlin, März 1895]

Lieber Herr Lundegård und Frau!

Sie haben vielleicht beide geglaubt, daß ich so ohne weiteres vergessen würde. O nein, leider. Vergessen fällt mir nicht leicht. Alle Fangarme der Vergangenheit strecken sich ständig nach mir aus, und es kommen mehr dazu, mehr und mehr, und verhindern meine freie Flucht hinaus in das Unbekannte. – Ich drücke mich wie gewöhnlich unbeholfen aus. Ich bin heute abend so nachdenklich. – Ich habe einen großen Raum, ungeheuer groß, es ist so leicht, die Gedanken da drinnen schweifen zu lassen. – Wie gesagt, ich habe nichts vergessen, aber ich bin so unruhig gewesen, zuerst die Reise mit den Hindernissen in Helsingborg, Kopenhagen und Warnemünde, dann diese Erzählung. – Heute abend habe ich indessen ein Gefühl von Ruhe – ein Gefühl von: mag kommen, was da will. Und ich bin müde, ich habe heute viel geschrieben. Im Grunde habe ich mir vom Januar an nicht so viel Faulheit vorzuwerfen. Aber ich habe begonnen, den Glauben an mich zu verlieren. Warum fließt es nicht richtig aus mir? – und gediegen, Gold und Silber?

Wie ich mich an die Stimmung in Ihrer Stube erinnere, die Dämmerung – der Augenblick, in dem die Hausherrin das Kleid über die Beine auf dem Sofa breitete, gleichsam als Wink: jetzt soll die häusliche Gemütlichkeit beginnen, viel Gerede, viel Klugheit sind nicht vonnöten, nur dieses Stille, was man nicht erklären kann. – Ich hätte das so viel mehr genießen sollen, wenn ich nur ein besseres Gewissen, wenn ich das Recht auf Ruhe gehabt hätte. Ich habe die Hoffnung, einmal nach Stockholm zurückzukommen, wenn ich vielleicht – vielleicht – etwas ausgerichtet habe und den Kopf ein wenig heben kann. Ich sehne mich so danach, froh zu sein. Ich glaube, ich bin so, daß immer ein Weinen in mir ist, das darauf wartet, zu einem Lachen zu werden. Weinen und Lachen kann dasselbe sein. Es sind verschiedene Aggregatzustände. Das Weinen wartet auf die Wärme der Sonne, um zum Lachen zu werden.

Ich war am Ende so froh in Stockholm. So wie man es wird, wenn man viel Widerstand gespürt hat. Ich sehne mich zurück. Ich will nicht darüber reden, wie sehr ich mir die ersten Tage zurückgesehnt habe. Ich hätte statt dessen aufs Land ziehen können. Für das Geld, das ich nun drei Wochen lang während der Mühen und Unbehaglichkeiten der Reise gebraucht habe, hätte ich gut ein paar Monate leben können. Und doch kann man das nicht so genau wissen. Berlin ist für mich gut zum Denken. All die Menschen, und dann die eigene Einsamkeit. Ich lege mich Abend für Abend nieder, ohne am Tage mit jemandem gesprochen zu haben. Wie gesagt, ich habe Stockholm und die Leute, die ich dort traf, sehr lieb gewonnen. Das habe ich ganz deutlich in Kopenhagen gespürt. Ich habe begriffen, daß es gerade die Einsamkeit war (die in „Liv" beschrieben ist) und die Stadt, die ich liebgewonnen hatte – es waren nicht die Menschen, die mich anzogen. Und es wurde noch deutlicher, als ich nach Berlin kam. Wie klein erschienen sie mir im Verhältnis zu den Schweden, wie sehr schien es ihnen an Stolz zu fehlen.

Ich bin so beschämt darüber, daß ich die Decke angenommen habe. Sie müssen ja denken, daß ich ein „Schmarotzer" bin (mich von anderen ernähren lasse). Aber ich war so hin und her gerissen, als ich abreisen mußte, daß ich nicht denken konnte. Vielen Dank sollen Sie haben. Ich hoffe, daß ich sie unbeschädigt zurückbringen kann – und wenn nicht – tja, dann ist es ein Präsent, das gewiß zu einem Fangarm wird!

Haben Sie empfunden, wie seltsam es ist, in einem großen Zimmer in einer Millionenstadt zu sitzen, wo draußen die Pferdedroschken lärmen und wo man niemanden kennt. ja, das heißt, hier sind ja Edvard Munch, Paul, Gallén, Vigeland, aber ich sehe sie niemals, sie sitzen in Cafés, und das langweilt mich, und ich kann mir das auch nicht leisten. Ich habe bald kein Geld mehr. Das ist ganz amüsant. Ich warte jeden Tag darauf, daß unser Herrgott in die Stube tritt und eine

Banknote auf den Tisch legt. Das wird er schon in der einen oder anderen Form tun.

„Liv" ist übersetzt und soll in das zweite Heft von „Pan" aufgenommen werden.

- Jetzt wird in der Kaserne gegenüber von meinem Fenster Zapfenstreich geblasen. Gleichzeitig trägt die Hausherrin, bei der ich wohne, mein „Abendbrot" herein, das sie für mich eingekauft hat. Hier in Berlin wird gewiß nicht die Rede von schwedischer Lebensweise sein.

Habe ich mehr über mich zu erzählen? Mir fällt nichts ein. Mir fällt nur ein Dankeschön ein für die behaglichen Abende bei Ihnen. Überbringen Sie Fräulein Ellen Key meinen herzlichen Gruß.

In Ergebenheit
S. Obstfelder
Hannoversche Str. 4, IV Berlin N.W.

Dieses hier birgt nicht die Notwendigkeit einer Antwort in sich. Ich weiß selbst, wie unmöglich es ist, einen Brief zu schreiben, wenn man nicht in einer besonderen Stimmung ist. Das war ich heute abend. Ich hatte Lust, es zu tun.

An Andreas Aubert

[Poststempel: Berlin, 25. 4. 1895]

Lieber Herr Andreas Aubert!

Ihr Brief hat mich sehr froh gemacht. Aber mit dem „ganzen Teil", den ich hätte schreiben sollen, verhält es sich leider nicht so großartig. Ich geriet in so gute Stimmung, mir schien, ich hätte den Kopf so voll – und das habe ich eigentlich immer – –, selbst als ich mit der einen Erzählung fertig war und herausfand, daß sie nicht verwendet werden konnte. Verzweifelt reiste ich hierher nach Berlin, um es an einem neuen Ort zu versuchen - ich hätte es nicht getan, wäre es mir nicht so zwingend erschienen, zum Frühjahr ein Buch herauszubringen. Ich habe hier gegrübelt und gegrübelt und alles von Anfang an umgearbeitet, und gewiß ist das, was daraus entstanden ist, viel besser, aber doch befriedigt mich auch dieses nicht. Es ist so seltsam – es scheint mir, daß ich dazwischen beste Proben meines Stils habe – so wie auch die Ideen, die mich beschäftigt haben, sehr gut sind. Und die Ideen will ich nicht ruiniert haben! Deshalb möchte ich es lieber, so wie ich es zu tun pflege – der Meinung bin ich jetzt –, liegen und eine Weile reifen lassen und dann von neuem beginnen. Ich habe Ihnen schon früher erzählt, daß ich mich in einer heftigen Gärungsperiode befinde, daß ich eine stärkere Form suche – außerdem auch eine optimistische Lebensanschauung. Und das ist, sehen Sie, Herr Aubert – für mich das Schwierigste. Gute, schöne Ausdrücke für Schmerz, Trauer, Verzweiflung zu finden, das haben mich sowohl mein Leben als auch ein großer Teil meines Naturells gelehrt. Und doch meine ich, daß ich in mir den Fonds einer – jedenfalls eigentümlichen, wenn nicht gar allgemeinmenschlichen – Lebensfreude entdeckt habe. Und war auch das letzte Jahr nicht reich an neuen Ausdrücken, an bebendem Schönheitsleben – so habe ich etwas anderes gespürt, eine gewisse Männlichkeit, einen gewissen Stolz, weit, weit hinter den zarten und weichen Saiten. Verschiedenes dieser Art wollte ich herausholen. Es wird für Sie wohl etwas schwierig sein, aus diesen allgemeinphilosophischen Formulierungen zu entnehmen, was ich meine, indessen bin ich aber der Ansicht, daß es für *mich* nicht so schrecklich eilig ist, Bücher herauszugeben. Und ich bin in diesen Tagen beinahe zu der Ansicht gelangt, daß es auch nicht so entsetzlich eilig ist, Stipendium zu erhalten. Ich werde Ihnen erklären, was ich denke. Ich finde, daß man die besten Jahre in der Unfruchtbarkeit des Auslandes vergehen läßt – gewiß *sieht* man viel – ein sehr bunter Wirrwarr gleitet an einem vorüber. – Aber – und das bedeutet viel für jemanden, der schreibt –, man wird nicht von der Musik der Muttersprache umgeben, nicht von der

Natur und dem Herz und dem Seelenleben des Vaterlandes. Man erinnere sich – haben Elster, Ibsen, Björnson, Lie usw. ihre besten Jahre auf Reisen vergeudet? Später, wenn man den Stoff in sich hat – da kann man reisen und zu all dem jenen Abstand haben, welcher der Sehnsucht und dem Entbehren die Lust zum Nachschöpfen verleiht. Ich habe das zuweilen versucht, wenn ich vorhatte, ein Schauspiel zu bauen. – Und mir schien, daß ein Schauspiel zu Hause handeln müßte. – Ich hatte weder Milieu noch Menschen. Ich hatte nicht diesen Garten, wo die Komödie der Liebe spielt, ich hatte nicht die äußeren Züge, durch die einer Nebenfigur der Zugang zu einem Drama möglich wird – Kleinstadtredakteure, Pastoren, Vögte, Großhändler usw.

Und doch – dieses ist nur das Große, Grobe – das, was mich eigentlich beschäftigt, ist weit intimer. Wenn Sie in die Formulierung „von der Musik der Muttersprache umgeben" dasselbe legen könnten wie ich, dann würden Sie mich verstehen. Vom Herbst bis zum Frühjahr unter seinen Leuten zu leben, die Sonne zwischen den heimatlichen Bergen untergehen zu sehen, die Freude seines eigenen Volkes im Schnee und auf den Skiern – und die Sehnsucht nach dem Frühjahr auszuleben. Die Gefühle und Charaktere der Menschen kennenzulernen, welche die eigenen Gefühle und Ideen repräsentieren. Sowohl die kleinen als auch die großen Streitigkeiten kennenzulernen, die sich von Jahr zu Jahr ereignen, im Verborgenen und in der Öffentlichkeit.

Vielleicht bin ich überhaupt kein Schriftsteller. Zum Schriftsteller muß man geboren sein. Man soll sich nicht dazu erziehen. Man kann nicht durch Selbstkritik und Reisen etwas sagen wollen, was andere noch nicht gesagt haben. Und wenn ich nicht zum Dichter geboren bin, dann will ich nicht als solcher gelten. – Deshalb habe ich auch in letzter Zeit soviel darüber nachgedacht, ob ich, statt um ein Stipendium nachzusuchen, lieber ein Jahr daheim als Hauslehrer bleibe oder vielleicht am liebsten – wenn das für mich möglich wäre – Hilfslehrer in einer Kleinstadt werde. Es ist gut möglich, daß mir erst dann, erst danach eine Reise den vollen Gewinn bringen würde. Wenn ich etwas hätte, an das ich zurückdenken könnte. Wenn ich vom Herbst bis zum Frühjahr mit der Natur gelebt hätte, welche die herrlichste auf der Welt ist – umgeben von der Sprache, aus der ich Schmuckstücke schmieden werde! Wenn ich dort gewesen wäre und das aus dem Hirn hervorholen würde, was von dem rastlosen Vagabundieren während vieler Jahre dunkel und rostig geworden ist. - - Und schon seit langem verspüre ich einen Drang, mich wieder in „größere Geister" und in alte Literatur zu vertiefen – in altnordische Sagas. Ein paar Jahre lang bin ich mit Dantes „Divina" und Miltons „Paradise lost" in meinem Koffer umhergezogen – ohne die Ruhe zu finden, um sie zu lesen.

Ja – entschuldigen Sie, Herr Aubert –, dieses war ein Wortschwall – das waren Gedanken, bei denen ich verweilt habe und die mich interessieren, ohne daß diese Sie deshalb interessierten müßten. Ich lebe hier vollkommen einsam, so daß ich niemanden habe, dem ich mich mitteilen könnte, und da läuft es einem aus der Feder. Ich weiß nicht, was das beste für mich ist – ich frage –, und ich glaube beinahe, ich habe recht. – Wenn ich zurückblicke, da ist mir etwas ganz Charakteristisches passiert – während der Jugendzeit habe ich unablässig geschrieben, über alles, was mich bedrückte, ich mußte ein Ventil haben. Meine Gedichte sind hauptsächlich während meiner stärksten Arbeitsphasen geschrieben. – Und seitdem es beschlossen war, daß ich professioneller Dichter werden wollte - - ja, da geht es sehr langsam, verhältnismäßig.

Einen Nutzen könnte die Mitteilung meiner Reflexionen haben – falls Sie der gleichen Meinung wären wie ich – und Sie als Pädagoge im Laufe des Frühlings einen passenden Posten ausfindig machen würden, wenn Sie es mich dann, geleitet von dem Interesse, das Sie, wie ich glaube, für mich empfinden, wissen ließen. Ich bin ja sehr tüchtig in Sprachen und Mathematik.

[...]

- - Während ich hier so allein bin – gibt es kaum etwas, an das ich soviel denke wie an den Unionskampf. Mich zieht es

ins Café Bauer, wo es die norwegischen Zeitungen gibt, ich lese sie alle, sie und auch die schwedischen. Mehrmals hat sich in meinem Kopf ein Artikel geformt. Aber ich habe einen – ich weiß nicht, ob instinktiven – Widerwillen, in einer politischen Frage aufzutreten. Und dieses hier hätte mich auch nicht berührt, wenn es nicht oft mehr als Politik gewesen wäre. Außerdem ist da das Gefühl, daß Dichterworte so wenig im politischen Kampf zu sagen haben.
- - Ich habe kaum in Norwegen, geschweige in einem anderen Land, Leute gefunden, die so lieben, Norwegen so *lieben* wie die Schweden. Gewiß sind es wenige. Aber es sind doch gerade diejenigen, die Norwegen eigentlich kennen. Die anderen machen sich falsche Vorstellungen. - - Deshalb erscheint mir ein möglicher Krieg so wahnwitzig, so töricht und gleichzeitig sündhaft. – Ich verstehe diesen Prozeß nicht. Einen Parteienkampf um eine Nationalfrage. Parteienkampf in dieser Frage. Ein Krieg, in dem die eine Partei, fast die Hälfte des Landes, mit dem Herzen auf der Seite des Feindes steht. - - Es ist nur, es ist die Frage des Krieges, die mich erschreckt. Die Entwicklung wird ihren Gang gehen. Schweden wird sich ein Beispiel an Norwegens demokratischem Voranschreiten nehmen. Aber wieviel wird ein Krieg durcheinanderbringen? – Niemand wird durch die Auflösung der Union soviel gewinnen wie die Schweden. Die schwedische liberale Partei hält an der Union fest, zum Teil auch, weil sie glaubt, daß sie für ihren demokratischen Kampf nötig ist. Ich glaube, sie sehen das falsch. Sie würden ganz anders inspiriert werden, die Wechselwirkung zwischen den beiden Ländern würde ganz anders sein, wenn die Union fort wäre oder die Bande so locker wie möglich. - - Nein, ich drücke mich so schlecht aus. - - Verzeihen Sie diesen langen Brief.
Ihr ergebener
S. Obstfelder
[...]

An Ellen Key

[Paris, 1895]

Liebes Frl. Ellen Key!

Sie können mir glauben, daß ich vorhatte, Ihnen einen ordentlichen Brief zu schreiben – daß Leute auf eine solche Briefkarte antworten, das kann man ja nicht erwarten. Gerade in den Tagen, als ich Ihren Brief bekam – in Heidelberg –, habe ich viel an Sie gedacht. Auf meiner Tour von Berlin aus hatte ich nämlich Grund genug, mich zu erinnern – (Sie müssen schon den Übergang von Schwarz zu Rot entschuldigen – es ist fürchterlich, aber ich kann nichts anderes auftreiben) –, Grund genug, an Ihre Worte über meine unpraktische Veranlagung und Hilflosigkeit angesichts der Härte der Umwelt zu denken. Amüsanterweise waren die ersten Worte, die Knut Hamsun an mich richtete, als ich ihn jetzt hier in Paris traf: Sie sind gewiß zu gut für diese Welt, Sie O. – also genau das gleiche, was Sie gesagt hatten. Von allem, wo ich bisher gewesen bin, ist Berlin am langweiligsten, aber vielleicht war es dennoch gut, daß ich dort war – denn da gab es nichts, was abgelenkt hätte, und ich habe meine Erzählung dort zu Ende geschrieben. Seltsam mit der Erzählung – als ich fertig war, verzweifelte ich an der Frage, ob ich jemals würde schreiben können – und als sie drei Wochen gelegen hatte und ich sie wieder vornahm, war sie etwas ganz Neues geworden – und diejenigen, die sie gelesen haben, Aubert und Frau, Gerhard Gran, Vilh. Krag, finden sehr starke Worte für sie. Oh, was für Arbeit sie mich gekostet hat. Denn was ich wollte, war, die banalste Geschichte der Welt auf besondere Art erzählen. Dieser Brief gerät gewiß etwas sprunghaft – denn es gibt so viel zu berichten. Ich wäre so froh gewesen, wenn ich zu Vollmars gekommen wäre – um so mehr, da ich nicht eine einzige Familie hatte, zu der ich in Berlin hätte gehen können –, aber, wie gesagt, ich sah zu, daß ich so schnell wie möglich von Berlin wegkam. Wenn ich in dieser Zeit nicht an Sie geschrieben habe – dann lag es im Grunde daran, daß ich Sie von Visby aus überraschen wollte – ich hatte mich fest für Visby entschieden –, aber Autoren haben keine festen Entschlüsse – den letzten Tag packte mich die Wanderlust, ich kaufte mir einen Ranzen und leichte Kleidung zu 20 Mark, ging über Halle durch Thüringen, wurde von Wirten gedemütigt und war sehr einsam, ging ein Stück den Rhein entlang, hinunter nach Heidelberg, sah in Mannheim die Gustav-Adolf-Festspiele, mit dem Gedanken, darüber für Schweden zu schreiben, aber habe es noch nicht getan. Und ich hatte vorgehabt, viel weiter zu gehen, aber ich wurde des Hohnes der Wirte und meiner eigenen Gesellschaft müde; nachdem ich morgens aufgebrochen und einige Meilen in Ostfrankreich zurückgelegt hatte, kam ich spät am Abend mit 10 Francs in der Tasche in Paris an, wo ich in einem Bordell draußen auf der Mont-Martre-Seite Quartier bekam. Inzwischen war der 17. Mai da, in meiner schäbigen Kleidung suchte ich das Café de la Regence auf, sah dort Vilh. Krag, wie immer in Gesellschaft von Damen, schickte den Garçon mit einer Karte hin, und dann nahm ich abends am Fest zum 17. Mai teil, es gab Tanz und Reden. Mein Leben und Wirken ist in gewisser Weise, wie Sie sehen, das eines Troubadours. Heute habe ich nicht einmal 10 Francs in der Tasche, nur 2. Aber ich habe auch ein Gewissen, so daß ich Lust hätte, mir ins Gesicht zu spucken. Warum arbeite ich nicht? Warum gehe ich aus und zeche? – Aber Sie können auch glauben, es *ist* ein Unterschied, von dem häßlichen Berlin nach Paris zu kommen. Jahrelang habe ich mich nicht so heimisch gefühlt, jahrelang habe ich nicht meine Fähigkeit gespürt, Schönheitseindrücke so stark zu empfinden. Ich bin eigentlich dafür geschaffen, *hier* zu leben. Finden Sie es seltsam, daß *ich* dafür geschaffen bin, hier zu leben? – Hätte ich nur Geld! Das ist dieses Fatale, daß ich zu allem zu spät komme. Oh, ich bin meiner selbst so müde, meines ewigen Müßigganges, dieses Aufnehmens ständig wechselnder Eindrücke, die umgesetzt werden. Und doch – nun *muß* eine fruchtbare Zeit für mich kommen, sie *muß*. Ich könnte hier so billig leben – ich würde mich zurückziehen, ich würde mich in all diese merkwürdigen Winkel verirren, die es in Paris gibt, ich würde dort sitzen und denken – ich würde in dieser Umgebung Studien machen – ich finde, man müßte von dem Brennpunkt aus viel fühlen und sehen können.

Gestern war ich mit einem jungen Geiger zusammen, der mich bat, Sie zu grüßen; es ist der Sohn von Professor Nyblom in Upsala, er zeigte mir einen herrlichen Ort unten an der Seine, Rueil, wo Ingenieur Ternström ganz wunderschön wohnte und wo der Maler Trädgård arbeitete. Ich wohne in dem Hotel, wo Herman Bang so lange gewohnt hat, in der Rue de l'Abbé de l'Èpée 14, und wo auch Fritz Thaulow und eine Weile Strindberg und andere Skandinavier lebten. Vor dem Fenster habe ich einen Garten, und in dem Grün dort unten essen wir so idyllisch. - - Ich sehe, daß Chr. Krohg jetzt in Stockholm ist, er wird gewiß fleißiger als ich seine Eindrücke mitteilen – aber mit mir war es so, daß ich weder kurz genug noch lange genug da war; wenn ich an das Schreiben dachte, hatte ich Lust, das, was ich beschreiben wollte, noch genauer, noch vielseitiger kennenzulernen, und das werde ich hoffentlich tun, denn das, womit ich in Berührung kam, lernte ich jedenfalls zu lieben. – Als ich in Berlin war, wurde ich all des Reisens so überdrüssig, daß ich beschloß, mir eine Anstellung als Lehrer zu suchen und vom Herbst an zu Hause zu bleiben, deshalb habe ich auch kein Reisestipendium beantragt, nur das kleine, das ich letztes Mal hatte. Nun weiß ich beinahe nicht, ob das klug war.

Falls Sie Fåhräus' oder Lundegårds sehen, würden Sie ihnen von diesem Brief Mitteilung machen? Es ist ein schlechter Brief – ein anderes Mal ein besserer. Adjö dann, und meinen herzlichen Gruß an Euch alle.

S. Obstfelder

Ich habe eine kleine unbedeutende Korrespondenz über die Gustav-Adolf-Spiele, die ich in Mannheim sah, an Redakteur Steiern geschickt. Ich bat ihn, diese an Sie zu schicken, falls sie nicht genommen würde.

Ich war kürzlich bei Jonas Lie zum Abendessen. Da draußen hält man viel von dem, was ich schreibe.

[Stempel Paris undeutlich,
gestempelt Kristiania: 27. 6. 1895]

An Edvard Grieg
[1895?]

Hr. Edvard Grieg!

Es war in Milwaukee, als ich zum ersten Mal die Holberg- und die Peer-Gynt-Suite hörte. Ich werde es nie vergessen.

Das können Sie sich gewiß nicht vorstellen, was es für einen Norweger in der Neuen Welt bedeutet, in all dem Gewimmel – einsam in einem Winkel unter Menschen fremder Zunge sitzend – „Morgenstimmung" zu hören. Man wird ganz einfach verrückt vor Sehnsucht. Man fühlt, wie der Wind der Hochebene einem bei Sonnenaufgang den Rücken hinunterstreicht. Und Nacht für Nacht, als die Sehnsucht am Ende zu stark für mich geworden war, bin ich nackt, heiß zu jenen Intervallen, zu jenen Rhythmen im Zimmer herumgegangen. Ja, ich habe erlebt, was es eigentlich heißt, einem Künstler dankbar zu sein.

- - Ich wollte zur Generalprobe gehen. Ausverkauft. Und so muß ich betteln. Ich bin arm. Und so möchte ich Sie selbst um ein eventuelles Sonnabendbillett bitten – um es gleichzeitig dort oben sagen zu können.

Sie selbst dirigieren zu sehen – die Konzertlampen, die Tempelstimmung. – Für mich ist Musik Religion, sind die großen Konzerte Gottesdienst.

In dankbarer Ehrerbietung
Sigbjørn Obstfelder

An Ellen Key

[Spätherbst 1895]

Liebes Frl. Ellen Key!

Habe vorgestern nacht so lebhaft an Sie gedacht. Gerade nachdem mein Buch in den Zeitungen jeglicher Färbung hier angenommen worden war wie selten ein Buch, habe ich einen Vortrag über Munch gehalten – und es wurde geklatscht, hurra gerufen und mir in jeder Weise geschmeichelt. Da habe ich an die Worte gedacht, mit denen Sie mich charakterisiert haben und die ich nicht so ganz treffend fand – und ich entdeckte, wieviel Wahres doch in ihnen war. Denn – selten ist mir so unangenehm zumute gewesen wie bei diesem Beifall einer Menschenmenge. Ich litt. Und es peinigte mich die ganze Nacht. Und an den folgenden Tagen schloß ich mich ein. Und jetzt habe ich gelobt, nicht so bald wieder öffentlich aufzutreten. Denn da habe ich nämlich empfunden, wie wahr es ist, was Sie geschrieben haben, daß die Außenwelt wie etwas ist, das mir fremd entgegentritt und mich bei der Berührung verletzt, *selbst* wenn sie mit Beifall kommt. Und der Beifall erschien mir so unangenehm sinnlos. *Wenn* mein Hirn, mein ganzer Körper an einem Gedanken arbeitet, um ihn darzustellen, dann verursacht man dieses Geräusch! Wenn ich dastehe und von einem Gedanken ergriffen werde und wünsche, ihn in allen zum Leben zu erwecken, dann klatscht man für *mich* und vergißt den Gedanken. Oh, ich bin nicht sicher, ob Sie wissen, wie hilflos man sich nach derartigem fühlt. Es ist, als stürzte alles über einem zusammen. – Und deshalb liebe ich nur die Kritik, die von einer Person kommt, von irgendeinem namenlosen Menschen, und sage mir: das und das und das war so schön, das und das habe ich so deutlich gefühlt, auch ich.
- - - - Wenn ich Ihnen nicht auf Ihren schönen Brief nach Paris geantwortet habe, dann deshalb, weil ich nur mündlich hätte antworten können. Er hat meine Sehnsucht nach Stockholm so stark werden lassen, daß ich im frühen Herbst

dorthin gereist bin, obwohl meine Börse so leer wie nur möglich war. Aber ich habe Sie nicht angetroffen, Sie nicht, nicht Lundegårds, nicht Heidenstam, keinen. Das war eine Enttäuschung. Eine Entschädigung war jedoch, daß ich ein wenig schwedische Natur zu sehen bekam, die Dalarønatur und die Gegend um Stockholm, und was mir noch wertvoller war, ich habe zwei Familien, die getroffen zu haben ich mich glücklich schätze, Fåhräus' und Bendixsons, besser kennengelernt. Insgesamt ist mir der Stockholmaufenthalt unvergeßlich. Immer wieder formt er sich zu Artikeln, aber trotz meiner großen Armut ist meine Produktivität so eingeengt. Ich habe die Artikel vollständig im Kopf, ich trage sie mit mir herum, aber sie kommen nicht zu Papier. Und wenn sie vielleicht sogar zu Papier kommen, dann mache ich sie nicht fertig. Gleich nachdem ich von Schweden zurückgekehrt war, schrieb ich einen Artikel, der den Schweden von den Norwegern erzählen sollte, von all dem, was in uns gärt, von all den jungen Menschen, die sich ein Ende der Unionsstreitigkeiten wünschen, so daß sie sich voll der Arbeit hingeben können, die überall auf sie wartet. Auch ich habe den Artikel beiseite gelegt. – Nein, Sie dürfen jedoch nicht glauben, daß es nur Mangel an Arbeitskraft ist. Aber es ist die Schwierigkeit, vom Hauptthema wegzukommen, dem Schauspiel, das mich beschäftigte und an dem ich *jetzt* schreibe. Sie können sich gewiß vorstellen, wie zerrissen man sich fühlt, wenn man sich spalten und so zu einer anderen Sache übergehen muß. Und doch macht es mich oftmals traurig, daß ich nicht von dem erzählen kann, was ich so intensiv sah und fühlte. *Einmal* werden aber meine Artikel über Schweden kommen, dessen können Sie sicher sein.

- Das, was Sie über Paris schrieben, ist so wahr. Ich mußte zurück nach Hause, wegen Geldmangel, aber ich sehne mich stets wieder dorthin. Es war, als wüchsen mir dort unten täglich neue Kräfte zu, all meine alte Schaffenskraft brach dort hervor, und die Form, die Form, die bekommt man da unten geschenkt. – Ich habe im vorigen Jahr nichts unternommen, um ein Stipendium zu bekommen, weil ich erst versuchen wollte, etwas Größeres zu schreiben. Nächstes Jahr werde ich, wie ich hoffe, ein großes, ordentliches Stip. erhalten. Und *dann* geht es los!

Nach Visby sehne ich mich ständig. Wenn ich es schaffe, daß meine Armut nicht täglich einen Druck auf meine Entscheidungen ausübt, dann werde ich bestimmt dorthin fahren.

Ich habe mein kleines Buch an Ihre alte Adresse gesandt. Vielleicht ist es nichts für die Schweden. Clas Fåhräus mag es nicht besonders. Da ich sehe, daß auch Edv. Brandes es nicht versteht, es im Gegenteil ganz und gar mißversteht, muß sein Reiz vermutlich auf der Sprachform beruhen. Denn hier zu Hause liebt man es, und ich weiß, mit Aufrichtigkeit. *Hier* versteht man, daß es gerade meine Intention war, die Erzählung vage zu halten, daß ich nicht Begebenheiten erzählen *wollte*, sondern Stimmungen und Ideen zu einer Erzählung zusammenbinden. Mit Absicht und Überlegung habe ich der Frau in der „Ebene" die Züge genommen, die ihre Individualität ausgemacht haben. Im Bau dieser Novellette ist etwas Neues oder Eigentümliches – hervorgebracht mit sehr zurückhaltender Kunst –, das gewiß der Aufmerksamkeit der meisten entgehen wird. – Die kleinen Dinge, die ich einmal bei Lundegårds vorgelesen habe und von denen Ihr meintet, daß ich sie drucken lassen sollte, kommen im „Tilskueren".·

- Lassen Sie mich nun erzählen, wo ich wohne. Ich wohne in der 6ten Etage. Ich habe einen Fahrstuhl – aber mein Zimmer hat eine abgeschrägte Decke. Vor mir habe ich die prächtigste wehmütig warme Herbstsonne. Draußen ein Chaos von Dächern – dieses Chaos, aus dem eine neue Nation entstehen soll. Ich wohne mitten in der Stadt. Ihre Geräusche erreichen mein Zimmer als ein Summen. Dafür wohne ich hoch genug. Unter diesen Dächern hier ruhen, wenn man es untersucht, bedeutungsvolle Gemäuer, das Storting, das zentrale Fernsprechamt, Hotels, die großen Geschäftshäuser etc. Ich liebe Kristiania – als Chaos, als Stadt. Sie ist das Amerikanischste, was es in Europa gibt. Sie hat Zukunft. Sie hat begonnen zu leben, so stark zu leben wie wenige Städte. Wie wenige Städte versammelt sie auch das Leben der ganzen Nation, alle ihre Elemente, noch nicht verschmolzen, in interessanter Reibung. Es ist eine Stadtindividualität, die sich herausbildet. Man ist in einem Schmelzofen. – Und hinter der Stadt sehe ich den Fjord. - - Von Fåhräus habe ich nichts gehört. Er wird doch wohl nicht ärgerlich auf mich sein. Mir passiert es leider sehr leicht, daß ich falsch interpretiert werde. Grüßen Sie alle.

Ihr ergebener
S. Obstfelder
Frl. O' Meyers Pensionat, Kristiania

An Georg Brandes

[August 1896]

Herr Dr. Georg Brandes!

Es ist bedauerlich, daß, wenn ich jetzt einen Brief an Sie schreibe, es einer von denen sein wird, die nicht immer willkommen sind und zuweilen recht peinlich sein können. Denn ich habe doch so oft Lust gehabt, an Sie zu schreiben, und ich habe es auch einmal getan, aber dann zerrissen, was ich geschrieben hatte.

Der Anlaß ist jetzt der, daß ich einen Brief von meinem Verleger John Grieg in Bergen erhalten habe, in dem er mir rät, mich um Gyldendal als Verleger zu bemühen, da ich mich dort viel besser stünde.

Die zwei, drei Jahre, die vergangen sind, seit ich den Versuch wagte, als Schriftsteller zu leben und zu arbeiten, die sind nicht immer leicht gewesen. Die Art meiner Begabung hat gezeigt, daß ich mich nicht so ohne weiteres hinsetzen und etwas zusammenschreiben kann. Sie hat sich mehr als ein Drang zu starker und gewissenhafter Selbstausprägung geäußert. Während scheinbar unproduktiver Zeiten haben mein Hirn und mein ganzes Inneres stark und angestrengt gearbeitet. Ich war gezwungen, kein Mittel unversucht zu lassen, um – ich will es einfach ausdrücken – voranzukommen. Ich, der ich ärmer bin als die meisten Menschen, habe mich immer wieder auf Reisen begeben, von denen mich die Armut zurück nach Hause gejagt hat. Es war ständig mein Traum, daß es jetzt bald kommen, jetzt bald hervorbrechen würde, und dann würden die guten Zeiten beginnen. Aber es war so, daß ich alle die starken Eindrücke, die ich aufgrund meiner Sensibilität aufnahm, und dazu kam mein bewegtes Gedankenleben, nur in großer Form hätte ausdrücken können – ich meine damit nicht die Anzahl der Manuskriptseiten. An Ideen hatte ich in der Zeit keinen Mangel, sie brausten in mir und ließen mir oft keine Nachtruhe. Aber ich zweifelte an der Fähigkeit, sie zu realisieren, ich sagte am Ende immer: nein, ich warte damit, sie niederzuschreiben, bis ich das Gerippe dafür habe.

So habe ich dieses erlebt, was zu dem Angenehmen, dem eigentümlich Freudvollen im Künstlerdasein gehört – im letzten Jahr hat es sich gleichsam im Crescendo hochgearbeitet und ist von allen Seiten hervorgebrochen, und eines schönen Tages wache ich auf und fühle mich reif, es anzupacken, und ich habe Klarheit, und fast wie im Märchen springt auf einmal eine ganze Reihe von Büchern hervor. Und damit verschwindet gleichzeitig der nie versiegende Zweifel an der Begabung. Und vielleicht besser, zur gleichen Zeit taucht eine unmäßige Arbeitskraft auf.

Gewiß liegt hierin genug, *wofür* man leben kann, aber nicht genug, *wovon* man während der Arbeit leben kann. Ich bin darüber nicht traurig, ich weiß, daß mir auf die eine oder andere Weise geholfen werden *muß*, denn nun bin ich doch sicher, daß ich ein Recht darauf habe, ich weiß, daß ich in kurzer Zeit Arbeiten vorlegen werde, die etwas Schönes in die Welt bringen.

Aber am liebsten möchte ich, daß man mir auf die freieste, würdigste Weise hilft. Ich bin niemals sicher, welche Umwege mein Geist einschlagen wird, und *der* ist mein Gesetz. Ich gehöre zu denen, für die das Dichteramt nur bedeutet, nach und nach zur Klarheit zu kommen, den Ausdruck für sich selbst zu finden, *und* den Ausdruck für die Welt, verhüllt durch das Ich (verzeihen Sie all die falschen Worte, ich nehme sie so, wie sie kommen). Ich empfinde zum Beispiel den tiefsten Haß, den ein Mann haben kann, gegenüber Schwindelei auf logischem Gebiet (nein, ich kann absolut nicht ausdrücken, was ich sagen will, und Sie werden mich gewiß mißverstehen! Ich könnte es mündlich mit Beispielen erklären). Wenn einem z. B. von einem reichen Mann geholfen wird, gegen dessen Teuerstes, Heiligstes man später gezwungen sein könnte, Front zu machen – das ist nicht angenehm.

Ich habe jetzt um Stipendium ersucht. Ich habe erzählt, daß ich mich in einem Stadium befände, da eine Reise in den Süden eine Bedeutung wie nie zuvor haben würde, weil ich wie nie zuvor empfänglich wäre. Ich teilte mit, daß der Grund dafür, daß ich nicht mehr Arbeiten vorlegen könne, gerade mein Selbstunterricht sei, mein Versuch, Weltsicht zu erlangen. Aber das Stipendium, an das ich gedacht hatte, bekam Bernt Lie, die anderen Stipendien erhielten Kinck und Egge. Ich habe nichts dagegen. Diese Männer brauchen es gewiß dringender als ich, denn zwei von ihnen sind verheiratet, und einer ist verlobt. Aber es hat mich ein wenig desorientiert, denn man hatte mir ein Stipendium sicher zugesagt.

Ich habe jetzt ein Buch zum Druck fertig, es ist an Grieg geschickt worden. Aber er hat mir großzügig angeboten zu versuchen, ob Gyldendal es als einen Einstieg haben wolle. – Einer der Gründe dafür, daß ich nicht an Sie geschrieben habe, ist auch der, daß ich erst etwas fertig haben wollte. Ich habe ständig Pläne und Formen im Kopf gehabt, von denen ich glaubte, daß Sie Gefallen an ihnen finden würden – ich meine nicht nur so ein schullehrerhaftes Anerkennen, wie Sie es bei so vielem aus der Tagesliteratur tun müssen –, sondern etwas, das Sie mit Freude lesen würden. Leider bin ich mit diesem Buch noch nicht so weit gekommen. Ich habe mich darin nur von mehr spontanen Regungen befreien wollen. Sie werden es ganz bestimmt als übermäßig sentimental empfinden, denke ich. Doch ist es gewiß ein Fortschritt gegenüber dem, was ich früher geschrieben habe. Es ist bestimmt kunstreicher und auch von größerer Fülle. Ich kann nichts anderes tun, als Sie fragen, ob Sie etwas dagegen hätten, sich damit bekanntzumachen, entweder indem ich es Ihnen vortrage oder indem Sie das Manuskript selber lesen, und – und das ist der Knoten und das Peinliche, aber ich *bin* nun einmal darauf erpicht, ein wenig dafür zu tun, in der Welt praktisch voranzukommen, auch ich, und da versuche ich Dinge, die mir nicht lieb sind – mich Hegels Verlag zu empfehlen, wenn Sie es gut genug finden.

[...]

Ich habe gehört, daß Ths. Krag sein Verhältnis zum Gyldendal Verlag so geordnet hat, daß er eine gewisse monatliche Summe erzählt, die ihn in den Stand setzt, unbekümmert arbeiten zu können. – Ich bin nicht Ths. Krag, ich werde wohl kaum jemals seine Popularität gewinnen. Aber so etwas in kleinerem Maßstab für eine gewisse Zeit – oh, das würde so viel für mich bedeuten! Ich brauche so wenig. Aber – alles hat seine Grenzen. Jetzt z. B. bin ich in einer dieser Perioden, da es mir so wenig gut geht, daß es die Arbeitskraft schwächt. Und das ist auf die Dauer so wenig ökonomisch, daß ich alles tun muß, um da herauszukommen.

- Ich will Ihnen zum Schluß sagen, daß ich nicht so lang und ausführlich geschrieben habe, um Eindruck auf Sie zu machen. Aber als ich erst einmal begonnen hatte, da war es für mich eine Erleichterung, so zu schreiben. Ich habe mehrere Monate lang fast wie ein Eremit gelebt und auch keinen Briefwechsel geführt. Und da ist das eine Versuchung, und man plaudert mehr als schicklich ist. Wenn ich Ihnen gegenüber vertraulicher war als ich durfte, dann ist auch die Tonart dadurch bestimmt worden, daß Sie mich, als ich Sie traf, so liebenswürdig en camerade behandelt haben.

Auf keinen Fall darf es geschehen, daß dieses hier für Sie zu einer Unannehmlichkeit wird. Darum bitte ich Sie inständig.

Und in der Hoffnung, nicht allzu große Wechsel auf Ihre Geduld gezogen zu haben, erlaube ich mir, ein Billett zu erbitten, ob und – wenn ja – wann Sie mich empfangen würden.

In tiefer Ehrerbietung
S. Obstfelder

An Ellen Key

[Herbst 1896]

Liebes Frl. Ellen Key!

Sie sollen wissen, wenn ich Ihren warmen, ermunternden Brief ins Grand Café bekommen hätte, dann hätte ich Ihnen geschrieben, *obwohl* ich nun 8 bis 9 Monate den festen Vorsatz gehabt habe, *niemandem* zu schreiben. Und auch bevor ich diesen Brief erhielt, der mich gestern erreichte, ist es mir manches Mal schwergefallen, mich davon zurückzuhalten, Ihnen zu schreiben.

Meinen Vorsatz, keinen Briefwechsel zu führen, verstehen Sie gewiß – ich wollte eine Arbeitsperiode haben (und ich *habe* sie gehabt), und ich wollte mich in das vertiefen, was mir im Kopf herumging. Ich weiß nicht, ob Sie mit Ihrer Meinung über meine Unproduktivität auch den Gedanken an mangelnde Energie verbinden. Dann irren Sie sich. Ich verfüge über geistige Energie wie wenige. Es gibt wohl kaum *einen* unter den jungen Autoren, der *meine* geistige Kraft besäße, an einer Komposition jahrelang festzuhalten und alle Schlacken zu entfernen, entfernen, entfernen – so daß die Komposition klar und erhaben dasteht. Sichtbar für diejenigen, die sehen wollen!

Unproduktivität, derer Sie mich bezichtigen, hat es leider bei mir nie gegeben. Ich habe nie Ruhe. Ich bin ein ewig rastloser Geist. Und meine äußerliche Unproduktivität ist nur die Maske für ein wunderbar starkes Keimen und Säen und Brodeln und Gären.

Die äußere Unproduktivität, die ich zwei, drei Jahre gezeigt habe, ist dann auch von einer ungewöhnlich starken Produktivität abgelöst worden, die voll und ganz zeigt, daß die Unproduktivität nur maskiert war. Ich habe zwei Bücher beendet, eine kleinere Erzählung und ein größer angelegtes dramatisches Gedicht, und ich habe zwei Bücher begonnen. Aber da das, was ich schreibe, immer auf das Innerste der menschlichen Seele und im menschlichen Geist zielen wird, habe ich gewiß das Recht, mir Zeit zu nehmen. Denn ich will, daß meine Worte mit einem Sternzeichen kommen, mit der Autorität des Glaubwürdigen, mit der ganzen Befugnis des Durchlebten.

Welch seltenes Glück ist es da – Sie haben gewiß Interesse daran, darüber etwas zu hören –, wenn bei demjenigen, der unter Zweifeln gelitten hat, unter scheinbarer Leere – alles plötzlich hervorbricht – fertig, kristallin –, als hätte es sich in dem dunklen Allerheiligsten von Gemüt und Hirn aus sich selbst heraus geschaffen.

Es ist wie ein Wunder, kann ich Ihnen versichern. Man betrachtet sich selbst als einen glücklichen Fremden. Man betrachtet sich selbst als eine delphische Priesterin. Man wartet, man stutzt: kommt da mehr? Was kommt jetzt? Es *gibt* also neue Dinge in der Welt! Das ist es also, was sich der Märchenglaube der Kindheit vorstellte! [...]

An Herman Obstfelder

[Poststempel Prag, 5. 8. 1897]

Lieber Herman!

Zufällig sah ich jetzt in einer norwegischen Zeitung, einige Wochen alt, daß „Das Kreuz" in österreichischen literarischen Kreisen Interesse geweckt haben solle, daß eine ausführliche

Rezension von Georg Brandes in der Wiener Zeitung „Neue freie Presse" gestanden und man mit der Veröffentlichung der Übersetzung in der Zeitschrift „Die Zeit" begonnen habe (die von mir autorisierte Übersetzung von Frl. Tyra Bentsen). Dieses ist also der Bescheid, den Du gewünscht hast. „Die Zeit" ist ja eine sehr angesehene Zeitschrift, so daß man sie wohl in der Bibliothek von Chicago bekommen kann, oder vielleicht wird sie von dem einen oder anderen privaten Bekannten gehalten, und die Grubes können sie dann lesen.

Übrigens habe ich nun vor, nach Prag und Wien zu reisen, und falls etwas daraus wird, werde ich Dich vielleicht anschreiben, ob die Herren Grube in Wien die eine oder andere nette Bekanntschaft haben, an die sie mich verweisen können.

Sonst wird es mir als Schriftsteller natürlich leicht fallen, Zugang zu den literarischen Kreisen zu finden, die hoffentlich dort unten interessanter sind als die in Berlin.

Ich bin nicht in Norwegen gewesen, so daß ich Nyhuus nicht getroffen habe. Ich sehe, daß er verschiedenes in „Verdens Gang" schreibt.

- - Interessiert es Dich zu hören, daß ich auf meiner Reise dem Namen Obstfelder 1.) in Hamburgs Adreßbuch begegnet bin, wo außer einem Großkaufmann einer stand, der sich Baron von Obstfelder nannte und eine Art Postbeamter war, soweit ich mich erinnere 2.) im „British Museum", wo ich ein Buch mit diesem Titel fand:

Die evangelischen Salzburger, ihre Auswanderung nach Preußen und
ihr Durchzug durch Naumburg 1732 –
Ein Kirchengeschichtliches Lebensbild für das
evangelische Christenvolk
von Johann Karl Friedrich Obstfelder,
Archidiaconus zu St. Wenzel in Naumburg a/S;
Naumburg a/S,
Verlag von Louis Garcke,
1857

Die Vornamen zeigen ja, daß er zu unserer nächsten Verwandtschaft gehört. (Die Vornamen des „Barons" in Hamburg sind allerdings nicht genannt worden), vielleicht ein Bruder oder Vetter unseres unbekannten Großvaters.

Das Buch war unaufgeschnitten. Ich war gewiß der erste, der es entdeckt hat.

Mit freundlichem Gruß
Sigbjørn

Briefe, adressiert an „Gyldendalske Boghandel", Kopenhagen, kommen immer am sichersten an.

Hier in Prag, wohin ich über Dresden und die Elbe gekommen bin, höre ich von Literaturinteressierten, daß „Das Kreuz" in „Der Zeit" gerade jetzt zu Ende ist.

- „Die Ebene" ist auch übersetzt, eigentlich schon angenommen von der „Deutschen Rundschau", aber noch nicht erschienen.

- Beim flüchtigen Blick auf die Übersetzung „Das Kreuz" sehe ich mehrere kleine Dinge, die entstellend sind.

An Ellen Key

[Brügge, 1898]

Liebes Fräulein Ellen Key!

Sie wissen, daß ich Sie in jedem Falle ein Mal im Jahr mit einem Brief heimsuche. (Sie sind merkwürdigerweise beinahe der einzige Mensch, dem ich so schreibe!) Und wie Sie vielleicht bemerkt haben, geschieht das für gewöhnlich von einem kleinen fernen Ort, einer alten vergessenen Stadt oder Ähnlichem. Monatelang, ja jahrelang denke ich daran, und erst dann, wenn ich einen Augenblick Ruhe habe, ich, der ich beständig fahre und gehe und mit dem Schiff unterwegs bin, dann wird etwas daraus. -

Dieses Mal ist es in Brügge[1], mit dem mich eine alte Liebe verbindet. In meiner kleine Tasche habe ich Ihre Briefe. Ich habe sie heute abend gelesen.

Ja, mein Buch – das ich 1895 entwarf und begann, das Jahr vor „Dem Kreuz" und zur gleichen Zeit mit „Den roten Tropfen". Viele Male habe ich Lust verspürt, Ihnen die Seiten vorzulesen, die ich geschrieben *habe*. Sie sind sicher das Schwerste, das Reichste, was ich verfaßt habe. Es ist, als fände ich keine Ruhe, bevor das Buch abgeschlossen ist. Und wenn ich es so in aller Eile fertigschreibe, um Ruhe zu bekommen, dann befriedigt es vielleicht hinterher nicht, dann wird es nicht das, was ich gewollt und gesehen habe.

- Ja, was soll daraus werden. Es ist bald 1 ½ Jahre her, seit ich geschrieben habe, und mein Gehirn nimmt ständig immer neue Eindrücke auf. Nun habe ich in Paris mehrere Monate lang in der Dreyfussache *gelebt*. Ich habe mir Gedanken gemacht, alle Zeitungen gelesen, bin zu Versammlungen gegangen, kein Franzose kennt die Dreyfussache besser.

- Was soll daraus werden? Man kann ja nichts tun, gewissermaßen.

- Die Frage in Ihrem letzten Brief galt bestimmt meiner jetzigen Ehefrau. Gewiß *ist* sie „beseelt, schön, jung, gebildet", gewiß *wird* sie klug *werden*, denn sie hat aus erster Hand dieses Weibliche, offen zu sein für das, was ihr gegenübertritt. Und sie hat die Fähigkeit, auf jemanden zuzugehen, das können Sie mir glauben! Wenn sie auf einer menschenleeren Insel wäre, würde sie bestimmt Tiere finden, zu denen sie sprechen könnte. Sie ist ein sehr wollender und handelnder Mensch. Sie stürzt sich in alle Dinge, ohne weder nach rechts noch nach links zu sehen. Und sie *stürzt* sich wirklich in sie. Sie eilt den Menschen und der Welt entgegen und glaubt an sie, ohne dumm zu sein, und es scheint, daß die Menschen und die Welt nichts dagegen haben. – Es gibt welche, die glauben, daß eine große Künstlerin in ihr steckt, dramatisch. Sie hat eine schöne Gesangsstimme und will nun versuchen,

---

[1] Wo ich nach dem Besuch der Rembrandtausstellung bin.

in Paris auf das Konservatorium zu kommen. Im Französischen ist sie sehr zu Hause. Im großen und ganzen mögen die Franzosen sie. Wir sind mit etlichen jungen Leuten vom „Mercure de France"-Kreis zusammengewesen. – Sehen Sie, von all dem mit Gesang und Kunst hatte ich, bevor wir verheiratet waren, keine Ahnung. – Ich nehme an, daß ich in der Richtung einen sehr guten Einfluß ausgeübt habe, vielleicht war es eine richtige Befreiung, falls sie eine dramatische Künstlerin ist. Sie stammt nämlich aus einer bürgerlichen Familie, für die Kunst vom Bösen herrührt. – Schauen Sie, das ist das, was ich sagen kann. Es nützt aber nichts, etwas zu sagen. Sie müßten sie doch sehen, mit ihr selber sprechen. Es könnte doch sein, daß sie Ihnen sehr gut gefallen würde.
[...]

Paris, 8. 11. 1898

[...]
- - Mehr und mehr habe ich den Eindruck, daß Briefe unzureichend sind. Viele Male habe ich Lust gehabt, mit Ihnen an einem Ofen unter einer Lampe zu sitzen und über Dinge zu reden, die belasten und von denen man glaubt, daß man sie am besten in sich verschließen sollte, statt über sie zu sprechen.

- Hätte ich ein Buch von mir, dann würde ich gern nach Stockholm kommen, dessen Menschen – natürlich diejenigen, denen ich begegnet bin – mich angesprochen haben wie niemand sonst. Eigenartig, daß diese Brudervölker, die so seltsam warm übereinstimmen, in politischer Feindschaft leben müssen. Das erscheint mir wirklich oft ganz albern.

- - Meine nächsten Zukunftspläne bestehen nun darin, nach einem Abschlußaufenthalt in Paris, wo man eine Übersetzung vom „Kreuz" in Erwägung zieht, was ich im gegebenen Fall ordnen müßte – nach Norwegen zu reisen und eine Vortragstournee über das durchzuführen, was man die Dreyfusaffäre nennt – als jemand, der sie in Paris gesehen und miterlebt hat. Wenn daraus nichts wird, reise ich sofort nach Italien, sonst später.

Meine Frau beabsichtigt als Schauspielerin zu debütieren.

- - - Ich höre, Sie haben sich zusammen mit einem großen Buch eingeschlossen. Vermutlich wird dieser Brief kein allzu aufdringlicher Gast sein.

Mit meinen herzlichsten Grüßen
Ihr ergebener S. Obstfelder
Adresse für einen Monat:

14 Rue de l'Abbé, de l'Epée, Paris
- oder allgemein: Gyldendalsk Boghandel.

Schließlich meine herzlichsten Grüße an Fåhräussens und Bendixons!

An Herman Obstfelder

Paris 20. 3. [1899]
Ständige Adresse: Gyldendalske Boghandel

Lieber Herman!

Dieses Mal ist es in jeder Hinsicht wie verrückt. Zu erklären, wie es kommt, daß ich nicht geschrieben habe, würde eine lange Geschichte sein. Die Monate gehen wie Tage – in gewisser Weise. Drei Jahre ist da etwas, von dem ich meine, ich hätte es vor allem anderen tun müssen – und dieses, das den Vorrang haben sollte, wurde nicht getan – aber auch nicht das andere.

Zum Beispiel das Briefschreiben – ich kann keine Briefe mehr schreiben –, aber es gibt wohl kaum einen Tag, an dem mich nicht mein Gewissen gepeinigt hätte, weil ich nicht geschrieben habe. Und doch schreibt man nicht.

Dieses Mal lag es nun daran, daß ich geheiratet habe. Das war eine Veränderung, die einige Zeit brauchte, bevor ich mich daran gewöhnte. Es war, als würde alles auf den Kopf gestellt. – Allein, daß wir hier in Paris beide in einem Zimmer wohnen mußten, das dadurch voller Frauenkram war. – Aber von jetzt an hoffe ich, daß Ordnung in mein Leben kommt, und damit auch in das Briefschreiben ebenso wie in alles andere. Oh, ich habe so eine Masse von Dingen, die geordnet werden müssen, ehe ich endlich eines Abends richtig ruhig zu Bett gehen kann – aber das wird wohl erst nach Jahren möglich sein –, Bücher, die geschrieben werden müssen, eine Menge Briefe, die versandt werden sollen, kleine Schulden, die auf Begleichung warten, große Schulden.

Meine Frau ist vor einem Monat nach Kopenhagen gefahren, weil wir kein Geld mehr hatten und weil ich arbeiten mußte und weil *sie* arbeiten wollte. So bin ich endlich damit in Gang gekommen – mit dem Buch, das ich im Sinn hatte, als ich schrieb, daß ich es drei Jahre lang „vor allem anderen" hätte tun müssen. Es soll „Tagebuch eines Priesters" heißen, und es enthält Gedanken über Gott, das Leben usw. Zu einem nicht geringen Teil tauchen da gewiß Eindrücke aus meiner Krankheit auf, die, wie Du Dich erinnerst, in Amerika begann.

– Du schreibst viel von Musik in Deinen Briefen. Ein Jahr lang habe ich die Geige nicht angerührt! Aber ich habe viel daran gedacht, daß ich, wenn ich diese Bücher, die ich im Kopf habe, zustande bekomme, ernsthaft versuchen will, in die Komposition einzudringen. Ich beginne zu alt dafür zu werden! Nicht wahr? Aber ich habe den Gedanken noch nicht aufgeben können.

Ich hätte nichts dagegen, nach Amerika zu kommen, aber bevor ich die Dinge getan habe, die, wie gesagt, vor allem getan werden müssen, kann wohl keine Rede davon sein.

– Wann habe ich das letzte Mal geschrieben? Du weißt, daß ich geheiratet habe, Stipendium bekam, nach Paris reiste, wo wir bis zum 1. Dezember waren, von dort fuhren wir an die Riviera, wo wir uns 6 Wochen aufhielten, danach über Turin zurück nach Paris, wo ich seit dem 1. Februar bin. Unser Geld war im Februar aufgebraucht, und ich muß jetzt hart

arbeiten, um ein Buch zustandezubringen. Ich habe einige Hoffnung, daß es nun zum Frühjahr soweit ist.
- Vielen Dank für die Karte, die Du meiner Frau geschickt hast!
Dieses Mal werde ich bald wieder schreiben, ich will deshalb hier schließen. Hätte ich eine Ahnung davon gehabt, daß Du, wie Du schreibst, auch keine Briefe von zu Hause bekommst, hätte ich gewiß eher geschrieben. *Ich* bekomme auch nur jeden 3. Monat einen Brief.

- Mit herzlichen Grüßen
Dein ergebener Sigbjørn

Grüß Guillemin!

An Herman Obstfelder

Kopenhagen, 13. 5. 1900
Lieber Herman!

Ungeachtet dessen, daß Du jetzt wohl im Begriff bist abzureisen, sende ich Dir noch einen Brief, da ich einige Informationen bekommen habe, die *Dich* vielleicht noch mehr interessieren als *mich*.
Die deutsche Publikation der „Novellen" ist der Anlaß für etwas, das geradezu ein wenig an ein Märchen erinnert. Vorgestern erhielt ich einen sehr akkuraten Brief aus Deutschland, in dem ein Herr schreibt, daß er und seine Frau meine Novellen gelesen hätten und davon sehr beeindruckt seien.
Aber das Amüsante ist, daß sich hinten auf dem Kuvert das gleiche Wappensiegel befindet, das Du von dem Chiffonier zu Hause kennst. Diesen Brief von ganz unten aus Lothringen mit der Anfrage zu erhalten, ob ich einen Johan Gottfried Obstfelder kenne, das war ein recht seltsames Gefühl. Und gerade die Herausgabe meines Buches konnte vielleicht als

einziges Anlaß für die Informationen sein, die der Briefschreiber mitteilt. Denn sicher gibt es mehrere Obstfelder in Deutschland, auf die man stoßen könnte. Aber diese wissen wahrscheinlich nicht viel über die Familie.

Aber es ist gerade von Interesse für die Genealogie der Familie, was dieser Mann, der Offizier im 17. Infanterieregiment ist und sich v. Obstf. nennt, mir geschrieben hat.

Über diesen Johan Gottfried Obstfelder, der „Regimentschirurg" im Dienst Dänemarks geworden ist, also unseren Großvater, weiß er nichts weiter.

Aber von dem Ururgroßvater unseres Großvaters stammen alle mit Namen Obstfelder ab – und das sind nur in Deutschland ca. 20 männliche Personen. Und zum größten Teil schreiben die sich *von* Obstfelder, *in Übereinstimmung mit dem 1558 verliehenen Wappenbrief.* – Alle, die den Namen Obstfelder tragen, schreibt er weiter, gehören nach seinen Nachforschungen zu derselben Familie und stammen aus Rudolstadt (einem kleinen Fürstentum).

Du bist also adlig, freue Dich!

- - Nach unseren bisherigen Festlegungen reise *ich* am ersten Juni nach Vellinggård in Jütland. Du kannst dort bei Doktor Fevejle in Dalbyover nach mir fragen. – Hamburg – Randers – Randers – Dalbyover.

Von den Kritiken zu meinen in deutscher Sprache erschienenen Novellen ist die eine begeisterter als die andere. In der letzten im „Berliner Börsencurier" wurde ich mit keiner geringeren als Eleonora Duse verglichen. – Ich habe auch ein Angebot von einem literarischen Berliner Theater bekommen, etwas zu liefern.

Wäre ich nur nicht so voller Mißmut!

Hoffe, Du bist nun gesund!

Herzlichen Gruß
Dein ergebener S. Obstfelder
Frederikshaldsgade 19
Kopenhagen Ø

An Peter Nansen

Lieber Herr Peter Nansen!

Nach meinem einleitenden Brief war ich einmal unten in Klareboderne, ohne Sie anzutreffen. Da ich so weit draußen in Østerbro wohnte und jeden Tag arbeitete, habe ich es immer aufgeschoben, in die Stadt zu kommen, bis ich diese durch einen Zufall plötzlich und eher als gedacht verlassen habe.
   Indessen ist dadurch kein Schaden geschehen, da ich es vorziehe, daß das Manuskript vor mir da ist. Ich bin jetzt gezwungen, wenn nichts anderes dazwischenkommt, mein Buch bis zum frühen Herbst abzuschließen.
   Mit freundlichem Gruß und herzlichem Dank für Ihren liebenswürdigen Brief.

Ihr ergebener
S. Obstfelder

29. 5. 1900,
Adr. z. Zt. Dr. Fevejle, Dalbyover pr. Randers

P.S.: Es scheint, daß mein Autorenstern in Deutschland größer ist als zu Hause. Meine Novellen sind jetzt in einem kleineren, guten Verlag in Berlin erschienen, und es hat mehrere Besprechungen gegeben. Vier sind mir bislang zur Kenntnis gekommen, da der Verleger sie mir geschickt hat. Ich werde Ihnen drei davon aus „Zeit", „Wiener Rundschau", „Berliner Börsencurier" senden. Ich denke, daß dieses vielleicht für den Verlag von Interesse sein könnte. Möglicherweise könnte es Hegel ein wenig günstiger stimmen. Ich weiß ja nicht, wieviel so etwas bedeutet. In alten Tagen hatte derartiges immer viel zu sagen.
   Die vierte der Besprechungen habe ich nicht. Sie ist von *Marie Herzfeld* in der „*Neuen freien Presse*".

Aber der größte Beweis dafür, daß ich einige deutschsprachige Leser, besonders in Wien, gewonnen habe, liegt für mich darin, daß ich den ganzen Winter über, lange bevor mein Buch herauskam, Briefe von einem neuen Verlag, dem Rosners Verlag in Wien erhalten habe (er hat „Die alte Stube" und „Æbelø" verlegt), in denen man mich auf eine ganz besondere Weise um ein Manuskript bittet. Der literarische Konsulent des Verlages schrieb in dem ersten Brief an mich u. a.:

„Sonst aber hat mich Ihr Brief sehr betrübt. Ich muß Ihnen gestehen, daß ich sehr mit Ihnen rechnete.

Ich weiß in der ganzen modernen Literatur keinen, in dem sich all das, wonach wir Wiener streben, deutlicher ausdrückte als in Ihnen, - - - "

Später:

„Darum wäre Ihr Name in unserem Verlage stärker und deutlicher als ein Programm. Und darum bitte ich Sie so dringend, uns eines Ihrer Werke zu überlassen."

- - -

Ich weiß, daß für *Sie* so etwas nicht zu sagen hat, ich bin für *Sie* der, der ich bin. Aber ich beschäftige mich mit dem Gedanken, daß Sie vielleicht Verwendung für diese fremden Äußerungen haben könnten – wie gesagt –, um Herrn Hegel zu bestärken oder für Ähnliches.

An Signe Thiel

Vellinggård, pr. Randers,
Juli 1900

Liebe S. T.!

Es ist ein schweres Schicksal, wenn man einen langen Winter und ein hartes Frühjahr durchstanden und sich wie nie zuvor nach der Sonne gesehnt hat, sich Tag für Tag gesehnt hat – sich dann ins Bett legen zu müssen, wenn sie kommt.

So abgeschieden nach jeder Richtung wie jetzt bin ich noch nie gewesen. Tag für Tag muß ich im Bett oder auf einem Sofa liegen, bis das Fieber fort sein wird - aber das zieht sich in die Länge. Und dann nur der Gedanke: das Buch! Warum dieses neue Hindernis? Ich, der ich nichts anderes konnte als arbeiten, arbeiten, arbeiten. Denn bis es fertig ist, gibt es nichts anderes für mich. Und nun die Angst, daß die Heilung der Krankheit lange, lange Monate dauern wird.

Oh, wenn man arbeiten will und Gedanken hat und fühlt, daß sich die eigene Schöpferkraft gegenüber der der meisten anderen Künstler aus einer großen, tiefen Eigenart speist - dann dasitzen zu müssen und an seine kleinen Schmerzen gefesselt zu sein, die einem keine Ruhe geben!

Ich hatte an Sie in diesen toten Tagen nur ein paar schlichte Worte schreiben wollen - aber mein Kopf ist gewiß noch zu müde, als daß ich so schreiben könnte wie sonst. Alles wird so schwer.

Ein paar Tage, nachdem ich mich hingelegt hatte, kam die Sonne. Einen Monat zu spät! Der Regen und Wind dieses Monats haben mich zerstört.

Und dazuliegen und daran zu denken, unablässig!

Wir haben mit Sonne gerechnet. Uns zog es zur Sonne hinaus. Ich merke es.

Jetzt muß ich wohl schließen. Ich bin müde. - - -

Ihr ergebener
S. Obstfelder

Wiener Verlag
Wien, I., Fränzensring 16

Wien, den 3. Okt. 1900

Sehr geehrter Herr.

Nachdem ich, als literarischer Leiter des Wiener Verlages, es ausschließlich gewesen bin, der mit Ihrem armen Bruder in Verkehr gestanden hat und ich erst jetzt von einer Sommerreise zurückgekehrt bin, konnte Ihr Brief nicht früher beantwortet werden, was ich Sie zu entschuldigen bitte.

Ich war also mit Ihrem Bruder, der, wie er mir schrieb, es sehr wünschte, in Wien zu erscheinen, wo er besonders auf eine Gemeinde rechnen zu können glaubte, in einem längeren lebhaften Verkehr, der allerdings keinen allzu geschäftlichen Charakter hatte. Ein einziges Mal war von Honorar die Rede, und zwar von 25 Mark pro Bogen für eine Auflage von 1000 Exemplaren. Dagegen besprachen wir wiederholt, daß bei uns der Roman („Tagebuch eines Priesters") erscheinen sollte, dann eine größere Novelle und im Anschluß daran alle früheren Sachen. („Der rote Tropfen", die „Gedichte in Prosa".)

Ich möchte Sie also bitten, mir, sobald als möglich, alles, was von Ihrem Bruder übersetzt im Manuskript vorliegt, einzusenden. Ich will sukzessive alles erscheinen lassen und nichts soll unversucht bleiben, um für diese feinste und subtilste und vornehmste Liebe meiner Zeit ein kleines literarisches Denkmal zu schaffen.

Wenn Sie mich persönlich zu außerordentlichem Dank verpflichten wollten, würden Sie mir Ihres Bruders Photographie und einiges Nähere über sein Leben und Sterben mitteilen.

Indem ich Sie nochmals um recht schnelle Erledigung bitte,

zeichne ich mit
vorzüglicher Hochachtung
Arthur Kahane

Bitte (mit Ausnahme der Manuskripte, an den Verlag) alle anderen schriftlichen Mitteilungen an mich an meine Adresse gelangen zu lassen, weil ich sie so früher und sicherer bekomme und schneller erledigen kann.
Arthur Kahane
Wien III. Kolonitzgasse 9

[Im Original deutsch]

Axel Juncker *Verlag*
Stuttgart, Landhausstr. 4

Herrn Herman Obstfelder

Kristiania

Dank für Ihren freundlichen Brief vom 3. des Monats. Ich habe mich mit Frl. Wolf in Verbindung gesetzt, die ich noch aus Berlin kenne. Ich habe auch gestern die „Nachgelassenen Schriften" erhalten. Ich hatte mir gedacht, diese in zwei Bänden herauszugeben: erster Band: alle Prosa und zweiter Band: Schauspiele und Gedichte (darunter auch die schon auf norwegisch erschienenen Gedichte, wenn Sie mir für diese die Rechte geben.) Dann könnten wir vielleicht am besten den ersten Band „*Pilgerfahrt*" - *aus dem Nachlaß von S. O.*" nennen. Ich finde, der Titel ist gut und wird gewiß mehr Interesse wecken, als nur „Nachgelassene Schriften I". Zur Zeit habe ich Gedichte von S. O. in der Übersetzung eines gewissen

Dr. Bamberger, aber mir scheint, sie sind allzu miserabel übersetzt, als daß man sie herausgeben könnte; hoffentlich hat Herr B. noch nicht die Rechte erworben – freilich habe ich *im Augenblick* niemanden, der sie übersetzen könnte, aber ich werde gewiß ihn (oder sie) finden, wenn ich die alleinigen Rechte für die Herausgabe erhalte. (Wenn Sie zufälligerweise im Besitz eines Exemplars der „Gedichte" sind, würde ich dieses sehr gerne haben wollen, da ich es nicht selber besitze und nicht den Verleger kenne?)

Ihr sehr ergebener Axel Juncker

(Im Original dänisch)

Anhang

Nachwort

Würde man heute unter deutschsprachigen Lesern nach Sigbjørn Obstfelder fragen, bekäme man wohl in den meisten Fällen nur ein ratloses Achselzucken zur Antwort. Und doch hatte dieser jung verstorbene norwegische Dichter in Deutschland und Österreich einst so etwas wie eine „Gemeinde", war „sein Autorenstern" – wie er Peter Nansen, dem literarischen Leiter seines Kopenhagener Verlages, schrieb – „in Deutschland größer als zu Hause". Für den Wiener Rosners Verlag stand der Name „Obstfelder" gar, wie ein weiterer Brief belegt, „deutlicher als ein Programm".

Obwohl von Temperament und Geisteshaltung gänzlich anders geartet, hatte der dänische Essayist und Literaturkritiker Georg Brandes ein feines Gespür für das Besondere im Werk dieses Dichters. In seiner Rezension zu Obstfelders Novelle „Das Kreuz" (20. 10. 1896 in der Tageszeitung „Politiken") heißt es: „Dieses ist ein Dichter, der weder über Witz noch Ironie, weder über Vielfalt, vorwärtsstürmende Kraft und buntes Leben noch über den frischen und vollklingenden Rhythmus des Stils verfügt, der wie ein Kampflied wirkt. Er hat vor allem eine Seele von der Art der Mimosen, die die Welt mit ihren empfindsamen Nerven wahrnimmt, sich in der Welt spiegelt und ihr Wesen darin findet. Das Glück ist für ihn eine ‚Sonnenmimose, die kaum jemand gesehen hat.'"

Es ist etwas ganz Eigenes, Ungewohntes, was dieser Dichter, der drei Jahre zuvor mit einem von der Kritik gleichermaßen geschmähten wie gelobten Bändchen reimloser, rhythmisch-suggestiver Gedichte debütiert hatte, in die Literatur seines Landes einbrachte. Und dennoch lag diese Eigenart in gewisser Weise auch im Trend der Zeit.

Statt „Probleme zur Debatte zu stellen", wie es Georg Brandes für die Literatur gefordert hatte, wandte man sich nun, in den neunziger Jahren, stärker der verinnerlichten Erlebniswelt des Individuums zu.

In Norwegen meldete sich im ersten Jahrgang der 1890 gegründeten Literaturzeitschrift „Samtiden" der junge Knut Hamsun mit einem Artikel „Über das unbewußte Seelenleben" zu Wort und legte theoretisch nieder, was er mit seinem gerade erschienenen ersten Roman „Hunger" (1890) bereits demonstriert hatte – seine Forderung nach einer neuen Dichtkunst, die darauf verzichtet, „Typen" und „Charaktere" zu schildern und sich statt dessen des „ganzen unbewußten Seelenlebens" annimmt. Einige in der gleichen Nummer abgedruckte Gedichte des Lyrikers Vilhelm Krag, die von überschäumender Daseinsfreude, aber auch von Pessimismus und Weltschmerz künden, leiteten die Neuromantik in der norwegischen Lyrik ein.

In Dänemark gruppierte sich ein Kreis von Schriftstellern um den Lyriker und Essayisten Johannes Jørgensen und die von ihm herausgegebene Zeitschrift „Der Turm" („Taarnet", 1893-1895). Zu den frühen neuromantischen Impulsen, die von Dänemark aus nach Norwegen gelangten, gehörten Jens Peter Jacobsens Lyrik und Holger Drachmanns Liebes- und Naturgedichte vom Ausgang der siebziger Jahre.

In Schweden wurde die Neuromantik von dem Dichter und Essayisten Verner von Heidenstam 1888 mit der Gedichtsammlung „Wallfahrt und Wanderjahre" („Vallfart och vandringsår") eingeleitet, deren ästhetische Konzeption er u. a. in der Schrift „Renaissance" („Renaissans", 1889) begründete. Von dem Geist der neuen Zeit in Schweden zeugen auch eine Reihe von Debüts, die in den Jahren um 1890 entstanden, unter ihnen Oscar Levertins „Legenden und Lieder", 1891 und Selma Lagerlöfs „Gösta Berlings Saga", 1891.

Doch auch bei den Altmeistern des kritischen Realismus, deren bisherige Werke von der jungen Generation als „schematische Charakterpsychologie" abgetan worden waren, klangen neue Töne an, so in Henrik Ibsens späten Dramen („Hedda Gabler", 1890, „Baumeister Solness", 1892) und in Jonas Lies Erzählungen und Märchen („Troll", 1891/92).

Zu den Naturalisten standen die jungen Dichter zwar ebenfalls in Opposition, aber es gab doch viel Verbindendes. Das Wort „Charakter", gegen das Hamsun zu Felde zog, war auch Strindberg verdächtig, wie in seinem 1888 entstandenen Vorwort zu „Fräulein Julie" deutlich wird:

„Ein Charakter, das ist ein fix und fertiger Herr, der mit unveränderlichen Merkmalen auftritt, einer, der sich einer bestimmten Rolle im Leben angepaßt hat, einer, der aufgehört hat, zu wachsen, sich zu entwickeln, einer, der sicher dahinsegelt." Der Charakter, den Strindberg fassen wollte, „war gehetzt, nervös, hysterisch, zerrissen, hin und her geworfen zwischen Altem und Neuem".

Die Innovation des Kultur- und Geisteslebens in Nordeuropa steht in engem Zusammenhang mit den europäischen Zeitströmungen. Große Bedeutung für die sich formierende Autorengeneration hatten die französischen Symbolisten wie Charles Baudelaire, der die Schattenseiten der Großstadt mit einer Mischung von Ekel und Poesie schilderte und damit neue ästhetische Werte einbrachte („Die Blumen des Bösen", 1857, dt. 1891), aber auch Paul Verlaine, Arthur Rimbaud und Stephane Mallarmé, die durch die Musikalität und Suggestivkraft ihres sprachlichen Ausdrucks der Poesie reiche Möglichkeiten erschlossen, Empfindungen und Stimmungen darzustellen. Das Schlüsselwort für den neuen Stil war Suggestion, statt Beschreibung. Über die Ablösung von den alten ästhetischen Maßstäben gibt auch die in Zeitungen und Zeitschriften geführte Literaturdebatte Auskunft.

In der Dezembernummer von „Taarnet" (1893) erschien Johannes Jørgensens Programmschrift des Symbolismus, in der es u. a. heißt: „Alle echte Kunst ist und bleibt symbolisch. Überall bei den großen Meistern findet man die Natur als ein äußeres Zeichen eines inneren seelischen Lebens."

Auch von der impressionistischen Strömung in der deutschen Literatur am Ende des 19. Jahrhunderts gingen Impulse aus. Stefan Georges 1892 gegründete programmatische Zeitschrift „Blätter für die Kunst" (bis 1919) fanden, ebenso wie seine von hohem Formbewußtsein getragenen melancholischen Gedichte, in literarisch interessierten Kreisen Nordeuropas aufgeschlossene Leser.

Die dramatische Dichtung wurde in diesem Zeitraum vor allem von dem wohl renommiertesten Vertreter des symbolistischen Theaters, dem Belgier Maurice Maeterlinck, geprägt. Russische Dichtung setzte Spuren durch Übersetzung bedeutender Werke Iwan Turgenjews, Leo Tolstois und Fjodor Dostojewskis, Autoren, die Obstfelder schon in jungen Jahren vertraut waren und ihn zur schöpferischen Auseinandersetzung anregten (s. Martin Nag; „Widerhall; Russischer und norwegischer Realismus – im Dialog, 1871 – 1917 . . . ", Oslo 1988).

Die führenden Geister auf philosophischem Gebiet waren der französische Philosoph Henri Bergson und Friedrich Nietzsche. Bergsons These, daß die Welt nur durch Intuition zu erfassen und das Leben ein irrationales Fließen, schöpferische immaterielle Bewegung sei, bereitete den Boden für ein neues geistiges Klima.

In seiner 1888 gehaltenen Vorlesung über Nietzsche, die ein Jahr später mit dem Untertitel „Eine Abhandlung über den aristokratischen Realismus" publiziert wurde und dem deutschen Philosophen im Norden beachtliche Aufmerksamkeit verschaffte, näherte sich Georg Brandes Nietzsches Idee an, daß es Ziel und Quelle der Kultur sei, „einzelne große Menschen zu erzeugen".

Nietzsches 1883/84 erschienenes Werk „Also sprach Zarathustra", „die Erbauungsschrift für freie Geister" (G. Brandes), hatte Obstfelder, wie ein Brief an den Bruder Herman vom 7. Februar 1893 belegt, „tief bewegt" und war für ihn von „Lebensbedeutung".

Zu Obstfelders geistigen Vätern zählt auch der dänische Philosoph Søren Kierkegaard, dessen Schicksal und Gedanken, dem Heranwachsenden, wie ein Freund berichtete, „Gegenstand einer fast religiösen Aufmerksamkeit und Bewunderung" waren.

Nicht minder wichtige Inspirationsquellen sind Kindheit und Jugend des Dichters inmitten der herrlichen Natur Südwest-Norwegens – Sigbjørn Obstfelder wuchs in der Landschaft von Rogaland auf – sowie das intellektuelle Milieu im Kristiania der achtziger Jahre, dem er jedoch immer wieder entfloh, um in Kopenhagen, Berlin, Paris oder Brüssel den Pulsschlag der Zeit deutlicher zu fühlen.

Dem Kreis der Bohemebewegung in der kleinen Hauptstadt (Kristiania hatte 1885 rund 135.000 Einwohner), der sich in den achtziger Jahren unter Führung des Erzählers und Dramatikers Hans Jæger gebildet hatte, und ihrem Sprachrohr, der Zeitschrift „Der Impressionist" („Impressionisten"), in der der Impressionismus in Literatur und Bildkunst als Symbol einer kritisch engagierten Haltung gegenüber der Gesellschaft interpretiert wurde, stand er intellektuell sehr nahe. Von der unkonventionellen Lebensführung der Mitglieder, mit der diese bewußt gegen Normen der bürgerlichen Gesellschaft protestierten, fühlte er sich jedoch abgestoßen. Hier scheint jener Dualismus zwischen Lebenslust und dem bereits im pietistischen Elternhaus geweckten Bedürfnis nach sittlicher Reinheit gewirkt zu haben, der für so vieles in Obstfelders Werk charakteristisch ist. So hat ihn die „Bohemeprinzessin", die Malerin Oda Krogh, ebensowenig unbeeindruckt gelassen wie den Maler Edvard Munch und andere berühmte Zeitgenossen. Nach Meinung der Kunsthistorikerin Anne Wichström ist sie das Vorbild für Rebekka in Obstfelders Novelle „Das Kreuz" (Oda Krogh, „Ein Künstlerleben", Oslo 1888).

Unter Oda Kroghs Arbeiten findet sich eine Porträtzeichnung Obstfelders aus dem Jahr 1895 – Ausdruck einer wohl gegenseitigen Inspiration.

Da Leben und Schaffen dieses Dichters besonders eng miteinander verwoben sind und Obstfelder schon als Schüler in kleinen literarischen Skizzen über sich und seine Umwelt reflektierte, liegt es nahe, in Kindheit und Jugend den Schlüssel für das Verständnis der späteren Dichtung zu suchen:

Geboren wurde er am 21. November 1866 in der Seefahrtsstadt Stavanger, die sich zu dieser Zeit noch in rascher Entwicklung befand, zwei Jahre später jedoch von einer tiefen wirtschaftlichen Krise getroffen wurde. So wuchs auch Sigbjørn Obstfelder, das siebente von insgesamt sechzehn Kindern, die die norwegische Bauerntochter Serine Egelandsdal ihrem Mann, dem Bäckermeister Herman Fredrik Obstfelder, gebar, in recht bescheidenen Verhältnissen auf. Die Geschwister wurden streng religiös erzogen, und die langen Hausandachten, die der Vater jeden Sonntag abhielt, waren eine Pflicht, der sich niemand entziehen konnte. Obstfelders Werk belegt, daß er sich sein Leben lang mit dieser Thematik auseinandergesetzt hat, ja, daß der literarische Schaffensprozeß für ihn zugleich ein – wenn auch vergeblicher – Versuch war, sich von den religiösen Vorstellungen seiner Kindheit zu befreien. Besonders deutlich wird dies in seinem trotz langjähriger mühevoller Arbeit unvollendet gebliebenen Roman „Tagebuch eines Priesters" (1900, dt. 1901), der sein ganzes Weltbild enthalten sollte. Analog der verzweifelt ringenden Hauptgestalt in diesem Werk verlor sich auch Obstfelder im Laufe seines Lebens „auf einem steilen Grüblerweg" (vgl. Felix Poppenberg in „Nordische Porträts aus vier Reichen" hg. von Georg Brandes, Berlin o. J.), was möglicherweise für sein Schaffen eine gewisse gedankliche Einengung bedeutete. Dafür lotete er um so tiefer bei den Fragen nach dem Sinn des Lebens und der Bedeutung des Menschen im großen kosmischen Zusammenhang.

Die Zeit auf der Kongsgaard Schule in Stavanger (heute: „Stavanger Katedralskole"), die Obstfelder 1884 mit dem Abitur abschloß, ist vor allem deshalb interessant, weil er sich hier als Autor in allen möglichen Genres versuchte. Ein paar Kostproben aus dem Jahr 1884, die heute zwar ein wenig sentimental wirken mögen, aber neben dem Einblick in die Psyche des verletzbaren Jungen zugleich eine Vorstellung von seinem sich bereits deutlich artikulierenden schriftstellerischen Talent vermitteln, sind in unseren Band aufgenommen worden („Aus der Gymnasialzeit", „Elegie", „Eine Freundschaft wird geschlossen").

Von 1882 bis 1886 hatte Obstfelder an einem Prosazyklus mit dem Titel „Erinnerungen an Strand Sogn" gearbeitet – Skizzen und Tagebuchaufzeichnungen, die seine Verbundenheit mit der Landschaft und den dort lebenden schlichten, geradlinigen Menschen zum Ausdruck bringen. Obstfelders Vater hatte auf Jørpeland – in der Gemeinde Strand – von 1879 bis 1881 eine Bäckerei und einen Landwarenhandel betrieben, und hier war 1880 auch Obstfelders Mutter – nur vierundvierzig Jahre alt – an den Folgen eines Aborts gestorben. Wie sehr der Vierzehnjährige sie vermißt haben muß, wird in der ersten Skizze des Zyklus „Strand im Jahre 1882" deutlich, die eine der wenigen Schilderungen des Heims seiner Kindheit enthält.

Auch zu Hjelmeland – das ebenfalls zum südwestnorwegischen Verwaltungsbezirk Rogaland gehört – hatte Obstfelder eine enge Beziehung: Sein Vater war hier geboren, und der Großvater, der deutsche Militärarzt Johan Gottfried Obstfelder, hatte sich um 1814 auf Hjelmeland niedergelassen. Obstfelder verlebte hier 1884 zusammen mit seinem Vater und fünf Geschwistern die Sommermonate und kehrte später immer wieder in die von gewaltigen Kontrasten geprägte wild-romantische Natur zurück. Die von ihm gezeichneten Landschafts- und Stimmungsbilder weisen in ihrer modernen Darstellungsart weit über ihre Entstehungszeit hinaus.

Ein kleines literarisches Meisterwerk ist die Skizze „Stavangerbild" (1886), in der Obstfelders Sympathie für die „einfachen Leute" unterschwellig den gesamten Text durchzieht. Er selbst kannte aus eigener Erfahrung das Leben auf der Schattenseite. Das Philologiestudium in Kristiania, das er 1884 aufgenommen hatte, war nur durch die Unterstützung einiger „Wohltäter" aus Stavanger möglich gewesen, und er mußte es bereits 1885 wieder abbrechen, um Geld zu verdienen. Eine Anstellung als Hauslehrer in Sola (Stavanger) ließ ihm Zeit für Vortrags- und Rezensionstätigkeit.

An den ehemaligen Schulkameraden Peder Blix schrieb Obstfelder am 28. Februar 1886: „Wir haben dort draußen auf Sole einen Jünglingsverein, wo ich über verschiedenes predige: wir haben den Sozialismus gehabt, den Pietismus, die Friedenssache".

Wenn es auf den ersten Blick auch erstaunlich anmuten mag, daß sich Obstfelder mit sozialen Bewegungen befaßte, liegt doch bei genauerer Betrachtung eine gewisse Folgerichtigkeit darin, sich neben anderen auch dieser Frage der Zeit zu stellen. Sozialdemokratisches Gedankengut, das seit Beginn der achtziger Jahre in Skandinavien verbreitet wurde, fand in Norwegen – vor allem durch das Engagement des Vorsitzenden des Druckerverbandes, Christian Holtermann Knudsen (1845 - 1929) – Eingang in die erste sozialdemokratische Zeitung und führte 1887 zur Gründung der „Norwegischen Arbeiterpartei" („Det Norske Arbeiderparti", DNA). Obstfelder hatte - wie der Essay „Etwas über Sozialismus" deutlich werden läßt und wie er einleitend selbstkritisch bemerkte – diese Bewegung nur „wenig studiert". Seine Forderungen nach dem Anheben der sozialen Stellung der Arbeiter, nach menschlicher Würde und Bildung, wie sie in Norwegen und Schweden durch die „Arbeiterakademie" bereits im Ansatz praktiziert wurden, tragen sozialdemokratische Züge. Zu den Hauptforderungen der DNA gehörte ein Jahr später die Einführung des allgemeinen Wahlrechts und des Acht-Stunden-Tages, womit sie in der „Radikalen Venstre" (Linksliberale Partei) einen Bündnispartner fand.

Vor diesem gesellschaftlichen Hintergrund ist Obstfelders Meinung zu verstehen, „daß der Sozialismus als aufbauendes Prinzip" auch hier auf dem rechten Platz sein würde, „ein Sozialismus, der dafür arbeitet, daß die Stellung der arbeitenden Klassen sicherer und sicherer wird . . ."

Es sei hier nur am Rande vermerkt, daß Obstfelder das 1887 erneut aufgenommene Philologiestudium ein Jahr später abbrach und zur Technischen Schule in Kristiania überwechselte. Doch auch dieses Studium befriedigte ihn nicht. Während seiner Freizeit schrieb er Verse, beschäftigte sich mit norwegischer Gegenwarts- und Weltliteratur sowie mit Musik, die neben der Dichtung zu seiner zweiten Leidenschaft werden sollte. Um seiner nervösen Unrast Herr zu werden, brach er im Frühjahr 1889 zu einer ersten kurzen Deutschlandreise auf, die ihn bis in den Harz führte. Von dieser Tour stammt das „Tagebuchblatt; 1889", eine impressionistisch empfundene Landschaftsschilderung, die, wie auch manche der frühen Gedichte, Obstfelders Sehnsucht nach Geborgenheit in Ehe und Familie anklingen läßt.

1890 verließ er nach einem Nervenzusammenbruch die Schule ohne Abschluß. Wie viele seiner Generation zog es ihn nach Amerika, wohin sein Bruder Herman schon vor ihm aufgebrochen war. Vom Herbst 1890 bis zum Sommer 1891 arbeitete er zunächst als Zeichner in Milwaukee im Bundesstaat Wisconsin und später in Chicago als Landvermesser. Tagebuchaufzeichnungen und Briefe aus dieser Zeit belegen, wie wenig er dem anstrengenden Berufsleben und der amerikanischen Lebensweise gewachsen war („Heiligabend in Amerika", „Tagebuchblatt; Milwaukee, Juli 1891").

Neben der Dichtkunst zog ihn die Musik mehr und mehr in ihren Bann, und der Wunsch, Komponist zu werden, ließ ihn Amerika überstürzt verlassen. Unmittelbar nach seiner Ankunft in Norwegen hatte er eine „halluzinatorische Psychose", die nach drei Monaten überstanden war, aber als eine neue wesentliche Lebenserfahrung deutliche Spuren in seinem Werk hinterlassen sollte. Zwei Ereignisse halfen Obstfelder, das deprimierende Amerikaerlebnis und seine Folgen zu überwinden: die Reise mit seinem engsten Freund, dem Kunststudenten Jens Thiis, nach Paris und Brügge und die Publikation seines ersten Lyrikbandes (1893), der etwa dreißig Gedichte enthielt. Die meisten waren zwischen 1890 und 1891 entstanden. Ihnen verdankt Obstfelder den Ruf, der bedeutendste Vorläufer der neuen Lyrik in Skandinavien zu sein, der „erste Modernist", wie ihn Rolf Nettum in seiner „Norwegischen Literaturgeschichte" (Bd. 4, Oslo 1975) nennt. Die zur damaligen Zeit ungewöhnliche Form der Gedichte betrachtet Nettum in diesem Zusammenhang als einen „notwendigen Ausdruck des Zeitgeistes und nicht als das Resultat zufälliger Experimente".

Unsere Auswahl bezieht auch spätere Gedichte mit ein. Der wogende Rhythmus der reimlosen Verse zeugt von Obstfelders Musikalität und seinem Bemühen, feinste Schwingungen und Nuancen einzufangen. In einer Tagebuchaufzeichnung von 1891 heiß es: „Ich wollte das Menschenleben in Musik schildern..."

Mit den Mitteln der Typographie, wie Punkten, Gedankenstrichen, Ausrufezeichen und Leerzeilen, wird diese Intention unterstrichen. Im Zusammenhang mit Obstfelders Gedichten ist häufig auf den Einfluß des nordamerikanischen Lyrikers Walt Whitman verwiesen worden, der seinerzeit ebenfalls mit tradierten Formen in der Lyrik brach und dessen oft mystisch-pantheistisches Naturempfinden ganz gewiß gleichgestimmte Saiten bei Obstfelder zum Klingen gebracht hat.

Der Lyrik-Komplex der vorliegenden Ausgabe wird mit dem Gedicht „Freunde" eingeleitet, das im Winter 1890/91 in Chicago entstand und Jens Thiis gewidmet ist. Es beschwört das Zusammensein in der „Studentenbude", wo Jens Peter Jacobsens Büste und der indische Buddha das geistige Spektrum zwischen Neuromantik und östlicher Mystik andeuten, in dem sich die Künstler der Zeit bewegten und das auch den Hintergrund für dieses Gedicht bildet.

„Das Wunder des Lebens" als Vision von einem „auf unendlichen Bahnen sich verschlingenden Strahl . . ., einer unendlich – tönenden – Feuerspirale" ist Obstfelders Glaubensbekenntnis, in das sich der in der letzten Zeile geäußerte Reinkarnationsgedanke einfügt.

Von pantheistischer Weltsicht sind auch die frühen Gedichte „Orkan" und „Eva" getragen, in denen – wie in etlichen späteren Werken – das Erscheinungsbild der Natur zum symbolhaften Ausdruck der wechselnden Stimmungen des lyrischen Ichs wird. Während „Orkan" eine für diesen Dichter der leisen Töne ungewohnte exaltierte Lebensgier zum Ausdruck bringt, ist „Ich sehe" der Monolog eines Grüblers.

Dieses Gedicht, das in Norwegen besonders bekannt und geschätzt ist (es ist eine Art literarische Visitenkarte Obstfelders), hat ganz gewiß seinen Ruf als Mystiker und weltfremder Träumer mitbegründet. Aber selbst hier ist er mehr als das: der Blick, der die Umwelt erfaßt, irgendeine Straße in einer Großstadt – vielleicht Kristiania –, ist kritisch und nicht ohne Mitleid, das die geschundene Kreatur ebenso einschließt wie die ahnungslos lächelnden Menschen. Ohne daß es an irgendeiner Stelle ausgesprochen würde, teilen sich dem Leser kindliches Staunen und ein vages Angstgefühl mit, und das konstatierende „Dies also ist der Menschen Heim" ist eher eine bange Frage, die bereits die Antwort impliziert, daß dieses wohl doch der „falsche Stern" sei. Eine besondere ästhetische Wirkung wird dadurch erreicht, daß die beiden letzten Zeilen, die eine Art Resümee darstellen, aus dem Rhythmus des Textes und der Bildstruktur herausgelöst sind.

In anderen Gedichten – wie auch später in der Prosa – spielt das Erotische eine zentrale Rolle. Die Frau in unterschiedlichen Lebensaltern – als junges in seiner Unschuld gefährdetes oder mißbrauchtes Mädchen („Der Roggen zittert", „Ein Volkslied"), als Geliebte („Dornröschen"), als Mutter und Ehefrau („Alltagsbild", „Ehefrau") – ist Gegenstand einer tief empfundenen Verehrung, die triebhafte stürmische Leidenschaft ausschließt und an ihre Stelle seelischen Gleichklang setzt. Und Obstfelders hoher moralischer Anspruch grenzt auch jene nicht aus, die verachtet auf der Schattenseite leben, die Prostituierten der Großstadt („Namenlos").

Das Gedicht „Qual", das von der Eifersucht und der Sehnsucht nach Reinheit kündet, wirkt wie ein Pendant zu Edvard Munchs Lithographie „Eifersucht" (1896). Ähnliches gilt für das 1894 entstandene Prosagedicht „Der Verlassene". Zwischen den beiden geistesverwandten Künstlern bestand ein enger Kontakt, der gegenseitige Anregung bewirkte. (Munch illustrierte Obstfelders ersten Gedichtband mit Vignetten und schuf zwei berühmt gewordene Porträtlithographien des Dichters.) Verwiesen sei in diesem Zusammenhang auch auf Obstfelders hervorragenden Munch-Essay aus dem Jahre

1896, der wohl zu dem Besten gehört, was je über diesen „Dichter in Farbe" geschrieben worden ist.

Typisch neuromantische Töne werden in Gedichten wie „Sommer", „Sommerlied" (Juni 1899), „Adieu" und „Die Rose" (Sommer 1900), Obstfelders letztem Gedicht, angeschlagen. In ihnen ist er, ähnlich wie J. P. Jacobsen, der Sonnenanbeter und Sänger der Blumen. Das gilt auch für verschiedene Prosagedichte wie „Dornröschen" (Februar 1893) und „Märchenarabeske", die ihren Ursprung in der Volksdichtung haben und einen reizvollen Kontrast zu dem mit seiner alptraumhaften Stimmung kafkaesk wirkenden Text „Die Stadt" (September 1893) bilden. Traumvisionen werden auch in den Prosagedichten „Die Nacht" (Oktober 1893), „Der Verlassene" (März 1894) und „Der Hund" (März 1900) gestaltet. Der schwedische Literaturwissenschaftler Reidar Ekner vergleicht in seinem Essay „Eine seltsame Gemeinschaft" Obstfelders Art der literarischen Gestaltung von Traumbildern mit der August Strindbergs und kommt zu dem Resultat, daß Strindberg sie so gruppiert, „daß sie seinem räsonierenden Gedankengang dienen, während Obstfelder das Fehlen eines logischen Zusammenhangs im Traum nutzt und Bilder ähnlich einer filmischen Montagemethode präsentiert" (Stockholm 1967, S. 113). Diese düsteren lyrischen Texte, die den Einfluß Baudelaires verraten, künden zusammen mit verschiedenen Gedichten des Debütbandes den Expressionismus in der norwegischen Literatur des 20. Jahrhunderts an.

Zu Obstfelders Lebzeiten wurden von den ca. dreißig Prosagedichten, die erhalten geblieben sind, nur zwölf in verschiedenen Zeitschriften gedruckt. Das Spektrum der Kritikerstimmen bei Erscheinen des vom Autor 1893 herausgegebenen ersten und einzigen Gedichtbandes reichte von schonungsloser Kritik bis zu emphatischem Jubel.

Die Zeit um 1894/95 war Obstfelders anregendste und fruchtbarste Arbeitsphase. Reisen nach Berlin, Stockholm und Paris brachten ihn in engen Kontakt mit Persönlichkeiten des Kultur- und Geisteslebens. Obstfelder war in Berlin mit seinem Jugendfreund Jens Thiis, dem Bildhauer Gustav Vigeland und Edvard Munch zusammen, dessen Name durch die Schließung seiner Ausstellung im Verein Berliner Künstler 1892 berühmt-berüchtigt war. Dagegen standen die nordeuropäischen Dichter hoch im Kurs. 1891 hatte der in Berlin lebende Schwede Ola Hansson als eine Art Einführung in diese Literatur sein Buch „Das junge Skandinavien" publiziert, und in Berlin war um 1892 eine „Freie Literarische Gesellschaft" gegründet worden, die unter der Parole „Das Licht kommt jetzt aus dem Norden" Vortragsabende für nordeuropäische Dichter organisierte.

Bekannte Künstlertreffs waren in diesen Jahren das „Café Bauer" Unter den Linden (vgl. Essay „Zeitungsfreude") und die nicht weit davon entfernte Weinstube „Zum schwarzen Ferkel". Hier verkehrten auch August Strindberg, der deutsche Lyriker Richard Dehmel, der polnische Autor Stanisław Przybyszewski mit seiner norwegischen Ehefrau Dagny Juel (Duchna), der finnische Maler Axel Gallén-Kallela u. a.

In seinem Erinnerungsbuch „Edvard Munch und seine Gegenwart" („E. M. og hans samtid", Oslo 1933, S. 220, 221) schrieb Jens Thiis: „‚Hotel Janson' und die Bierstube nebenan wurden das *eine* Sturmzentrum, Przybyszewskis und Duchnas [...] kleines Heim, ich glaube, es war in der Karlsstraße, wurde das andere [...] Die Wellen der Kunstdiskussion während der Symposien in dem polnischen Heim oder in den Stammkneipen unter Staszus oder Dehmels Präsidium kannten keine Grenzen. Die leicht entflammbare Begeisterung des polnischen Dichters umfaßte neben Vigeland und Obstfelder auch Munch, er sah „das Licht des Nordens" in ihnen allen strahlen, er hielt glühende Reden über die neue Kunst und seine Duchna, die über die Genies herrschen sollte [...]". Und über eine Zusammenkunft bei Richard Dehmel heißt es: „Das wurde ein ‚Künstlerabend' von Rang, der mindestens vierundzwanzig Stunden dauerte, ich glaube länger. Dehmel, der 'wilde Mann', wie Strindberg ihn nannte, der sich bereits einen Namen als Deutschlands neuer Lyriker zu machen begann, rezitierte seine schönen Verse, und mit seinem merkwürdig dunklen mephistophelischen Aussehen und seinem eindringlichen Wesen hinterließ er einen unvergeßlichen Eindruck. Auch Obstfelder wurde gezwungen, ein paar seiner Gedichte vorzutragen, mit Duchna als Dolmetscherin, und schon die eigentümliche leise Art des Vortrags gab den Freunden einen Eindruck vom Charakter und dem neuen Rhythmus der Gedichte." (Übers. U. G.)

Ein weiterer Höhepunkt in diesem Jahr war die Reise nach Stockholm, wo Obstfelder von der Frauenrechtlerin und Schriftstellerin Ellen Key zu ihrem ersten Autorenabend eingeladen wurde. Hier traf er neben den tonangebenden schwedischen Dichtern der neunziger Jahre, wie Hjalmar Söderberg, Oscar Levertin, Verner von Heidenstam, Per Hallström und Gustaf Uddgren, auch den finnlandschwedischen Schriftsteller Karl August von Tavaststjerna und den deutschen Lyriker Max Dauthendey, mit dem er, ebenso wie mit Gustaf Uddgren, Freundschaft schloß. Zu Ellen Key, deren „Güte und Hülfsfertigkeit" Rainer Maria Rilke 1909 in einem Essay zu ihrem sechzigsten Geburtstag würdigte, entwickelte sich (wie auch die an sie gerichteten Briefe dieser Ausgabe deutlich machen) eine enge Beziehung. Sie war ihm Kritikerin und Beraterin in allen Fragen der Kunst, aber auch eine verständnisvolle Freundin, wenn es um die Belange des von Obstfelder so schwer zu meisternden täglichen Lebens ging.

In Paris traf Obstfelder Vilhelm Krag und Knut Hamsun, aber auch Johan Bojer, der seine Laufbahn als Schriftsteller ein Jahr zuvor mit Erzählungen begonnen hatte. Bojer begleitete Osbtfelder oft in den Louvre, und er erzählte in seinem Erinnerungsband „Lehrjunge" („Læregutt", 1942, 1978, S. 106) imponiert von Obstfelders erstaunlichem Wissen auf dem Gebiet der bildenden Kunst und von seiner Vorliebe für Rembrandt: „Er versuchte mir die Größe des holländischen Meisters deutlich zu machen, seine Beherrschung von Licht und Schatten, seine shakespearesche Fähigkeit zur Menschenschilderung, die tragische Musik, die aus einem alten, runzeligen Gesicht tönen kann." (Übers. U. G.)

In Belgien und den Niederlanden, wohin beide Freunde anschließend reisten, waren es dann auch vor allem die Rembrandtsammlungen (Brüssel, Antwerpen, Rotterdam), die Obstfelder anzogen.

In dem Essay „Nach der Rembrandtausstellung" aus dem Jahre 1898 hat dieses mit Leidenschaft gepaarte Kunstverständnis einen gültigen Ausdruck gefunden.

Alle die Saiten, die thematisch in Lyrik und Kursprosa angerissen werden, finden sich ausgeformter und faßbarer in den Novellen wieder: die soziale Indignation, das Unbehagen gegenüber der Großstadt, die Liebe, die die Frau zum Gegenstand einer fast religiösen Verehrung macht, die aber auch das Mitleid mit der Gestrauchelten einschließt, die Qualen der Eifersucht und das Streben nach einem sinnerfüllten Leben.

Im Januar 1895 schrieb Obstfelder aus Stockholm an seinen Bruder Herman: „Ich glaube, daß ich zum Frühjahr eine kleine Sammlung Novellen herausbringen werde, unter ihnen ‚Liv' , die nun ins Deutsche übersetzt ist (von Dagny Przybyszewski, U.G.) und in der ersten Nummer der großen deutschen Kunstzeitschrift ‚Pan' erscheinen wird, die voraussichtlich im Mai startet und an der Deutschlands größte Maler (Böcklin u.a.) mitwirken. [...] Die Erzählung, an der ich jetzt schreibe, wird die längste und hoffentlich auch das Beste, was ich geschrieben habe. Es wird eine ordentliche Liebesgeschichte, denke ich." – Gemeint ist „Die Ebene", die Obstfelder, wie andere Selbstzeugnisse belegen, zu dieser Zeit für das Werk hielt, das in stilistischer Hinsicht am meisten ausgereift war.

Ende Oktober 1895 erschienen die „Novelletten" - ebenso wie seinerzeit das Debütbändchen mit Gedichten - im John Grieg Verlag in Bergen.

In Paris und an verschiedenen Orten in Dänemark entstand 1896 „Das Kreuz", Obstfelders einziges Werk, dem ökonomischer Erfolg beschieden war (die Erzählung erlebte zwischen 1896 und 1897 drei Auflagen). Über seine Schreibmotivation schrieb er 1896 nach einer unglücklichen Liebesbeziehung an Ellen Key, daß er sich nur „von mehr spontanen Regungen" habe befreien wollen. Aber dennoch hielt er „Das Kreuz" für einen weiteren Fortschritt gegenüber früheren Arbeiten, da es „kunstreicher und auch von größerer Fülle" sei.

Ein schwedischer Kritiker hat die Komposition mit der eines Musikstückes verglichen: „Der Auftakt ist hell, Bäche murmeln, Geigen erklingen – ein dunkleres Zwischenspiel –, dann jubelnder Sommer, dann wieder Dunkel und Tod, bis das Ganze ausklingt, hymnengleich" (Lars Englund, BLM 1949, S. 325, Übers. U.G.). Damit harmoniert der Satzrhythmus, der, wie in allen seinen lyrischen Prosatexten, stark auf eine musikalische Wirkung angelegt ist.

Ein verbindendes Element der Novellen ist die Verwendung der Ich-Form. Wie auch der Essay über „Die Ich-Form in der Literatur" deutlich macht, kommt sie der Intention des Autors, seelische Tiefen auszuloten, „dem Menschen oder dem Gemütszustand, den man vor Augen hat, ganz auf den Grund zu kommen", besonders entgegen. Dinge sagen zu können, die „zuvor ungesagt" bleiben mußten, bei den Lesern „wie ein Blitz" einzuschlagen, „ein Echo hervorzubringen" – das alles ist für Obstfelder mit der zu seiner Zeit von den Kritikern stark attackierten Ich-Form verbunden, deren einziger Mangel nach seiner Meinung eine gewisse Monotonie sei, die aber – wie wir meinen – in seinen Texten keinesfalls störend in Erscheinung tritt.

Wie wenig es ihm darum ging, Begebenheiten und Schicksale traditionell zu erzählen und zu gestalten, legte er gegenüber Ellen Key in zwei weiteren Briefen dar. In Hinblick auf „Die Ebene" schrieb er ihr 1895 aus Paris, daß er „die banalste Geschichte der Welt auf besondere Art erzählen" wollte (vgl. S. 282 in dieser Ausgabe), und nachdem er ihr das Büchlein geschickt und bei Kritikern – so auch bei Edvard Brandes – auf Befremden gestoßen war, heißt es: *„Hier* (in Norwegen;

U. G.) versteht man, daß es gerade meine Intention war, die Erzählung vage zu halten, daß ich nicht Begebenheiten erzählen *wollte*, sondern Stimmungen und Ideen zu einer Erzählung zusammenbinden. „Mit Absicht und Überlegung habe ich der Frau in ‚Der Ebene' die Züge genommen, die ihre Individualität ausgemacht haben." So bleiben uns, wenn wir uns nach der Lektüre zurückzuerinnern versuchen, von den Gestalten nur Schemen, einzelne Gebärden, Stimmungsbilder, die an bestimmte Situationen gebunden sind (vgl. S. 288).

Und doch gibt es Unterschiede. Besonders ätherisch wirkt Liv, das kranke Mädchen von Island – die „zarte, weiße Gestalt, [...] deren Augen so unendlich sanft schimmern". Naomi („Die Ebene"), von der der Erzähler sagt, daß er vergessen habe, wie sie aussieht, gewinnt als Person an Deutlichkeit, wenn er sie aus der Distanz mit den Augen des Verlassenen sieht – aber auch hier sind es nur Details, die sich nicht recht zu einem Ganzen fügen wollen. Am deutlichsten wird Rebekka („Das Kreuz"), mit ihrem hüpfenden Gang und der „Melodie ihrer Glieder", ihren sanften blauen Augen, die trotzig flammen können, und ihrer Üppigkeit, durch die die „erregende Schlankheit des jungen Mädchens" schimmert. Für den Bildhauer Bredo wird sie das Sinnbild des Weibes, das sich gleich dem gefährlichen Efeu wie eine Girlande „um alle Männer und alle Häuser" windet.

Die Eifersucht als das zentrale Thema dieser Erzählung wird anhand der drei Liebesbeziehungen Rebekkas in ihrer zerstörerischen und letztlich tödlichen Wirkung deutlich.

In „Die Ebene" erweist sich die passiv abwartende reine Liebe des Mannes als positiv, da sich die fröhliche, aber oberflächliche Naomi unter ihrem Eindruck zur introvertierten Geliebten wandelt, ein Prozeß, der als solcher nicht gestaltet ist und daher nicht recht zu überzeugen vermag. Das abschließende Harmonie verstrahlende Bild, das sie in all ihrer Schönheit „im Takt mit dem Leben, im Takt mit dem Gang der Gestirne" zeigt, weckt statt irdischer Liebessehnsucht eher pantheistische Ehrfurcht. Faszinierend an dieser Novelle ist die Verknüpfung des Erscheinungsbildes der Natur mit dem jeweiligen Geschehen und der Stimmungslage der agierenden Personen. So öffnet die Ebene dem von der Weite faszinierten Ich-Erzähler nicht nur neue Horizonte, sondern läßt auch Hoffnungen und Träume entstehen.

Die Großstadt, im „Kreuz" als „ein seltsames, vielköpfiges, vieläugiges, von Menschen geschaffenes Wesen" geschildert, verstärkt in der Novelle „Liv" das Gefühl der Einsamkeit und des Verlorenseins, das zwei junge Menschen zueinander führt.

Und ihnen, die auf der Schattenseite leben und in deren Reihe sich auch der Ich-Erzähler stellt, gehört von der ersten Zeile an die Sympathie des Autors. Hier, in den entlegenen Straßen mit den wunderlichen Namen gibt es einen Adel des Geistes, eine Solidarität der Herzen. Als Liv, das kranke Mädchen von Island, trotz aller Fürsorge ihres Freundes stirbt, wirft der sinnlose Tod die verzweifelte Frage nach dem Warum auf. Und doch hat ihn diese reine selbstlose Liebesbeziehung gelehrt, die Welt mit neuen Augen zu sehen. So gewinnt der Name Liv, der im Norwegischen für das Leben steht, symbolische Bedeutung.

Besonders anrührend gestaltet Obstfelder das Denken und Fühlen des modernen, von Widersprüchen zerrissenen Menschen in dem bereits erwähnten Roman „Tagebuch eines Priesters", den er schon 1895 begonnen, aber immer wieder - enttäuscht über das eigene Unvermögen - zur Seite gelegt hatte. Das, was er bei seinem Tod hinterließ und was 1900 vom Gyldendalske Boghandel, Kopenhagen, publiziert wurde, war der unvollendete erste Teil dieses Buches, dem ein zweiter hatte folgen sollen, in dem die Hauptgestalt in einer Vision alle Religionen der Welt an sich vorbeiziehen sieht. Aufgrund der bruchstückhaft gebliebenen Aussage haben wir in unserer Auswahl auf dieses Werk verzichtet.

Obstfelders Schauspiele sollen hier nur der Vollständigkeit halber erwähnt werden. „Die roten Tropfen" („De røde dråber"; 1897), die Einakter „Im Frühling" („Om våren"; 1898) und „Esther" (1899) sowie das unvollendet gebliebene Drama „Der letzte König" („Den sidste Konge") treten in ihrer literarischen Bedeutung, trotz zum Teil hervorragender Details, hinter Obstfelders anderen Werken zurück. Nur die beiden erstgenannten Stücke wurden nach dem Tod des Dichters aufgeführt, jedoch ohne rechten Erfolg, da die diesem Genre innewohnenden Möglichkeiten kaum genutzt waren.

Das Jahr 1898 brachte für Obstfelder eine große Veränderung: am 5. Juni 1898 heiratete er die zehn Jahre jüngere Gesangselevin Helga, *Ingeborg*, Maria Weeke, Tochter eines Korngroßhändlers aus Kopenhagen. Er hatte sie in ihrer Heimatstadt im Haus des Schriftstellers und Journalisten Laurids Christian Nielsen kennengelernt, wo viele Künstler verkehrten, u. a. auch sein Landsmann Thomas Krag und der später mit dem Nobelpreis geehrte dänische Dichter Johannes V. Jensen. Ingeborg war, bevor sie Obstfelder traf, mit L. C. Nielsen verlobt gewesen, was - wie sich bald zeigte - die ohnehin komplizierte Partnerbeziehung zusätzlich belasten sollte.

Wie unbekümmert Obstfelder sich in diese Ehe stürzte, zeigen folgende an Ellen Key gerichtete Zeilen: „ [. . .] ich habe vor, mich jetzt im Frühjahr zu verheiraten. Mit einem Mädchen, das ebenso arm ist wie ich. Aber das Leben, Gott bewahre mich, das ist ja nicht lang, das ist ja keine Zeit - ich habe den großen Optimismus. [...] Ich bin mehr als je zuvor wie ein Kind, für welches das Leben ein Märchen ist, das es gerade liest." (Arne Hannevik, „Brev fra Sigbjørn Obstfelder", S. 201, Übers. U. G.) Erstaunlich ist allerdings, daß er seinem Bruder, zu dem er doch – wie der Briefwechsel zu belegen scheint – ein sehr vertrautes Verhältnis hatte, erst drei Monate nach der Eheschließung von diesem Ereignis berichtete. In seinem Brief vom 20. 3. 1899 (vgl. S. 299 f.) zählte er ihm die

Stationen der ersten gemeinsamen Reise auf, die sie nach Paris, an die Riviera und über Turin zurück nach Paris geführt hatte. In Nizza trafen sie u. a. Johan Bojer, der auch *diese* zufällige Begegnung in seinem bereits erwähnten autobiographischen Buch „Lehrjunge" festgehalten hat: „Die junge Frau ist Dänin und selten schön, etwas über die Zwanzig, mit dunklem Haar, regelmäßigen Zügen und großen, dunklen Augen. Sie ist einem strengen Elternhaus entronnen und tummelt sich jetzt als emanzipierte Frau, sie will nur über Erotik reden, gerne über Bücher und über Menschen, aber es muß voller Erotik sein. Sie erzählt freimütig, daß sie immer von Umarmungen und flammenden Liebesstunden geträumt habe – und er, er sieht weg und senkt den Kopf mit einer Miene, die sagt: ‚Kannst du nicht endlich aufhören'."

Und ein wenig später heißt es über Obstfelder, der kaum eine Gelegenheit zu einem ungestörten Gespräch mit dem Freund hat: „Es gibt keinen Zweifel, er hat alles satt, was Frau heißt, und er spricht mit wehmütiger Wärme von Tolstois ‚Kreutzersonate'."

Dieser kritische Blick, von dem wir wohl annehmen dürfen, daß er objektiv war, verschonte auch Obstfelder nicht, der auf die Frage seines Schwiegervaters, ob er denn eine Frau ernähren könne, bedenkenlos mit Ja geantwortet hatte. „Aber er hatte nicht darüber nachgedacht, daß man dazu Geld brauchte", kommentiert Bojer mit liebenswürdiger Ironie. (S. 144, 145, Übers. U. G.)

In den beiden folgenden Ehejahren stauten sich viele Probleme an. Freunde und Zeitgenossen haben beschrieben, und seine eigenen Briefe belegen es, daß Obstfelder nicht arbeiten konnte, wenn er mit seiner Frau zusammenlebte, aber noch weniger, wenn er von ihr getrennt war. Über Ingeborg sagt Bojer, daß sie wegen seiner Lyrik und seines Geigenspiels an ihm festgehalten habe. Dennoch werden ihr verschiedene Amouren nachgesagt, so daß Obstfelder die Qualen der Eifersucht, die er so oft geschildert hatte, nun selbst durchleben mußte. Im September 1897 schrieb er ihr aus München: „Du sagst, Du magst mich. Magst mich! Das stellt sich heute abend für mich als leere Worte dar. An den Tagen, an denen Du mit mir zusammen warst, bist Du auch mit anderen herumspaziert und hast Dich gehenlassen. Als ich abgereist war, hast Du weitergemacht. Und ich bin, seit wir uns kennengelernt haben, nur Dir ganz und gar ergeben gewesen [...]." Besonders betrübt muß es ihn haben, daß die Beziehung zu Laurits Christian Nielsen offenbar noch andauerte, als er schon fest davon überzeugt war, Ingeborg ganz für sich gewonnen zu haben. Jedenfalls finden sich in der Handschriftenabteilung der Osloer Universitätsbibliothek Liebesbriefe und Gedichte, die Nielsen in der Zeit vom 4. 9. 1897 bis 4. 1. 1898 an Ingeborg gerichtet hat. Vermutlich ging es um diesen Rivalen, als Obstfelder Ingeborg im Oktober 1897 schrieb: „Ich finde, es ist jetzt hohe Zeit, daß Du ihm sagst, Du hast Dich in Dir selbst geirrt und weißt nun, daß Du niemals, niemals einen anderen geliebt hast als mich [...]". Aber wenn auch die Ehe von vielen als unglücklich charakterisiert worden ist, so ist der Dichter auch gewiß an dieser schmerzlichen Erfahrung gereift. Etliche der in unserem Band enthaltenen Briefe an Ingeborg, die in ihrer Gesamtheit noch bis vor ein paar Jahren durch eine Erbschaftsklausel für die Öffentlichkeit unzugänglich waren und 1998 erstmalig in einer kleinen Auswahl im Kvekerforlaget vorgestellt wurden (Martin Nag, „Sjalusi! Brev til Ingeborg"), zeugen von einer starken Zuneigung, die nicht nur sensibles Einfühlungsvermögen in die weibliche Psyche verrät, sondern sich zuweilen auch – selbst wenn sie noch so flüchtig skizziert sind – in faszinierenden poetischen Bildern artikuliert. Aber immer – auch in den Augenblicken des Glücks – ist da die unterschwellige Angst, nicht zärtlich, nicht tief genug geliebt zu werden. Denn seine Frau muß eine „Königin" sein, für die er „der einzig Denkbare" ist und „in deren Schoß" er „die edelste Arbeit der Tage und Nächte" schütten kann (vgl. S. 254). Wenn es einerseits auch offensichtlich ist, daß die Gegensätze zwischen diesen beiden Menschen allzu groß waren, um eine harmonische Partnerschaft zu ermöglichen, so ist es andererseits zweifelhaft, ob Obstfelder mit seinem hohen Maß an

Sensibilität und moralischem Anspruch gegenüber der Frau überhaupt für diese Form des Zusammenlebens geeignet war.

Zu Obstfelders späten Arbeiten, die nach der Eheschließung entstanden sind, gehören die brillant geschriebene Skizze „Monte Carlo", die auf seiner Hochzeitsreise entstand, sowie die politisch stark engagierten Essays „Glaube" und „Zeitungsfreude".

Von Nizza reisten viele täglich nach dem weltbekannten Rivierakurort Monte Carlo in Monaco, um sich dort ihrer Spielleidenschaft hinzugeben. Es fällt nicht schwer, sich vorzustellen, wie Obstfelder als stiller Beobachter dem „Harfenklang der Goldstücke" auf den „grünen Altären" der Casinos gelauscht hat. Ungewöhnlich der Abschluß dieser Skizze, die der Autor – ähnlich wie ein Gedicht – mit einer Reihung rhythmisch-suggestiver Wörter ausklingen läßt.

Der Essay „Glaube", ein eindringlicher Friedensappell, macht am Beispiel kriegerischer Auseinandersetzungen in verschiedenen Teilen der Welt Anachronismus und Sinnlosigkeit eines solchen zerstörerischen Tuns deutlich. Die Staaten, „sinnreich zusammengesetzte Maschinen", die aus eigener Kraft fungieren, verschlingen, Ungeheuern gleich, „Seelen und Körper zu Millionen" und sind von keiner menschlichen Hand mehr zu stoppen. Doch angesichts dieser anarchistisch gefärbten Empörung mutet der Schluß, der Aufruf an den einzelnen, „im Namen des Menschengeschlechts Scham zu fühlen", seltsam blaß und illusorisch an.

Die „Zeitungsfreude", eine Art Hymne auf die „kleinen schwarzen Lettern", die ihm das Weltgeschehen nahebringen, zeugt von Obstfelders zunehmendem sozialen und politischen Interesse. Begeistert von den modernen Kommunikationsmitteln, hat er die Vision von einer geeinten Menschheit – „was einst ein phantastischer Traum war, ein Traum von Schwärmern". Und er stellt die Frage, die so gar nicht zu dem ihm immer noch anhaftenden Ruf eines weltfernen Dichters paßt: „Welches Buch, welches Theaterstück kann solche über den Rücken rieselnde Schauer hervorrufen wie die Dramen, die draußen in der wirklichen Welt gespielt werden [...]!"

Die letzten Lebensjahre gestalteten sich für Obstfelder äußerst unruhig. Kopenhagen, Kristiansand, Valle im norwegischen Setesdal, Kristiania, Berlin und Randers in Ostjütland waren vorübergehend Aufenthaltsorte.

Im Frühjahr 1900 hatte er sich mit seiner Frau in Vellinggaard in der Nähe von Randers niedergelassen. Am 23. Mai teilte er dem Bruder mit, daß er seit längerem krank sei und sich sehr nach ihm sehne. Herman Obstfelder hatte ohnehin die Absicht gehabt, von Amerika nach Europa zu reisen. In diesen Tagen entstand auf dem Krankenlager die „Letzte Skizze" des Dichters, in der er die Landschaft seiner Kindheit heraufbeschwört.

Als Herman Obstfelder bei dem Bruder eintraf, war die Krankheit – eine tuberkulöse Kehlkopf- und Lungenentzündung – schon so weit fortgeschritten, daß eine schnelle Überweisung ins Krankenhaus von Randers nötig war. Zwei Wochen später wurde Obstfelder in das Kopenhagener Kommunehospital gebracht, wo er am 29. Juli 1900 starb. Am 1. August, dem Tag der Beerdigung auf dem Fredriksberg Kirkegård in Kopenhagen, wurde seine Tochter Lili geboren, die dem Vater in einem solchen Grad ähnlich werden sollte, daß Freunde sie später „Obstfelders schönstes Gedicht" genannt haben. Nekrologe wurden geschrieben, Erinnerungsgedichte verfaßt, Büsten und Gedenksteine geschaffen (auf dem Friedhof in Kopenhagen und vor der „Katedralskole" in Stavanger, der ehemaligen Kongsgaard Schule, stehen zwei identische Gedenksteine mit der von Gustav Vigeland geschaffenen Büste des Dichters, ein weiteres Denkmal aus der Werkstatt Vigelands befindet sich in der Bibliothek von Stavanger) –, aber all das bedeutet nur wenig gegenüber der Frage, wie dieses Werk weitergewirkt hat.

Wenn von Geistesverwandtschaft, ja von einem Gleichklang der Seelen die Rede sein soll, dann gilt es vor allem eine Spur aufzunehmen, die auf einen Artikel in der Wiener Zeitung „Die Zeit" vom 13. November 1904 zurückgeht. Es handelt sich dabei um einen Essay über nachgelassene Arbeiten Obstfelders - der diese Werke enthaltende Band „Pilgerfahrten" erschien allerdings erst ein Jahr später im Axel Juncker Verlag, Stuttgart -, und der Rezensent war kein geringerer als der österreichische Dichter Rainer Maria Rilke. Er hatte diesen Aufsatz im Herbst 1904 in Schweden geschrieben (wohin er durch Ellen Keys Vermittlung eingeladen worden war) und kannte die von dem dänischen Dichter Viggo Stuckenberg besorgte Ausgabe der „Nachgelassenen Arbeiten" („Efterladte Arbeider", Kopenhagen 1903), ebenso wie er auch mit der Absicht Axel Junckers vertraut gewesen sein muß – basierend auf dieser Ausgabe –, zwei Bände mit nachgelassenen Werken Obstfelders zu publizieren. Der Artikel, der lange als verschollen galt und am 25. Mai 1961 (Nr. 110, S. 20) im Feuilleton der Frankfurter Allgemeinen Zeitung wieder auftauchte, war also wohl als eine Art Vorankündigung des Buches gedacht.

Rilke, der neben Schweden auch Dänemark bereist und Dänisch gelernt hatte, weil er Jens Peter Jacobsen, Hermann Bang und Søren Kierkegaard im Original lesen wollte, verfügte über die besten Voraussetzungen, um Obstfelders Dichtkunst, die ebenso wie seine an J. P. Jacobsen geschult ist, verstehen und schätzen zu können. Am stärksten faszinierten ihn an dieser Sammlung die Prosagedichte, in denen Obstfelders Kunst „ihre süßeste Reife erreicht hat" und die, dem frühen Tod des Dichters zum Trotz, den Eindruck erwecken, daß hier in jedes Wort ein langes Leben eingegangen ist – „das Leben eines Einsamen". Er sah ihn als den „Bruder derer, die leise leben". – Und „das Leise war das Lauteste für ihn. Darin lag seine Notwendigkeit zur Kunst".

Neben der sprachlichen Meisterschaft, die bis dorthin reicht, „wo die Musik anfängt, und gibt, was die Malerei nicht geben kann", beschäftigte ihn die Sicht des Dichters auf den Tod, ein Thema, das für ihn selbst von zentraler Bedeutung war.

Ausgehend von der fragmentarischen Skizze „Herbst" (1896), in welcher der Tod am Beispiel der Natur als ein Vergehen in den „wärmsten, schönsten Farben" geschildert wird, unterstellte Rilke, daß der Tod auch für Obstfelder ein milder Freund war, dem er sich hingeben konnte – eine These, die, wenn man das Gesamtwerk in Betracht zieht, nicht ganz standhält. Diese Skizze wurde von Rilke auch in einem anderen Zusammenhang erwähnt. In seinem Brief „An ein junges Mädchen" vom 20. November 1904 (eine Woche nach Erscheinen der Rezension) ging Rilke auf eine Eigenschaft ein, die ihm bei Obstfelder – ebenso wie bei sich selbst – besonders ausgeprägt zu sein schien: „Es ist so natürlich für mich, *Mädchen und Frauen zu verstehen;* das tiefste Erleben des Schaffenden ist weiblich –: denn es ist empfangendes und gebärendes Erleben. Der Dichter Obstfelder hat einmal, da er von dem Gesichte eines fremden Mannes sprach, geschrieben: ‚es war', (wenn er zu reden begann) ‚als hätte eine Frau innen in ihm Platz genommen –'; scheint mir, als paßte das auf jeden Dichter, der zu reden beginnt. – " (R. M. Rilke, Briefe 1. Bd., Wiesbaden 1957, S. 167)

In das Jahr 1904, in dem Rilke den Obstfelder-Essay schrieb, fiel auch der Beginn seiner Arbeit an den fiktiven Aufzeichnungen des achtundzwanzigjährigen dänischen Dichters adliger Herkunft, Malte Laurids Brigge („Die Aufzeichnungen des Malte Laurids Brigge", 1910). So ist es nicht verwunderlich, daß die Beschäftigung mit Obstfelders Nachlaß inspirierend auf Rilke gewirkt hat. Das reicht bis in die Komposition als scheinbar unvollendetes Tagebuch eines jungen Dichters, der, aus allen sozialen Bindungen herausgetreten, seine Bestimmung nicht erfüllen kann.

Unverkennbar ist, daß Rilke für seine zentrale Figur einzelne Züge von Obstfelder entliehen hat, so wie er sich auch selbst bis zu einem gewissen Grade mit seinen als negativ empfundenen Eigenschaften in ihr spiegelt, um sich schreibend davon zu befreien. Wer Obstfelders Œuvre kennt, wird bei der Lektüre des „Malte" immer wieder auf Episoden und Stimmungsbilder treffen – zuweilen ist es auch nur ein Name, ein Detail –, die an den norwegischen Dichter erinnern – ja vielleicht sogar ganz gezielt auf ihn hinweisen und letztlich deutlich machen, wie verwandt das Lebens- und Zeitgefühl dieser beiden Poeten ist. Wenn Rilke Obstfelder auch nie persönlich kennengelernt hat, so war ihm doch durch gemeinsame Bekannte, wie Ellen Key (Rilke rezensierte 1902 ihr „Jahrhundert des Kindes" im Bremer Tageblatt) und Johan Bojer, auch der Mensch Obstfelder gut vertraut.

Der dänisch-norwegische Erzähler Aksel Sandemose spricht in dem Essay „Zwei Episteln" („To epistler", Oslo 1961) von seiner „Obstfelder-Besessenheit" in den Jahren 1919/20 und charakterisiert Obstfelders damals kaum bekannte Skizze „Ein Waisenhauskind" als ein verblüffendes Stück Prosa: „Dieses öffentliche Kind, das später in seinem Leben nur schlafen und essen will, wird in seiner trägen Unbeweglichkeit völlig von außen gesehen, und die Wirkung ist durch Obstfelders traurige Ironie überragend." Sandemose ist beeindruckt von Obstfelders „kurzen, scharfen und klaren Texten, die heute völlig modern wirken, klar wie der Bach, verständlich für ein Kind." (S. 12, 27, Übers. U. G.)

Obstfelders Einfluß auf die finnlandschwedischen Modernisten, vor allem Elmar Diktonius und Rabbe Enckell, ist von skandinavischen Literaturwissenschaftlern mehrfach betont worden.

Die Lyriker Kjell Heggelund (Jahrgang 1932) und Jan Erik Vold (Jahrgang 1939) gehen in ihrer repräsentativen Auswahl „Moderne norwegische Lyrik" („Moderne norsk lyrik", Oslo 1985) von Obstfelders Dichtung aus und verfolgen die Traditionen des lyrischen Modernismus bis in die Gegenwart. 1987 legte J. E. Vold einen Gedichtband unter dem Titel „Die Trauer. Das Lied. Der Weg." („Sorgen. Sangen. Veien.") vor, der von dem Kritiker Jan Inge Sørbø als eine „Antwort auf Obstfelder" empfunden wurde. („Stavanger Aftenblad", 2. September 1987)

Der 1990 verstorbene Erzähler und Dramatiker Odd Kvaal Pedersen, der wie Obstfelder in Stavanger beheimatet war, hat ein Schauspiel über die letzten Lebensjahre des Dichters hinterlassen.

Vom 20. bis 24. September 1993 wurde in Stavanger mit einer Reihe von Veranstaltungen der 100. Jahrestag der Herausgabe von Obstfelders Lyrikband „Digte" gefeiert, der in die Literaturgeschichte als erste modernistische Gedichtsammlung im Norden eingegangen ist.

Vorträge von international bekannten Literaturwissenschaftlern und Autoren, wie z.B. von dem norwegischen Lyriker und Prosaisten Georg Johannesen, dem schwedischen Literaturwissenschaftler, Lyriker und Übersetzer Reidar Ekner und dem schwedischen Schriftsteller Ernst Brunner beschäftigten sich mit der Frage: Wie wichtig und modern sind Obstfelders Werke heute? Regis Boyer, Professor an der Sorbonne in Paris, der Obstfelders Gedichte und zwei Erzählungen ins Französische übersetzte, äußerte seine Überzeugung, daß Obstfelders Ruf als bedeutender Dichter auch künftig Bestand haben werde.

Die in Oslo gebürtige bildende Künstlerin Cecilie Dahl präsentierte mit einer Installation von Spiegeln eine sehr persönliche Deutung von Obstfelders Leben und Dichtung.

Auf einer Festveranstaltung im Konzerthaus von Stavanger wurden Obstfelder-Gedichte, die Nils Henrik Asheim vertont hatte, von der Sängerin Anne Lise Berntsen interpretiert. Den Abschluß dieses Abends bildete die Verleihung des Obstfelder-Preises an den Lyriker, Erzähler und Übersetzer Tor Ulven, der als „ein Dichter im Geiste Obstfelders" geehrt wurde.

Zwei Jahre später, 1995, erschien im Gyldendal Norsk Forlag „Brokker og stubber" („Bruchstücke und Stümpfe"), eine von den Obstfelder-Spezialisten Arne Hannevik und Martin Nag herausgegebene Sammlung von 38 Gedichten und lyrischen Fragmenten, die der Dichter zwischen 1888 und 1894 geschrieben hatte. Diese Texte, für die er selbst den Titel gewählt hatte, sollten vermutlich den Grundstamm für einen zweiten Gedichtband bilden. Nicht unerwähnt bleiben darf auch die bereits 1993 im Gyldendal Norsk Forlag erschienene Obstfelder-Ausgabe „Dikt i samling – prosa i utvalg" („Gesammelte Gedichte – Ausgewählte Prosa"), versehen mit einem Nachwort von Arne Hannevik.

Am 29. Juli dieses Jahres jährte sich zum 100. Mal der Todestag des Dichters, ein Ereignis, das für den Gyldendal Norsk Forlag Anlaß war, eine neue umfassendere Obstfelder-Ausgabe vorzulegen: „Samlede Skrifter I – III" („Gesammelte Werke I – III, herausgegeben von Arne Hannevik, mit einem Vowort von Tore Renberg und einer bibliographischen Einführung von Arne Hannevik versehen.). Neben der vollständigen Lyrik und Prosa enthält sie – zum Teil auch bislang unveröffentlichte – Briefe, Artikel, Literaturrezensionen und Arbeiten aus Obstfelders jungen Jahren. Eine Rezeptiongeschichte des Obstfelderschen Œuvres rundet dieses hervorragend editierte Werk ab.

Vom 28. bis 30. Juli wurden in Stavanger die „Obstfelder-Tage" durchgeführt – mit einem literaturwissenschaftlichen Seminar, Lesungen junger Autoren, die „in Obstfelders Geist und Rhythmus" schreiben und mit musikalisch-literarischen Veranstaltungen, die sich vor allem an jugendliches Publikum richteten.

Der Journalist und Autor Einar O. Risa stellte aus diesem Anlaß seinen zum Todestag erschienenen Roman „L.C. Nielsens papirer" („L.C. Nielsen Papiere", Tiden Norsk Forlag AS) vor, der sowohl ein Porträt von Obstfelder als auch von dessen Rivalen, dem wenig bekannten Autor und Journalisten L.C. Nielsen, zeichnet.

Zu den Höhepunkten dieser Tage görte auch die Eröffnung des Obstfelder Platzes in Stavanger an jener Stelle, wo sich früher das Elternhaus des Dichters befunden hatte und wo nun ein neues kulturelles Zentrum entstehen soll.

Ein Obstfelder-Seminar gab es ebenfalls auf dem „Schæffergården" in Kopenhagen, veranstaltet von der Stiftung für dänisch-norwegische Zusammenarbeit (gemeinsam mit der

Hochschule in Stavanger). Auch hier befaßten sich norwegische und dänische Literaturwissenschaftler unter verschiedenen Aspekten mit der Aktualität von Obstfelders Dichtung.

Sigbjørn Obstfelder ist also lebendig geblieben für seine Landsleute, ein „moderner Mensch – geboren gestern und geboren vor tausend Jahren" (J. E. Vold), und er hat weit über Norwegen hinaus Spuren gesetzt.

Rostock, April 1990 / Oktober 2000　　　　Ursula Gunsilius

Anmerkungen

149 **K. K.** – Kathinka Korsvik, Jugendfreundin v. S.O., später verheiratet mit Haakon Nyhuus, s. Anm. zu S. 295. Die Skizze entstand 1890.

167 **Erinnerungen an Strand Sogn** – entstanden zwischen 1882 und 1886.

Jørpeland – Ballungsgebiet an der Mündung des Jørpelandsåna, gehört mit der Gemeinde Strand (Strand Sogn) zum südnorwegischen Verwaltungsbezirk Rogaland mit der Hauptstadt Stavanger. S. O. kam mit dreizehn Jahren nach J., wo der Vater von 1879 bis 1881 eine mit einer Bäckerei kombinierte Gemischtwarenhandlung betrieb. 1880 starb hier O. Mutter (im Alter von 44 Jahren). S. O. besuchte während dieser Zeit die Kongsgård-Schule in Stavanger, fuhr aber oft nach Hause.

168 **Ort** – Münze; im 19. Jhd. 24 Skilling oder 1/5 Spesidaler (Speziestaler); im Jahre 1873 80 Øre.

Skilling – Münze, 1/120 von 1 Spesidaler (etwa 1 Pfenig).

Daler – Taler, vor 1875 als Banknote und Münze (4 Kronen).

Penning – Pfennig, kleinste Münze.

169 **Brage, Bragi** – Gott der Dichtkunst in der altnordischen Mythologie. Name der von der Gymnasiastengesellschaft „Idun" (benannt nach der Göttin, die die Äpfel der ewigen Jugend hütete; Gattin des Brage) herausgegebenen Zeitung, deren Leiter S. O. war und für die er viele Beiträge schrieb.

170 **Huldre** – Weiblicher Waldgeist (eine Art Fee, die zur Welt der Unterirdischen gehört).

Hardangermädchen – Hardanger ist ein Landschaftsgebiet im Hordaland (Verwaltungsbezirk in Westnorwegen, südlich von Bergen).

172 **ein Stück vom alten Arndt** – Johann Arndt (1555-1621), protestantischer Theologe in Deutschland (Celle), wurde durch seine „Vier Bücher vom wahren Christentum" (1605-1610), die in seiner Zeit zu den meistverbreiteten Werken in Europa gehörten, zu einem Wegbereiter des Pietismus.

178	***Hjelmeland*** – Landgemeinde im Bezirk Rogaland, ältere Bezeichnung Hjelmelandsvågen. Hjelmeland gehört zum Verwaltungsbezirk Rogaland.
179	*Stimmungsbilder von **Hjelmeland*** – Die hier abgedruckten Texte entstanden im Sommer 1884, in dem sich O.'s Vater mit seinen Kindern bei einem Landwirt auf Hj. einmietete. Er selbst war auf Hj. geboren und hier bis zu seinem 14. Lebensjahr aufgewachsen. S. O. besuchte Hj. zum letzten Mal als Vierundzwanzigjähriger, kurz bevor er nach Amerika aufbrach.
180	***Ellen*** – Ellen Ådnesen (1867-1953), Tochter des Lehrers und Küsters von Hjelmeland, Jacob Ådnesen (1830-1919). ***Anna*** – Anna Adnesen (1870-1954), Ellens Schwester.
183	***Anathon*** – Anathon Aall, Schulkamerad und Freund v. S. O., später Professor für Philosophie.
184	***Stavangerbild*** – Diese Skizze entstand im Frühjahr und Sommer 1886 und erschien am 28. 8. 1886 in der Zeitung der Jugendgruppe.
186	***„Sein alter Vater"*** – Vermutlich Zeile aus einem alten norwegischen Scherzlied. ***„Tragt Bellesen zu Grabe"*** – Zeile aus einem alten Scherzlied: „Wer will Bellesen zu Grabe tragen, er ist tot, hat eine Gräte im Magen . . . " (Übers. U. G.).
191	***17. Mai*** – Norwegischer Nationalfeiertag. Eine verfassungsgebende Versammlung in Eidsvoll bei Oslo erklärte Norwegen am 17. Mai 1814 zum unabhängigen, freien und unteilbaren Reich, in dem die Regierungsgewalt zwischen König und der Nationalversammlung, dem Storting, geteilt ist. Das norwegische Grundgesetz war zu diesem Zeitpunkt Europas modernste und demokratischste Verfassung.
195	***Nordråk*** – Rikard Nordråk (1842-1866), norwegischer Komponist, er vertonte Bjørnstjerne Bjørnsons Gedicht „Ja, vi elsker dette landet" („Ja, wir lieben dieses Land"), das zur Nationalhymne wurde, und schrieb verschiedene Romanzen und Klavierstücke. ***Johannes Brun*** – Johann Nordahl B., norwegischer Dramatiker, Lyriker und Psalmendichter (1745-1816). Seine volkstümlichen Lieder, darunter Norwegens erstes Nationallied „Norges Skaal" (1772, „Norwegens Wohl") sind heute noch lebendig.

199 *Monte Carlo* – Diese Skizze erschien am 28. 4. 1899 in „Verdens Gang", s. Anm. zu S. 232

203 *Etwas über Sozialismus* – Diesen Vortrag hielt O. am 19. 2. 1886 im Jugendverein von Sola (Jaeren). Der von ihm verwendete Sozialismusbegriff steht für soziale Bestrebungen im Sinne der Sozialdemokratie.

209 *Kinder und Kunst* – Der Essay entstand 1890 in Hjelmeland und wurde zum erstenmal in der Ausgabe „Efterladte Arbeider i udvalg av Viggo Stuckenberg", Kopenhagen 1903 gedruckt.

211 *Glaube* – Dieser Essay, der die Kriegspolitik verschiedener Staaten kritisiert, ist undatiert, aber Anspielungen auf aktuelle politische Ereignisse verweisen auf die ersten Monate des Jahres 1900 als Zeitpunkt der Niederschrift. „Vierzigtausend Mann umringten . . ." - Bezieht sich auf die Kapitulation des Burengenerals Pieter Arnoldus Cronje (1838-1941) im Februar 1900 vor der britischen Übermacht am Pardeberg.

212 *Felix Faure* – Präsident der Französischen Republik (1841-1899), unter ihm erfolgte der Ausbau des französisch-russischen Bündnisses.
Sarah Bernhardt – Bedeutende französische Schauspielerin (1844 - 1923), während des deutsch-französischen Krieges als Pflegerin tätig. Erwarb durch Gastspiele in Europa und Amerika Weltruhm.

213 *Simplicissimus* - (lat.) „Einfältigster", illustrierte satirische Wochenzeitschrift (1884-1953), gegründet 1896 von Albert Langen und Thomas Theodor Heine in München. Vor dem ersten Weltkrieg linksliberal.

216 *Edvard Munch* – Norwegischer Maler und Graphiker (1863-1944), gehörte neben Cézanne und van Gogh zu den Wegbereitern des Expressionismus. Der Essay über E. Munch erschien nach der Pariser Ausstellung 1896 in „Samtiden", s. Anm. zu S. 255.

218 *Hans Jæger* – Norwegischer Erzähler und Dramatiker (1854-1910; s. Nachwort). Munchs Gemälde „Der Schriftsteller Hans Jæger" entstand 1889.

223 *Nach der Rembrandtausstellung* – Erschien am 28. 11. 1898 in „Politiken" nach dem Besuch der Ausstellung in Am-

sterdam - und mit kleinen Änderungen im Februar 1899 in „Samtiden".
Stuiver – Stüver; seit dem 15. Jh. geprägte flämisch-niederländische Münze. Der holländische Gulden entsprach 20, der Schilling 6 Stuiver.

224 **Jacobsens Verse** – Jens Peter Jacobsen (1847-1885); bedeutendster Repräsentant dänischer impressionistischer Erzählkunst; seine gefühlvollen Gedichte „Digte og utkast" („Gedichte und Entwürfe") wurden erst nach seinem Tod publiziert.

225 **Draug** – Seegespenst; eine Art Klabautermann, der sich in einem halben Ruderboot zeigt.
Jan Steen – Holländischer Maler (um 1626 - 1679), O. bezieht sich auf St.s humorvolle Genrebilder aus dem Alltagsleben der Bauern und Bürger und auf seine Wirtshausszenen.
Nicolas Maes - Holländischer Maler (1632-1693), beeinflußt durch Rembrandt (1606 - 1669) und van Dyck (1599-1641).

228 **Ribera** – Jusepe de Ribera (um 1591 - 1652), spanischer Maler und Radierer, seit etwa 1615 in Neapel; entwickelte als Graphiker eine Technik für besondere malerische und plastische Effekte.

229 **Die Ich-Form in der Literatur** – Wurde 1900 unvollendet wenige Wochen nach O.s Tod in „Illustrered Tidende" („Illustrierte Zeitung", s. Anm. zu S. 246) publiziert. Der Essay ist eine Antwort auf eine Rezension von E. Brandes zu einem Buch des Norwegers Knut Hamsun (1859 - 1952), erschienen in „Politiken" vom 27. 6. 1897, und gleichzeitig O.s eigene Rechtfertigung für seine Art zu schreiben.
Edvard Brandes – Dänischer Dramatiker und Politiker (1847 - 1931), begründete 1884 gemeinsam mit Viggo Hørup die Zeitung „Politiken", die er von 1901 - 1904 als Chefredakteur leitete. Als Theaterkritiker leistete B. wesentliches für die Entwicklung der dänischen Gegenwartsdramatik.
Hamsuns letztes Buch – „Siesta. Skitser" („Siesta. Skizzen"); die Novellensammlung erschien in Norwegen 1897.

232 **Die Zeitungsfreude** – Der Artikel erschien am 3. 2. 1900 in „Verdens Gang".

Café Bauer – Renommiertes Café in Berlin „Unter den Linden", das, ähnlich wie die nicht weit entfernt davon gelegene Weinstube „Zum schwarzen Ferkel", ein bekannter Künstlertreff war. Hier verkehrten u. a. August Strindberg, Edvard Munch, Gustav Vigeland, Jens Thiis, Stanisław und Dagny Przybyszewski, aber auch Richard Dehmel und weitere Persönlichkeiten aus dem kulturellen Leben Berlins.

„*Verdens Gang*" – Liberale Wochenzeitschrift, die von dem norwegischen Lehrer Peder Olsen gegründet und bis zu seinem Tod (1876) von ihm redigiert wurde. Ab 1885 erschien V. G. als Tageszeitung, 1922 ging das Verlagsrecht an „Tidens Tegn" („Zeichen der Zeit") über.

„*Morgenbladet*" – Norwegens älteste Tageszeitung in Oslo (unabhängig, konservativ). Sie wurde 1819 von Niels Wulfsberg gegründet. Redakteure von 1831-1913 waren: Bredo Stabell (zu seiner Zeit war der Dichter Henrik Wergeland Mitarbeiter der Zeitung), Prof. T. H. Aschehoug, Chr. Friek, Nils Vogt.

234 *Dreyfus* - Die Protestbewegung gegen die Verurteilung des französischen Generalstabsoffiziers Alfred Dreyfus (1859-1935) wegen angeblicher Spionage für Deutschland 1894, die von vielen Intellektuellen und Künstlern mitgetragen wurde, hatte auch O.s Unterstützung. So beabsichtigte er, in seiner Heimat eine Vortragstournee in dieser Sache durchzuführen.

238 *Kamelots* – Straßenhändler , Zeitungsverkäufer.

240 *Norwegische Natur* – Der Essay erschien am 10. 11. 1923 in „Tidens Tegn".

Lista (Lister) – Ortsname in Vest-Agder.

Jæren (Jaederen) – Küstengebiet in Rogaland.

Hallingskarv – Bergrücken und Gletscher in Buskerud (Verwaltungsbezirk in Süd-Norwegen).

241 *Seljordsmädchen* – Seljord ist ein Ort in Telemark (Süd-Ost-Norwegen).

245 *Ingeborg Weeke* – Tochter eines dänischen Korngroßhändlers (1876 - 1920); O. wurde mit ihr im Haus des dänischen Journalisten und Schriftstellers L. C. Nielsen bekannt (s. Anmerkung zu S. 246), in dem viele Künstler

verkehrten. Sie besuchte einige Jahre das Konservatorium in Kopenhagen. 1898 Eheschließung mit S. O.

245 *[August 1897]* – Dieser Brief ist vermutlich früheren Datums, da schon im Juli-Brief die Höflichkeitsform in der Anrede nicht mehr benutzt wurde; der August-Brief wurde deshalb dem Juli-Brief vorangestellt.

249 *Aussig* – Heute Ústi nad Labem, Stadt in Nordböhmen (heute Tschechische Republik).
Stefan Sinding – Norwegischer Bildhauer (1846-1922); Ausbildung in Oslo, Kopenhagen, Berlin und Paris. Die größte Sammlung seiner Arbeiten befindet sich in der Kopenhagener Glyptothek.
Thomas Krag – Thomas Peter Krag (1866-1913), norwegischer Erzähler, dessen Dichtung der Neuromantik verpflichtet ist, Bruder des mit O. ebenfalls befreundeten Dichters Vilhelm Krag (1871-1933).
Helge Rode – Dänischer Lyriker, Dramatiker und Kritiker (1870-1937); verbrachte seine Jugend in Norwegen. R.s erste Gedichtsammlungen „Hvide blomster", 1892, („Weiße Blumen") und „Digte", 1896, („Gedichte") standen im Zeichen der Neuromantik der neunziger Jahre und zeugen von einer engen Geistesverwandtschaft mit S. O.

250 **Karl Gjellerup** – Dänischer Schriftsteller (1857-1919), lebte ab 1882 in Dresden; erhielt 1917, gemeinsam mit seinem Landsmann Henrik Pontoppidan (1857-1943), den Nobelpreis für Literatur.

252 **München – Freitag, d. 27. August** – Anfang und Schluß dieses Briefes fehlen (Brevsamling Nr. 507, Universitätsbibliothek Oslo). Er wurde vermutlich in Eisenstein begonnen und in München abgeschlossen. Der vorliegende Text ist ein Auszug aus dem mehrseitigen Brief.

256 *V. G.* - „Verdens Gang", s. Anm. zu S. 232.

257 *Ole Bull* – norwegischer Geigenvirtuose (1810-1880), der 1849 aus eigenen Mitteln das „Norwegische Theater" in Bergen gründete. Henrik Ibsen (1828-1906) war von 1851-1857 Direktor dieses Hauses, seine Nachfolge trat Bjørnstjerne Bjørnson (1832-1910) an.
Nilsens - Laurits Christian Nielsen (1871-1930), dänischer Schriftsteller und Journalist, befreundet mit S. O., verlobt mit Ingeborg Weeke, ehe diese S. O. kennenlernte. Briefe von N. (Juli 1897 - Januar 1898) belegen, daß er in dieser

Zeit ständig darauf hoffte, I. zurückzugewinnen. 1889-1890 war L. C. N. Redakteur von „Illustrered Tidende" („Illustrierte Zeitung") in Kopenhagen.

260 *[April 1898]* - Der Anfang dieses Briefes ist nicht mehr vorhanden.

261 **Telemark** - Verwaltungsbezirk (Fylke) im südöstlichen Norwegen.

264 ***Korrespondenz über die vierte Klasse*** - Reiseskizze aus Deutschland, die von O.s zunehmendem sozialen Engagement zeugt; publiziert in „Verdens Gang" 11. - 16. November 1899.

Joachims Quartett - Joseph Joachim, Geigenvirtuose und Komponist (1831-1907), seit 1868 Direktor der Berliner Hochschule für Musik. J. J. machte sich als Leiter des von ihm gegründeten J. Quartetts besonders um die Erschließung der späten Streichquartette Ludwig van Beethovens verdient.

265 ***Einar Fordhammer*** - Ejnar Fordhammer (1868-1928), dänischer Tenor, der auch auf deutschen Opernbühnen, vor allem in Dresden, Frankfurt a. M. und Wiesbaden auftrat; besonders geschätzt als Wagnerinterpet.

Tyra Bentsen - Norwegische Übersetzerin (geb. 1871), die in Berlin lebte; übertrug im Juni/Juli 1897 O.s Novelle „Das Kreuz". Am 15. Oktober 1897 erschien „Herbst, ein Fragment", übersetzt von T. B., in der „Wiener Rundschau". Der Titel „Novellen", den im Frühjahr 1900 der Behrs Verlag, Berlin edierte, wurde komplett von T. B. übertragen. Im Herbst 1896 schrieb O. an seinen dänischen Verleger P. Nansen: „Vor ein paar Tagen erhielt ich einen Brief von einer norwegischen Dame in Berlin, in dem sie erzählt, daß sie die eine meiner beiden Novellen übersetzt und in der „Freien Bühne" untergebracht hat. [...] Sie bittet mich, die neue Erzählung übertragen zu dürfen, und ich gab ihr mein Einverständnis. [...] Heute schreibt sie mir, daß sie es bei Fischer versuchen will und bemerkt bei dieser Gelegenheit, daß Sie Fischers Liebling sind und daß deshalb eine schriftliche Äußerung von Ihnen die Angelegenheit bedeutend erleichtern würde. [...]". (Zitiert nach: Arne Hannevik, „Brev fra S. O.", („Briefe von S. O."), Oslo 1966, S. 167 f.; Übers. U. G.).

266 ***Samtiden*** - (Die Gegenwart), literarische Zeitschrift, die 1890 von dem norwegischen Literaturhistoriker Gerhard Gran (1856-1925) gegründet wurde. O.s Gedichte wurden in der Julinummer 1892 unter dem Titel „Rytmiske Stemninger" („Rhythmische Stimmungen") abgedruckt. Der Verleger von „Samtiden" bis 1899 war der Verlagsbuchhändler John Grieg (1856 - 1905) in Bergen.
Wilhelm Krag - Norwegischer Lyriker, Erzähler und Dramatiker (1871-1933), leitete mit seinen Gedichten „Digte" (1871, dt. Ausw. 1896) die neuromantische Lyrik Norwegens ein; empfahl O.s Gedichte seinem Verleger John Grieg zur Drucklegung.

267 ***Herman Obstfelder*** - O.s vier Jahre jüngerer Bruder Herman ging 1888 im Alter von siebzehn Jahren nach Amerika und wurde dort später ein wohlhabender Geschäftsmann. Er sammelte die an ihn gerichteten Briefe seines Bruders und übergab sie nach dessen Tod der Handschriftensammlung an der Universitätsbibliothek Oslo. Auf diesem Material basiert die 1949 von der Oberbibliothekarin Solveig Tunold herausgegebene Sammlung „Breve til hans bror" („Briefe an seinen Bruder"), der die in dieser Auswahl enthaltenen Briefe an H. O entnommen wurden.
Støren - Ortsname in Süd-Trøndelag in Norwegen.
Kolbotten – Kolbotn, Ortsname in dem um Oslo gelegenen Verwaltungsbezirk Akershus.
Garborg - Arne Evesen Garborg, norwegischer Erzähler, Lyriker und Dramatiker (1851-1924), dessen zumeist auf Nynorsk (einer auf Dialekten basierenden, künstlich geschaffenen norwegischen Schriftsprache) geschriebenen Werke sowohl das bäuerliche als auch das bürgerliche Milieu seiner Zeit kritisch spiegeln.
den Roman - O. hatte vor, ein Buch zu schreiben, in dem er das Erlebnis einer Psychose, die durch seinen Amerikaaufenthalt ausgelöst worden war, verarbeiten wollte.

268 ***Kritik in „Dagbladet"*** - Die Rezension vom 10. 12. 1893 war von dem Kritiker und Historiker Christofer Brinchmann (1864-1940) verfaßt worden. C. B. war von 1898-1907 Redakteur der norwegischen Zeitschrift „Kringsjaa" („Rundschau").

Bernina – Café Bernina, Künstlertreff im Zentrum von Kopenhagen (Vimmelskaftet 47). Einer der ersten norwegischen Stammgäste war zu Beginn der achtziger Jahre Alexander Kielland. Später verkehrten hier auch Knut Hamsun, Christian Krogh und August Strindberg.

269 ***Jens Thiis*** - Der Kunsthistoriker und spätere Direktor der Osloer Nationalgalerie (1870-1942) gehörte zum Kreis der norwegischen Neuromantiker. Er traf O. 1888 auf der Volkshochschule in Seljord (Telemark) und war seitdem eng mit ihm befreundet; O.s Gedicht „Venner" („Freunde") setzte dieser Freundschaft ein Denkmal. Im Herbst 1892 unternahmen beide gemeinsam eine Reise nach Belgien.

Christian Krohg - Norwegischer Erzähler und Maler (1852 - 1925); der Roman „Albertine" (1886, dt. 1888), in dem er das Schicksal einer Prostituierten gestaltete, gilt als K.s literarisches Hauptwerk; ab 1909 war K. Direktor der Staatlichen Kunstakademie in Oslo.

Gunnar Heiberg - Norwegischer Dramatiker und Essayist (1857-1929), 1884-1888 Theaterkritiker in Bergen. Publizierte in der Zeitschrift „Set og hørt" („Gesehen und gehört", Kristiania 1917) einen Essay über S. O., der von Bewunderung und Sensibilität für das Spezifische in der Dichtung seines Landsmannes zeugt: „Er suchte und suchte, nicht das Glück, sondern Wahrheit, Zusammenhang, den Sinn der Dinge, ‚die Herrlichkeit des Lebens', und während er ging, sang er schöne Gedichte, spielte er herrliche Symphonien zur Freude für die, die er auf dem Wege traf. Er war ein Poet in seinem Leben und in seinen Werken. Ein seltener Dichter. Ein kluger Kopf. Ein edler Mensch [...]". (S. 155/56; Übers. U. G)

Johannes Jørgensen - Dänischer Lyriker und Essayist (1866-1956); mit der Herausgabe der Zeitschrift „Tårnet" („Der Turm", 1893-1895) machte er sich zum einflußreichsten Förderer des französischen Symbolismus in Dänemark, zu dem er sich auch in seinen eigenen Gedichten bekannte. Joh. Jørgensen begann seine Rezension mit den Worten: „Aus Norwegen erklingt korybantischer Jubel aus Anlaß der Geburt eines neuen Dichters." (Übers. U. G.).

Sophus Michaëlis - Dänischer Lyriker, Erzähler und Dramatiker (1865 bis 1932), der in seinen Gedichten vom Symbolismus inspiriert war.
N. B. - (lat.) Notabene: wohlgemerkt, nebenbei.
270 ***Artikel in Aftenposten*** – Am 12. 12. 1893 hieß es hier: „Größerer Nonsens, als dieses Buch enthält, ist in unserem Land nie gedruckt erschienen." (Übers. U. G.).
Stavanger Amtstidende" – Redakteur dieser Zeitung war 1893 Chr. H. Michelet, ein alter Kamerad von S. O. aus der Studentenzeit.
Erzählung geschrieben – Gemeint ist „Liv"; die Erzählung wurde im November 1893 vollendet und erschien 1894 in der Mai-Nummer von „Nyt Tidsskrift".
271 ***Ellen Key*** – Schwedische Frauenrechtlerin und Schriftstellerin (1849-1926); ihr pädagogisches Hauptwerk „Barnets Århundrade" (1900, dt. „Das Jahrhundert des Kindes", 1902) gewann um die Jahrhundertwende in Europa große Bedeutung; in ihrem Salon traf O. neben bekannten nordeuropäischen Autoren auch den deutschen Lyriker und Erzähler Max Dauthendey (1867-1918). O.s Briefe an E. K. wurden von ihr selbst in der literarischen Zeitschrift „Edda", die von Gerhard Gran 1914 gegründet wurde, publiziert (Nr. I, 1914, S. 180-195).
Oscar Bjørck – Schwedischer Maler (1860-1929); bekannt durch seine naturalistischen Bilder aus dem Volksleben und durch Porträts.
Emil Sjøgren – Schwedischer Komponist (1853-1918), gehört zu den bedeutendsten Vertretern der schwedischen Spätromantik.
Lugné Poë – Aurelien-Francois-Marie Lugné Poë (1869-1840), französischer Schauspieler, Regisseur, Theaterleiter. Gründete 1893 das Theater de l'OEuvre, das er bis 1929 leitete. Inszenierte Ibsen (1893 bis 1898 neun Stücke), Strindberg, Maëterlinck, später auch Hauptmann, O'Neill, Schnitzler u. a. Gehört zu den Begründern des modernen bürgerlichen Theaters. Seine Abstammung von Edgar Allen Poe ist vermutlich eine Legende.
Maëterlinck - Maurice Maëterlinck, belgischer Schriftsteller französischer Sprache (1862-1942); der herausragende Vertreter des symbolistischen Theaters gehörte zu den bevorzugten Dramatikern der damaligen Zeit; seiner Intenti-

on, in der Theaterkunst eine tiefere Wirklichkeit, das Unaussprechliche, darzustellen, kam O. sehr nahe.

272 ***Herr und Frau Garborg*** – Obstfelder hatte das Ehepaar im August 1893 in Kolbotn auf dem Weg von Støren nach Kristiania besucht.
Munthe – Gerhard Munthe (1849-1929), norwegischer Maler und Graphiker, Ausbildung u. a. in Düsseldorf und München. Sein Spätwerk ist stark von der Märchen- und Sagenwelt des Nordens inspiriert.
Kongsvinger – Stadt in Hedmark (Verwaltungsbezirk im südöstlichen Norwegen). Die Villa „Rolighed" der Familie des Bezirksarztes Hans Lemmich Juel und seiner Ehefrau Minda, geb. Blehr, einer Schwester des Ministerpräsidenten Otto Blehr (1847-1927), war ein Mittelpunkt des kulturellen Lebens dieser Zeit.
Hochschule von Elverum – Volkshochschule im Hedmark-Bezirk (südöstliches Norwegen). Die Idee der Volkshochschule als einer vielseitigen, volkstümlichen Bildungsstätte geht auf den dänischen Dichter, Geschichtsphilosophen und Bischof Nicolai Frederik Severin Grundtvig (1783-1872) zurück.
Frauensperson – Anna Johanson (Annie), eine Schwedin, der O. im Sommer 1894 begegnete und für ein halbes Jahr nach Stockholm folgte. Sie heiratete 1896 den deutschen Lyriker und Erzähler Max Dauthendey (1867-1918).
Gustaf af Geijerstam – Schwedischer Romancier und Novellist (1858-1909), der sich zu der Gruppe „Det unga Sverige" („Das junge Schweden") bekannte, die sich in den Jahren 1882-1888 gegen Romantik und Konservatismus wandte. Für die Hauptperson seines Romans „Medusas hufvud" (1895, „Der Kopf der Medusa"), einen Individualisten, der, voller Ideale, mit der Wirklichkeit kollidiert, soll O. Modell gestanden haben.
Tavaststjerna – Karl August Tavaststjerna (1860-1898), finnlandschwedischer Schriftsteller; sein Buch „Barndomsvänner" (1886, „Kindheitsfreunde") gilt als erster naturalistischer Roman Finnlands.
Tor Hedberg – Tor Harald Hedberg (1862-1931), Dramatiker, Erzähler und Lyriker, der zu der Gruppierung „Das junge Schweden" gezählt wird. Von 1910 bis 1922 war er Leiter des Dramatischen Theaters in Stockholm.

Heidenstam – Verner von Heidenstam (1859-1940), schwedischer Lyriker, Romancier und Essayist; mit dem Gedichtband „Vallfart och Vandringsår", 1888 („Wallfahrt und Wanderjahre") leitete er in seiner Heimat die Neuromantik ein; seine ästhetische Konzeption legte er in der Schrift „Renässans", 1889 („Renaissance") nieder.

273 *Haga* – Stadtteil im Norden von Stockholm.
Bellman – Carl Mikael Bellman (1740-1795), schwedischer Lyriker; seine bekanntesten Werke „Fredmans epistlar", 1790 (dt. „Fredmans Episteln," 1909) und „Fredmans sånger", 1791 (dt. „Fredmans Lieder", 1909), die er selbst vertonte, sind heute noch wegen ihrer Volkstümlichkeit und sprachlichen Brillanz geschätzt.
K. Knudsen – Knud Knudsen (1812-1895), norwegischer Pädagoge und Sprachforscher; leistete einen großen Einsatz für die Norwegisierung der dänischen Umgangssprache und der dänisch-norwegischen Schriftsprache, u. a. durch sein 1888 publiziertes Wörterbuch „Unorsk og Norsk eller fremmedords avløsning" („Unnorwegisch und Norwegisch oder die Ablösung des Fremdwortes").
Kinck – Hans Ernst Kinck (1865-1926), norwegischer Erzähler und Dramatiker; in seinen neuromantischen Novellen, die ihn auch außerhalb Norwegens bekannt machten, gestaltete er Menschenschicksale im Spannungsfeld zwischen Traum und Wirklichkeit.
Edvard-Munch-Ausstellung – Die 1892 in Berlin ausgestellten Bilder erregten ein solches Aufsehen und Befremden, daß sich der Verein Berliner Künstler, der Munch eingeladen hatte, mit einer knappen Mehrheit für die Schließung der Ausstellung nach nur wenigen Tagen entschied. Dieser Mißerfolg war dennoch ein Erfolg, der Munchs Ruf wesentlich mitbegründete.

274 *Den Roman* – Gemeint ist das Buch über O.s Psychose, das auch in dem Brief an seinen Bruder vom September 1893 erwähnt wird; s. Anm. zu S. 256.

275 *Eheepaar Lundegård* – Jeanie C. und Axel W. Lundegård; A. W. L. (1861-1930), schwedischer Erzähler und Lyriker, der seinerzeit vor allem wegen seiner historischen Romane geschätzt wurde.

276 *Paul* – Adolf Paul (1863-1943), schwedischer Journalist und Schriftsteller, lebte seit Ende 1890 in Deutschland.

Gallén – Axel Gallén-Kallela (1865-1931), finnischer Maler und Graphiker, der mit der bevorzugten Gestaltung von Themen aus dem Sagenkreis des Kalevala wesentlich zur Herausbildung und Vervollkommnung des Stils der Nationalromantik beitrug.

Vigeland – Gustav Vigeland (1869-1943), Bildhauer, der die Entwicklung der neueren norwegischen Plastik entscheidend mitbestimmte. Sein Hauptwerk ist die monumentale, vielfigurige Fontänenanlage im Frognerpark in Oslo.

277 „***Pan***" – Literatur- und Kunstzeitschrift, die 1895-1899 in Berlin erschien. Mitherausgeber waren u. a. Richard Dehmel (1863-1920) und Otto Julius Bierbaum (1865-1910). Das erklärte Ziel der Zeitschrift, der wertvolle Originalgraphiken beigegeben wurden, war die „allseitige Pflege der Kunst im Sinne einer organischen Kunstauffassung, die den gesamten Bereich des künstlerisch Schönen umfaßt und ein wirkliches Kunstleben nur im starken Nebeneinander aller Künste erblickt". (Aus dem Artikel zur Einleitung des Jahrgangs 1895/April-Mai). Die Übersetzung der Erzählung „Liv" besorgte die Norwegerin *Dagny Przybyszewski*, geb. Juel (1867-1901), publiziert in Nr. 3/Sept.-Okt. 1895. Auch Gustav Vigeland wurde in „Pan" zum erstenmal einem ausländischen Publikum vorgestellt.

„***Abendbrot***" – Im Original deutsch.

Andreas Aubert – Norwegischer Kunsthistoriker (1851-1913), einer der ersten Verfechter des Impressionismus im Norden; seit Ende der siebziger Jahre engagierte er sich stark für die jungen national orientierten Künstler seines Landes.

279 ***Elster*** – Kristian Elster d. Ä.(1841-1881), norwegischer Erzähler, der lange im Schatten der großen kritischen Realisten seines Landes stand. Seine Erzählungen wurden in Deutschland vor einigen Jahren neu entdeckt.

280 ***Unionskampf*** – Der Kampf gegen die Personalunion mit Schweden, in die Norwegen nach den napoleonischen Kriegen 1814 gepreßt worden war, spitzte sich 1895 zu, als Verhandlungen von Ministerpräsident Johan Sverdrup (1816-1892, Führer der Bauernopposition - Venstre) über einen eigenen norwegischen Außenminister und ein selbständiges Konsulatswesen erneut scheiterten. Norwegen

	begann sich militärisch zu wappnen und an der Grenze zu Schweden Befestigungsanlagen zu errichten.
281	***Café Bauer*** - S. Anm. zu S. 232.
282	*... **meine Erzählung dort zu Ende geschrieben*** – Gemeint ist „Sletten" („Die Ebene"); die Novelle gelangte noch im selben Jahr (1895) zum Druck.

Gerhard Gran – Norwegischer Literaturhistoriker (1856-1925), ab 1899 Professor für nordische Literaturen in Oslo, begründete die literarischen Zeitschriften „Samtiden" (1890) und „Edda" (1914).

Vollmars – Georg Heinrich von Vollmar (1850-1922), sozialdemokratischer Politiker, leitete von 1879-1880 die Redaktion des Züricher „Sozialdemokrat".

283 ***Gustav-Adolf-Festspiele*** – Veranstalter war der Gustav-Adolf-Verein, der 1832 in Leipzig zum Gedächtnis Gustav II. Adolf von Schweden (1594-1632) gegründet wurde und zur Erhaltung und Förderung des evangelischen Gemeindelebens in der Diaspora dienen sollte.

einige Meilen – Eine norwegische Meile sind 10 km, früher 11294,73 m.

Garçon – (frz.), Kellner.

284 ***Nyblom*** – Carl Rupert Nyblom (1832-1907); ab 1860 in Uppsala Professor für Ästhetik, Literatur und Kunstgeschichte; schrieb Gedichte und gab von 1865 bis 1868 eine schwedische Literaturzeitschrift heraus („Svensk Litteratur-Tidskrift").

Ternström – Enst Otto Ternström (1863-1928), schwedischer Ingenieur auf dem Gebiet des Maschinenbaus und mechanischer Technologie; wurde durch verschiedene Erfindungen auf dem Gebiet der Waffentechnik bekannt.

Trädgård - Carl Ludvig Trädgård (1861-1899), schwedischer Maler, der sich nach dem Besuch der Kunstakademie Stockholm von 1883 bis 1885 in Karlsruhe und München ausbildete, danach Aufenthalte in Frankreich und Schweden.

Fritz Thaulow - Norwegischer Maler (1847-1906), Ausbildung an Kunstakademien Kopenhagen und Karlsruhe; in den achtziger Jahren führender Repräsentant des Impressionismus und der Freiluftmalerei in Norwegen, lebte seit 1892 in Frankreich.

Fåhräus - Klas Fåhräus (1863-1944), schwedischer Kunsthistoriker und Mäzen (bezahlte O.s Beerdigung und Grabstätte).
Steiern - Frederik Vult von Steijern, von 1889 bis 1898 Redakteur der größten schwedischen Tageszeitung „Dagens Nyheter" (gegründet 1884).

285 *[1895?]* – Der Brief ist undatiert und könnte auch während O.s Aufenthalt in Kopenhagen zwischen 1893 und 1884 geschrieben worden sein.
Edvard Grieg – Norwegischer Komponist (1843-1907).
Holberg-Suite - Im Zusammenhang mit dem 200. Geburtstag des dänisch-norwegischen Dichters der Aufklärung, Ludvig Holberg (1684-1754), schuf Grieg seine große Orchestersuite „Aus Holbergs Zeit".
Peer-Gynt-Suite – Henrik Ibsens Drama „Peer Gynt" wurde 1876 zum erstenmal mit Griegs Musik in Kristiania (Oslo) aufgeführt. Von den insgesamt zweiundzwanzig Nummern faßte der Komponist acht in zwei Suiten für den Konzertsaal zusammen.

286 *Vortrag über Munch* – Den Vortrag hielt O. im November 1895 in Studentersamfund, Norwegens ältester Studentenvereinigung (gegründet 1813); er wurde in „Samtiden", Jahrgang 1896, Januar/Februar, gedruckt.

287 *Dalarønatur* - Dalarø ist ein bekannter Badeort in Schweden, etwa 45 km südöstlich von Stockholm.
Bendixons – Artur Bendixon (1859-1938), Pädagoge in Göteborg, Redakteur der Zeitschrift „Skolan" („Die Schule") von 1901 - 1902 und einer pädagogischen Schriftenreihe.
Schauspiel ... an dem ich jetzt schreibe – Vermutlich ist das Stück „De røde dråber" („Die roten Tropfen") gemeint. Es erschien 1897 und wurde erst 1928 mit geringem Erfolg aufgeführt.

288 *Edv. Brandes* - Dr. Edvard Brandes (s. Anm. zu S. 2291).
„Tilskueren" – Dänische Monatszeitschrift für Literatur, Kunst und Gesellschaftsfragen. 1884 von dem Politiker und Historiker Niels Neergaard (1854-1936) gegründet.

289 *Georg Brandes* - Bedeutender dänischer Kritiker und Essayist (1842-1927); in seinen Vorlesungen über „Die Hauptströmungen der Literatur des 19. Jahrhunderts"

(1872-1890) erhob er die Forderung nach einer sozial engagierten Literatur, die „Probleme zur Debatte" stellt.

291 **Bernt Lie** - Norwegischer Schriftsteller (1868-1916), besonders als Autor von Jugendliteratur erfolgreich.

Egge – Peter Andrias Egge (1869-1959), norwegischer Erzähler und Dramatiker, der vor allem durch seine heimatverbundenen Romane bekannt wurde.

Buch zum Druck fertig - Gemeint ist die Novelle „Korset" („Das Kreuz"); die erste Ausgabe erschien 1896.

292 **Hegels Verlag** - Gemeint ist der Gyldendal Verlag. Frederik Vilhelm Hegel (1817-1887) wurde 1838 Geschäftsführer und 1850 Eigentümer des Verlages (Gyldendalske Boghandel). Sein Sohn Jacob Hegel (1851-1918) trat 1877 in das Geschäft ein und übernahm es 1903 als Aktiengesellschaft. Es wurde zum größten Verlagshaus des Nordens.

294 **Ich habe zwei Bücher beendet** - O. bezieht sich auf die Novelle „Das Kreuz" und das Schauspiel „Die roten Tropfen", das er in einem Brief an *Jens Thiis* (Arne Hannevik, „Brev fra S. O.", S. 160) als „dramatisches Gedicht" bezeichnet; vgl. Anm. zu S. 287.

Ich habe zwei Bücher begonnen - Gemeint sind „En prests dagbok" („Tagebuch eines Priesters"), das 1900 posthum unvollendet veröffentlicht wurde (die deutsche Übersetzung von Luise Wolf erschien 1901 im Wiener Verlag), und vermutlich eine Sammlung von Prosagedichten, die O. 1897 in einem Brief an P. Nansen, den literarischen Leiter des Gyldendalverlages, erwähnt (s. Arne Hannevik, „Brev fra S. O.", S. 187). Sie wurden aber nicht als geschlossener Band publiziert.

295 **in österreichischen literarischen Kreisen** – Die Schriftstellerin und Übersetzerin Marie Herzfeld veröffentlichte 1897 in der „Wiener Rundschau" einen Artikel über „Die skandinavischen Literaturen und ihre Tendenzen" und besprach in diesem Zusammenhang O.s Erzählung „Das Kreuz" (s. Anm. zu S. 303).

Rezension von Georg Brandes - Diese Rezension zu der Novelle „Das Kreuz" wurde in der Tageszeitung „Politiken" am 20. 10. 1896 veröffentlicht. Hier heißt es u. a.: „Die Sätze, kurze schlichte, fast lauter Hauptsätze, fallen wie schwere Tropfen. Sie sind schwer von Seele. Sie sind Seele. Traurig, wie sie sind, fallen sie wie Tränen. Und wie

Tropfen einen Stein höhlen, so machen sie auf die Dauer unfehlbar Eindruck selbst auf den härtesten Leser [...]".(Nach: Georg Brandes; „Samlede Skrifter", Bd. 13, Kopenhagen 1903, S. 533-536, Übers. U. G.).
„*Die Zeit*" - Wiener Wochenzeitschrift für Politik, Volkswirtschaft, Wissenschaft und Kunst; Herausgeber I. Singer, H. Bahr und H. Kanner. Erschien von 1894/95 bis 1904, danach Fortsetzung unter dem Titel „Österreichische Rundschau".
die Grubes - Die Brüder Albert und Gustav Grube, zwei deutsche Musiker, die zu Obstfelders Umgangskreis in Chicago gehörten.
Nyhuus - Håkon Nyhuus (1886-1913), norwegischer Bibliothekar, ging 1890 in die USA, wo er sich in Chicago mit dem Bibliothekswesen vertraut machte. Gestaltete nach seiner Rückkehr in die Heimat die Deichmansche Bibliothek nach amerikanisch-englischem Muster zu einer modernen Volksbibliothek um und übte durch diesen Einsatz Einfluß auf das gesamte Bibliothekswesen in den nordischen Ländern aus.

296 *unseres unbekannten Großvaters* - Johann Gottfried Obstfelder, Stabsarzt beim Stavanger Musketierkorps, starb 1836 in Egernsund.

297 *Ja, mein Buch – das ich 1895 entwarf* - Gemeint ist das „Tagebuch eines Priesters".
„*Die roten Tropfen*" - Das Schauspiel erschien 1897 in Kopenhagen; das Spektrum der Kritik in Dänemark und Norwegen reichte von strikter Ablehnung bis zu enthusiastischem Lob; erste und einzige Aufführung 1928 mit nur geringem Erfolg.
Dreyfussache - s. Anm. zu S. 234.

298 „*Mercure de France*" - Hauptzeitschrift der Symbolisten, in der auch einige von O.s Gedichten publiziert wurden.

301 *Guillemin* - Victor Guillemin, Ingenieur elsässischer Herkunft, mit dem Obstfelder in Milwaukee Freundschaft schloß.

302 *Doktor Fevejle* - Axel Fr. Haxhausen Fevejle, praktizierender Arzt bei Dalbyovre.
Eleonora Duse - Italienische Schauspielerin (1858-1924), verkörperte um die Jahrhundertwende mit tiefer psycholo-

gischer Einfühlung Frauengestalten aus Ibsens Dramen wie Nora, Hedda Gabler u. a.

303 **Klareboderne** - Straße im Stadtkern Kopenhagens (benannt nach dem 1505 eingeweihten Sct. Klare Kloster), in der seit 1770 der Gyldendal Verlag seinen Sitz hat.
pr. – Poste restante (postlagernd).
in einem kleineren, guten Verlag in Berlin - Im Frühjahr 1900 erschienen O.s Novellen („Das Kreuz", „Die Ebene", „Liv") im Behrs Verlag, Berlin.
Marie Herzfeld - Vgl. Anm. zu S. 295, österreichische Schriftstellerin (geb. 1855), schrieb Skizzen und literarische Essays für die „Frankfurter Zeitung" und die „Wiener Literaturzeitung", engagierte sich für die nordeuropäische Literatur, übersetzte Werke von Bjørnstjerne Bjørnson, Jonas Lie, Arne Garborg, Jens Peter Jacobsen und Ola Hansson.

304 **„Die alte Stube"** – dieser Roman des dänischen Autors Carl Ewald (1856-1923) erschien 1900 beim Wiener Verlag in der Übersetzung von Walter Ernst.
„Æbelø" - 1895 publizierter Roman des dänischen Autors Sophus Michaëlis (1865-1932); erschien beim Wiener Verlag in der Übersetzung von Marie Herzfeld.
Signe Thiel - Signe Hansen, Ehefrau eines schwedischen Großkaufmanns, heiratete 1897 den Bankdirektor und Mäzen Ernest Thiel (1859-1947). Ihr Heim wurde in den neunziger Jahren zu einem Zentrum des kulturellen Lebens in Stockholm.

306 **literarischer Leiter des Wiener Verlages** - Arthur Kahane (geb. 1872 in Wien, gestorben 1932 in Berlin); seine Tätigkeit am „Wiener Verlag", der im Herbst 1899 – innerhalb der bestehenden Konzession des Rosner Verlags – gegründet wurde und der bis 1908 bestand, war nur von kurzer Dauer. Wurde vor allem als Dramaturg am Deutschen Theater unter Max Reinhardt und als Herausgeber der „Blätter des deutschen Theaters" sowie der Zeitschrift „Das Junge Deutschland" bekannt. Veröffentlichte auch eigene Werke – Essays, Gedichte, Erzählungen und einen Roman.
„Der rote Tropfen" – „Die roten Tropfen", s. Anm. zu S. 297.

307   *„Pilgerfahrt"* – Der 1905 erschienene Titel lautet: „Pilgerfahrten. Auf dem Nachlaß des Dichters." Deutsch von Luise Wolf. Der geplante zweite Band ist nicht erschienen. Statt dessen gab Heinrich Goebel bei Morawe u. Scheffelt in Berlin den Titel Sigbjørn Obstfelder, „Gedichte/Dramolets" heraus - vermutlich 1905. Die Übersetzung der Gedichte besorgte er selbst, die Dramen wurden von Luise Wolf übertragen.

Zu dieser Ausgabe

Der vorliegende Band ist die erste größere Werkauswahl in deutscher Sprache. Alle früheren Übersetzungen – etwa fünf schmale Bändchen – sind zwischen 1900 und 1924 erschienen und haben als selbständige Publikationen seitdem keine Nachauflagen mehr erlebt. Da Übersetzungen im allgemeinen schneller veralten als Originale, war eine Neuübertragung der bereits deutsch vorliegenden Texte geboten.

Diese Ausgabe stützt sich im wesentlichen auf die zum fünfzigsten Todestag des Dichters von Solveig Tunold herausgegebene dreibändige Ausgabe „Samlede Skrifter", Oslo 1950, die über tausend Seiten umfaßt. Dazu kommen ein von ihr zusammengestellter Briefband „Breve til hans bror", Stavanger 1949, und eine von Arne Hannevik besorgte und zum hundertsten Geburtstag des Dichters herausgegebene Briefauswahl „Brev fra Sigbjørn Obstfelder", Oslo 1966. Über weitere für die Auswahl herangezogene Publikationen gibt das Quellenverzeichnis Auskunft. Orthographische Besonderheiten und kleinere Inkonsequenzen wurden beibehalten. Das betrifft vor allem die Schreibung von Personen-, Familien- und Ortsnamen (z. B. Christiania - Kristiania). Auslassungen des Herausgebers und unleserliche Textstellen sind mit [...] gekennzeichnet. Später eingefügte Datierungen stehen ebenfalls in eckigen Klammern. In Briefen wurden die Anredeformen der Personalpronomen und die entsprechenden Possessivpronomen sowie die deklinierten Formen des Reflexivpronomens – in Angleichung an deutsche Sprachgepflogenheiten – groß geschrieben.

Ein herzliches Dankeschön allen, die mich bei der Erarbeitung dieser Auswahl unterstützt haben:
Dem „Norwegian Research Council For Science And The Humanities", der mir im Herbst 1988 durch ein Stipendium einen Studienaufenthalt in Oslo und eine Exkursion in die

engere Heimat des Dichters ermöglichte, Professor Arne Hannevik und der ehemaligen Oberbibliothekarin Solveig Tunold (†), die mir – neben anderen norwegischen Literaturwissenschaftlern – als profunde Kenner des Œuvres Sigbjørn Obstfelders mit ihrem Rat zur Seite standen, den Mitarbeitern der Universitätsbibliothek Oslo und vor allem dem ehemaligen Leiter der Handschriftenabteilung, Sverre Flugsrud, der mir Einblick in bis dahin unzugängliches Material gewährte und mir so die Erarbeitung meiner Auswahl der damals noch ungedruckten Briefe an Ingeborg Weeke ermöglichte, und Kristin Brudevoll von NORLA, die Hemmnisse jeder Art aus dem Wege räumte.

Dank auch dem Lektor und Literaturkritiker Steinar Sivertsen für die Einladung zum Obstfelder-Jubiläum im September 1993 in Stavanger, das mir für meine Arbeit Bestätigung und weitere Anregungen gab.

Ursula Gunsilius

Quellen

Die Mehrzahl der Übersetzungen basiert auf der Ausgabe: Sigbjørn Obstfelder; Samlade Skrifter I - III, hrsg. von Solveig Tunold, Oslo, 1950. Diese Ausgabe erschien im Sommer 2000 bereits in der 5., revidierten Auflage bei Gyldendal.

Aus Band I

Gedichte: Feunde (Venner), Eva, Orkan, Ich sehe (Jeg ser), Namenlos (Navnløs), Qual (Kval), Alltagsbild (Genre), Sommer, Regen (Regn), Er sät (Han sår), Der Baum (Træet), Für dich (Til dig), Sommerlied (Sommervise), Adieu, Die Rose (Rosen), Der Roggen zittert (Rugen skjælver).

Aus Band II

Gedichte in Prosa: Der Gefangene (Fangen), Schneeglöckchen (Sneklokker), Aus „Märchenarabeske" (Av „Eventyrarabesk"), Genrebild (Genre), Ehefrau (Hustru), Leberblümchen (Blåveis), Das Waldhaus (Skovhuset), Dornröschen (Tornerose), Die Stadt (Byen), Die Schwarzgekleidete (Den sortklædte), Die Nacht (Natten), Der Verlassene (Den forladte), Das Ich (Jeg' et), Ein Volkslied (Folkevise), Der Wurm (Ormen), Die Wespe (Hvepsen), Der Hund (Hunden).
Novellen: Liv, Die Ebene (Sletten), Das Kreuz (Korset).

Aus Band III

Kleinere Erzählungen und Skizzen: Vom Geschäft (Fra butikken), Ein Waisenhauskind (Et waisenhusbarn), Die beiden

(De to), Fragment, [An K. K.] (Til K. K.), Zwei Dichter (To digtere), Bruchstück (Bruddstykke), Norwegische Sommerstimmungen (Norske sommerstemninger), Die Unbekannte (Den ubekjendte), Herbst (Høst).
Erinnerungen: Tagebuchblatt, 1886 (Dagboksblad), Ein Dank (En tak), Eine Antwort (Et svar), Tagebuchblatt, 1889 (Dagboksblad), Heiligabend in Amerika (Amerikansk julekveld), Tagebuchblatt, Milwaukee (Dagboksblad, Milwaukee), Monte Carlo, Letzte Skizze vom Krankenbett (Siste skisse. Fra sykeleiet).
Essays: Kinder und Kunst (Børn og kunst), Glaube (Tro), Edvard Munch, Nach der Rembrandt-Ausstellung (Efter Rembrandtudstillingen), Die Ichform in der Literatur (Jegformen i literaturen), Die Zeitungsfreude (Avisglæden), Norwegische Natur (Norsk natur).

Der Originaltext der Skizze Das alte Haus (Det gamle hus) wurde dem Band Reidar Ekner; En sällsam gemenskap – Baudelaire, Söderberg, Obstfelder, Rilke, Stockholm 1967, entnommen.

Die Übersetzungen Erinnerungen an Strand sogn, 1882-1886 (Erindringer fra Strand sogn), Stimmungsbilder von Hjelmeland (Øyeblikksbilder fra Hjelmeland), Stavangerbild (Stavangerbillede) und Etwas über Sozialismus (Lidt om socialisme) basieren auf Texten aus: Sigbjørn Obstfelder; Øyeblikksbilder fra Hjelmeland, Strand og Stavanger, hrsg. von Martin Nag, Solum Forlag 1982.

Der Übersetzung der bis dahin unveröffentlichten Briefe S. O.s an Ingeborg Weeke wurden die in der Handschriftenabteilung der Universitätsbibliothek Oslo befindlichen Originale (Briefsammlung 507 b) zugrunde gelegt. Dort befinden sich auch die an Herman Obstfelder gerichteten Briefe vom Wiener Verlag und vom Axel Juncker Verlag (Ms. 8.° 1426, nicht registriert).

Die Briefe an Herman Obstfelder stammen aus dem Band: Sigbjørn Obstfelder; Breve til hans bror, hrsg. von Solveig Tunold, Stavanger 1949.

Die restlichen Briefe fußen auf Texten aus der Ausgabe: Brev fra Sigbjørn Obstfelder, hrsg. von Arne Hannevik, Oslo 1966.

Ingvar Ambjørnsen

Schwarze Mutter

Erzählungen
Aus dem Norwegischen
von Gabriele Haefs

„Für mich das beste Buch des Jahres 1999"
Peter Lohmann, Chef der Verlagsgruppe Scherz.

„Klar und straff beschreibt der Autor ergreifende Szenen. Pointierte Geschichten über Urthemen wie Gewalt und Tod, Sinnleere und Angst."
Neue Presse, Hannover

161 Seiten, gebunden, DM 29,90

erschienen 1999 bei
EISWASSER

EISWASSER
Zeitschrift für Literatur

Norwegen special

Hg. von Lasse M. Johannesen, Gabriele Haefs und Cornelius Riewerts mit deutschen Erstveröffentlichungen von Ingvar Ambjørnsen, Jostein Gaarder, Bergljot Hobæk Haff, Tove Nilsen, Stein Mehren, Rønnaug Kleiva, Roy Jacobsen, Kjell Askildsen, Lars Saabye Christensen, Dag Solstad, Unni Lindell, Bjørg Vik, Jon Fosse, Edvard Hoem u.v.a.

176 Seiten, DM 24,00
ISBN 3-924143-10-2

Finnland special

Hg. von Dagmar Mißfeldt, Joachim Gerdes und Jörg Ridderbusch mit Beiträgen von Daniel Katz, Rosa Liksom, Antti Tuuri, Leena Krohn, Pirkko Saisio, Märta Tikkanen, Tove Jansson, Marianne Backlén, Gösta Ågren, Nils-Aslak Valkeapää u.v.a.

2. Aufl., 180 Seiten, DM 29,00
ISBN 3-924143-15-3

Die lebendige Verbindung zwischen Norwegen und Deutschland

Seit mehr als zehn Jahren ist die Deutsch-Norwegische Freundschaftsgesellschaft (DNF) die lebendige Verbindung zwischen Norwegen und Deutschland.
DNF-Mitglieder haben mehr von Norwegen – und viele Vorteile.

Kontakten Sie uns, wir senden Ihnen gern Material zur Mitgliedschaft. Oder unsere Broschüre zum 10-jährigen DNF-Jubiläum. Und eine Regionalgruppe der DNF mit vielen versierten Norwegen-Freunden ist ganz in Ihrer Nähe.

**Deutsch-Norwegische Freundschaftsgesellschaft
Christophstraße 18-20, 45130 Essen
www.DNFev.de
e-mail:** dnfev@t-online.de

Vechta ist ein Ort auf der literarischen Landkarte. Als Geburtsstadt des Dichters **Rolf Dieter Brinkmann** (1940 bis 1975). In Vechta ist auch die literarische Gesellschaft zu Hause, die seinen Namen trägt und sich in besonderer Weise der Erforschung von Leben und Werk Brinkmanns verpflichtet weiß. Und Impulse für das literarische Leben in Vechta und weit darüber hinaus gibt.

Gäste auf unseren Literaturabenden in Vechta, Hannover, Frankfurt am Main, Erfurt, Oldenburg, London waren bislang unter anderem Sarah Kirsch, Michael Hamburger, C.W. Aigner, Ulrike Draesner, Ingvar Ambjørnsen, Peter Waterhouse, Wolf Wondratschek, Jan Kjærstad, Norbert Klugmann, Hermann Peter Piwitt, Ralf Rainer Rygulla, Amanda Michalopoulou, Gerald Zschorsch . . .

Für die Mitglieder und Freunde unserer Gesellschaft geben wir die Zeitschrift **Orte – Räume** heraus, und die Literaturzeitschrift ***EISWASSER*** erscheint im Auftrag unserer Gesellschaft.

Sie wollen noch mehr Informationen?
Bitte schreiben Sie uns:

Rolf-Dieter-Brinkmann-Gesellschaft e.V.
An der Seekenkapelle 2
D-49377 Vechta
Internet: Seite im Aufbau / Link auf der URL:
www.eiswasser.de

Obstfelder på Norsk?

Der Eiswasser Verlag hat eine kleine Import-Abteilung für norwegische Originalliteratur. Und die kann Ihnen beinahe jedes norwegische Buch beschaffen – zu fairen Preisen.
Zum Beispiel:

Sigbjørn Obstfelder: Samlede skrifter.
Tre bind, Gyldendal 2000, geb. Ausgabe im Schuber
Unser Importpreis: DM 176,20

Oder eine Ausgabe von Obstfelders schönster Novelle (deutsch: Das Kreuz):

Korset. En kjærlighetshistorie.
Unser Importpreis: DM 29,20

Fragen Sie uns nach Belletristik, Sach- und Fachbüchern, Landkarten und und und aus Norwegen.

Eiswasser Verlag / Buchimport
Fax 04441-852118 / e-mail riewerts@t-online.de